AF356321

QUELQUES

PAGES DE SOUVENIRS

SUR LA COURTE VIE

D'UN VRAI PRÊTRE DE JÉSUS-CHRIST

L'ABBÉ PHILÉAS JARICOT

A l'âge de 32 ans.

QUELQUES

PAGES DE SOUVENIRS

SUR LA COURTE VIE

D'UN VRAI PRÊTRE DE JÉSUS-CHRIST

Va, console, éclaire et fortifie !

PAR

Marius de XAINTES

LIBRAIRIE CATHOLIQUE EMMANUEL VITTE

LYON | PARIS

3, place Bellecour, 3 | 14, rue de l'Abbaye, 14

1910

DÉDICACE

Ces quelques pages de *Souvenirs sur la courte vie d'un vrai prêtre de Jésus-Christ*, sont dédiées au jeune et vaillant clergé de France.

C'est vers lui que la noble nation, veuve de tout ce qui faisait sa gloire et sa force, jette un dernier regard d'espérance ! Au moment où la *secte maçonnique* cherche à la précipiter au fond de l'abîme : il est de toute nécessité, que l'énergie surnaturelle, s'oppose à l'infernale audace !...

Nous sommes peut-être à l'époque la plus difficile et la plus périlleuse, pour les âmes ; car avec une sournoise perfidie, l'ennemi a mêlé la vérité au mensonge, le bien au mal, et a su infiltrer dans les esprits, une tendance à ces mélanges faux et odieux.

a.

Jeunes vaillants, qui malgré tant de périls, montez avec courage les degrés du sanctuaire, pensez que vous n'êtes pas seuls en présence de l'orgueilleuse *Maçonne* : les vœux et les prières de vos Frères vous accompagnent, et les cœurs demeurés fidèles à Dieu, vous suivent d'un regard anxieux(1).

Si, malgré cela, vous doutez encore de vous même, en présence de la multitude de vos adversaires, rassurez-vous :

Un combat fut livré dans les plaines de Bethoron… d'un côté l'innombrable armée d'Antiochus, roi de Syrie, sous la conduite de Séron, son général ; et de l'autre la toute petite armée d'Israël sous la conduite de Judas Machabée, l'héritier des braves. Ses hommes, voyant l'armée qui s'avançait contre eux, lui dirent : « Comment pourrons-nous, si peu nom-« breux, combattre contre une si puissante « multitude, surtout épuisés, que nous sommes, « par le jeûne d'aujourd'hui? » Judas répondit : « C'est une chose facile qu'une multitude soit « enfermée dans les mains d'un petit nombre ;

----

(1) Si nous semblons oublier de nous adresser à l'ancien clergé, c'est que les années, les travaux et les fatigues d'une longue vie, ne permettent pas aux nobles vétérans du sacerdoce, d'avoir la force et l'activité de la jeunesse. Mais nous réclamons instamment le secours de leurs prières pour vaincre l'ennemi. Les combattants d'Israël les réclament aussi, comme celles de Moïse sur la montagne…

« pour le Dieu du ciel il n'y a point de diffé-
« rence à sauver par un grand nombre ou par
« un petit nombre. Car la victoire à la guerre
« n'est pas dans la multitude des combattants ;
« c'est du ciel que vient la force.

« Nos ennemis marchent contre nous, avec
« une multitude de gens superbes et insolents ;
« pour nous perdre avec nos femmes et nos
« enfants, et pour nous piller ! Mais nous, nous
« combattons pour notre vie et pour notre Loi.
« Dieu les brisera devant nous ; vous donc ne les
« craignez pas. »

Et la petite armée d'Israël fut victorieuse.

Vous aussi vous serez victorieux. Actuellement en France, les autels du vrai Dieu sont
remplacés par ceux du veau d'or et de la
volupté. Le *veau d'or* a tout dévoré, et la
volupté, qui règne en maîtresse, a jeté au vent
du désert, tous les souvenirs qui faisaient la
gloire de cette France notre patrie !...

Courage ! humble petite armée ! *Si Deus pro
vobis quis contra vos !*

La France, la *vraie France* dévore ses
larmes !... Mais dans le silence des nations
opprimées, il y a des gémissements qui mon-
tent jusqu'à la miséricorde divine, et qui obtien-
dront au repentir, tardif, mais sincère, un pardon généreux !

Vous vous demandez sans doute, comment on
pourra transformer ces âmes avilies par le culte

de l'or et l'amour du plaisir et les faire revenir au vrai christianisme, dans sa chaste beauté ?...

Par la pratique de la *pauvreté évangélique*, dont le souvenir est si éteint, si affaibli dans les âmes, qu'on n'ose plus en parler !...

Mais, on osa bien la faire apparaître à l'époque *d'or et de corruption* des Césars...

Les deux âges ne se ressemblent-ils pas singulièrement ?... si ce n'est que sous le sceptre des Césars, chacun restait à sa place : les uns en haut, les autres en bas ; les nobles et les esclaves.

A ce monde incroyable de corruption et de cruauté, on vint parler du Christ, le Sauveur... qui se disait : LA VOIX, LA VÉRITÉ, LA VIE ! et qui charmait et entraînait après lui les masses, oublieuses de leur nourriture, pour le suivre au désert !...

Il était pauvre comme nul ne l'avait été : point de berceau à sa naissance, et à l'âge mûr il avouait à un jeune homme riche, qui voulait tout quitter pour le suivre, qu'il n'avait pas *une pierre où reposer sa tête !...* (1) et au moment de sa mort, un ami lui prêta un sépulcre.

Cette histoire, qui débordait de pauvreté, de sacrifices et de douleurs, émut le monde romain ! Il y avait encore au milieu de lui, de nobles cœurs, qui cherchaient la vérité et que le culte

(1) Math., VIII, 20.

de l'or n'avait pas étouffés complètement. On écouta cette divine et merveilleuse histoire ; et peu à peu, sans secousse, comme si une brise favorable eut amené le souffle céleste de la pauvreté, on vit de fiers Sénateurs renoncer à leur sceptre d'ivoire, quitter leurs toges magnifiques, pour revêtir une tunique de bure et tendre la main à leurs esclaves, en leur donnant le titre de *frères!*

A cette révélation de la morale du Christ, les altières Patriciennes inclinèrent leurs fronts superbes, et repoussèrent toute marque de distinction. La *vraie grandeur* venait de leur être révélée : Elles devinrent douces et humbles de cœur, comme leur nouveau Maître, et il ne fut plus question d'esclavage, mais de fraternelle égalité, entre toutes celles qui adoraient la Croix... Durant 300 ans de persécution, toutes furent inébranlables, et beaucoup d'entre elles subirent les tourments les plus affreux, en murmurant avec amour : « *Je suis chrétienne!* »

Les Catacombes de Rome le proclament.

Des foules subirent cette attraction étonnante vers l'humilité et la pauvreté chrétiennes : le luxe tomba, les cirques et les lieux de plaisir ne virent plus aucun de ceux qui avaient entendu la morale du Sauveur.

Ce qui se passa à Rome, la Reine du monde, se passa aussi dans toutes contrées soumises à César : partout la morale était la même, et partout, elle produisait les mêmes effets, sur les nobles natures, qui avaient compris la touchante doctrine de Jésus-Christ. « Si bien que l'or, cette matière innocente, créée par Dieu pour aider l'homme dans ses besoins, reprit sa destinée primitive, en formant le trésor de la charité chrétienne, au lieu de favoriser le *culte du veau d'or* et celui de la corruption (1). »

O jeune clergé de France, nous vous conjurons d'être les *Missionnaires* de la simplicité évangélique : *Beati pauperes spiritu, quoniam ipsorum est regnum cœlorum* (2).

Notre bien aimée Patrie tend vers vous ses mains chargées de chaînes. Elle n'a plus aucune ressource contre ses ennemis, et même, on lui ravit l'enfant, qui devait le défendre plus tard... Hélas ! Elle sait qu'on vous a aussi dépouillés de vos biens, acquis par des siècles ; votre pain de chaque jour ; votre influence sur le peuple, que vous aimiez et qui vous aimait, quand il était *libre* de suivre l'élan de son cœur... etc., etc. Mais elle sait aussi, qu'il vous reste des trésors que ni les vers, ni la rouille, ni les voleurs ne peuvent détruire : *Votre cœur de Français, votre âme d'Apôtre et le lien indissoluble qui vous unit à Jésus-Christ, l'insigne pauvre de l'Humanité !...* Il sauvera encore une

(1) Pensées de Pauline-Marie Jaricot.
(2) Math., v, 3.

fois la France, en la ramenant à l'amour de la simplicité et de la pauvreté évangéliques, que François d'Assise y a fait déjà triompher, en y *ravivant les souvenirs de la Crèche et du Golgotha.*

Instaurare omnia in Christo (1).

(1) Eph., i, 10.

CHAPITRE PREMIER

Première attention de la Providence.

> « Je n'ai ni or, ni argent, mais
> ce que j'ai, je vous le donne : **un
> cœur plein de foi et de charité.** »

Philéas Jaricot est, depuis longtemps, inconnu
à Lyon, sa ville natale, et son souvenir n'y est
gardé que par quelques âmes, cachées dans le secret de Dieu, et qui ont reçu de leurs humbles de-
vancières dans la charité, ce que cet ami du Christ
avait fait et ce qu'il projetait de faire encore, si
une fin prématurée n'y eût apporté le seul obstacle
insurmontable : l'impuissance du tombeau.

Il eut pour ancêtres des chrétiens pleins de foi,
et à qui l'espérance du ciel donnait la force de vivre
sans souillures, au milieu des dangers croissants
de l'impiété, et de faire le bien malgré leur position
modeste. Ils habitaient Soucieu-en-Jarez (Rhône).

Un auteur distingué (1) donne l'idée exacte de
la vie que menaient ces propriétaires cultivateurs,
en faisant valoir les domaines qu'ils tenaient de

(1) M. de Ribbes.

1

leurs pères, et dont les souvenirs, doux ou tristes, étaient soigneusement inscrits — presque chaque jour — sur le livre de famille. C'était la simple et touchante histoire de vies acceptées avec foi et amour, par la nouvelle génération, qui, malgré les épreuves de la terre, suivaient en paix, comme leurs aïeux, la voie marquée par la Providence.

Ce qu'il y a de remarquable, c'est que, dans la race forte et généreuse des Jaricot, Dieu avait, depuis un temps immémorial, choisi, de génération en génération, des prêtres, dignes en tout, de porter la couronne sacerdotale.

Philéas Jaricot, qui devait continuer ce don du Seigneur, eut pour père Antoine, le treizième enfant de la famille. On se préoccupait moins, alors, de l'encombrement des berceaux, au foyer domestique, que de l'affreux délaissement de quiconque n'a voué son existence qu'à l'égoïsme, et qui sera seul, hélas ! aux jours de sa vieillesse, où tout lui manquera, même les hideuses joies du vice...

La grande Révolution approchait et on en sentait déjà les secousses dans les difficultés de la vie, quelque position qu'on occupât.

Antoine avait une santé parfaite, une intelligence du commerce hors ligne, et un cœur excellent. Voyant dans l'embarras son frère aîné qui remplaçait son père, mort depuis quelque temps, il lui dit : « Laisse-moi aller à Lyon, j'y gagnerai ma vie, je suis fort, et rien ne me coûtera pour te venir en aide. »

Le frère y consentit. Antoine avait alors près de quatorze ans.

Il partit et se plaça à Lyon, chez un riche négociant, plieur de soie, et il le charma bientôt par sa conduite pleine de droiture, par son intelligence, et par ses vertus naissantes, si bien qu'au bout de quelques années, il aida son fidèle employé, à lever lui-même une petite maison de commerce, dont il favorisa les débuts, et que Dieu bénit d'une manière évidente, ainsi que tout ce que l'orphelin entreprenait. Si bien qu'il commença à avoir chez lui et à gagner très loyalement une petite fortune dont une partie était envoyée à son frère aîné, pour l'aider dans ses difficultés, et l'autre allait aux ouvriers qu'il voyait dans la peine.

Le temps dont Antoine pouvait disposer était consacré à l'étude, qu'il aimait, jusqu'à employer des moyens violents pour empêcher au sommeil de venir interrompre ses lectures.

Mais il était seul dans sa modeste demeure. Il ne cessait de conjurer Dieu de lui donner une compagne vraiment chrétienne, et capable d'élever sa famille selon les vues que la Providence avait sur son humble serviteur Antoine.

La prière fut exaucée : le dimanche de la Passion, comme il faisait le chemin de la croix sur le Calvaire de Saint-Irénée (1) il remarqua, parmi les

______

(1) Le Calvaire, proche l'église Saint-Irénée, ne fut érigé qu'après la destruction, en 1562, par les Calvinistes, du premier Calvaire situé près des cachots de l'Antiquaille. Belle idée

fidèles, une jeune fille dont la piété le frappa, et dont les traits avaient une singulière ressemblance avec les siens. Une femme d'un âge mûr, à l'air distingué, accompagnait la jeune fille, et les vêtements de l'une et de l'autre étaient d'une extrême simplicité et d'un goût parfait.

Antoine, qui dédaignait les avances d'une famille assez peu chrétienne, se sentit ému à l'aspect de la virginale et gracieuse apparition de ce lieu béni. Aussi, chercha-t-il à savoir l'histoire de la jeune inconnue. On lui dit qu'elle se nommait Jeanne Lattier et qu'elle était le modèle de ses compagnes, mais qu'elle n'avait pas de fortune.

« Que m'importe l'argent, répondit-il, je saurai bien en gagner pour ma femme et pour moi. »

Il demanda et obtint bientôt en mariage cette Jeanne Lattier, qui ne lui apportait que 200 livres de dot, mais, avec le trésor d'un cœur pur et celui d'une intelligence supérieure.

Avec cela, on peut compter ici-bas des jours de bonheur et de paix.

Les voilà donc unis étroitement dans la prière,

chrétienne que l'érection de calvaires sur le sol même où les martyrs ont versé leur sang pour Jésus-Christ! Cette pensée de foi dirigea nos pères, au XVIIe siècle, pour fixer un nouveau calvaire sur la montagne sainte, comme on l'appelait, où, dès le temps des persécutions, avaient été ensevelis nombre de nos martyrs, notamment saint Irénée, successeur de saint Pothin, premier évêque de Lugdunum.

La Révolution de 1793 l'ayant aussi fait disparaître, une croix de bois y fut placée jusqu'en 1817, époque où le Calvaire fut rétabli avec sa forme actuelle.

le travail et les sollicitudes de la vie intime, mêlées de joies et d'épreuves. Mais quelle union !...

« Jamais, écrit Pauline-Marie, sœur de Philéas, cette union ne fut troublée un seul instant, par la volonté de l'un des deux époux, et jamais mon père ne regretta d'avoir choisi sa compagne en dehors des jeunes filles mondaines, qui souvent trouvent le toit conjugal si sombre, alors qu'il n'y a pas d'étrangers pour les admirer. »

Après leur mariage, Antoine et Jeanne ne changèrent rien aux habitudes chrétiennes et laborieuses, qu'ils avaient eues jusqu'alors. Toujours levés de bonne heure, ils allaient entendre la messe à l'église de Saint-Bonaventure, à quatre heures du matin, et où se réunissaient patrons et ouvriers. Le travail remplissait la journée, et le soir, c'était à la science qu'on se livrait ; car l'un et l'autre l'aimaient et profitaient de ce qui pouvait alimenter leur intelligence.

Les années s'écoulaient ; et la piété, la charité des époux étaient bénies de Dieu, d'une manière remarquable. Leur fortune augmentait à mesure qu'ils venaient au secours des malheureux, dont le nombre croissait dans ces jours de deuil.

Ils traversèrent avec courage les affreuses journées de la Révolution, durant laquelle la tête du chef de famille, Antoine, fut mise à prix. Un secours presque miraculeux le sauva du péril. Il demeura caché dans les environs de Soucieu-en-Jarez tout le temps de la Terreur. Ce fut alors que

Jeanne dut traverser Lyon ensanglanté, un des jours des grandes exécutions. Elle était escortée de trois de ses jeunes enfants, et elle en portait un quatrième dans son sein.

Ils connurent donc la plus douce des bénédictions du ciel, celle de la famille. Sept enfants firent leur bonheur et leur sainte joie : nous dirons plus loin, un mot de chacun d'eux, en nous arrêtant, particulièrement, sur les deux derniers : Philéas et Pauline-Marie. Philéas naquit le 2 février 1797 et Pauline-Marie le 22 juillet 1799.

On voudrait peut-être l'histoire particulière de leur première enfance. Ce n'est pas possible.

Allons, par la pensée, devant un arbre fruitier, dont l'une des branches porte deux petits fruits bien tendres, et encore enveloppés de la jolie teinte verdâtre, qui les fait distinguer des corolles , encore fraîches, qui leur ont servi d'enveloppe. Demandez au jardinier l'histoire particulière de ces végétations charmantes. Il vous répondra : « Depuis leur apparition au milieu des fleurs qui les ont nourris, les mêmes rayons de soleil, les mêmes gouttes de rosée, la même ombre de nuit, leur ont donné une merveilleuse ressemblance, et je ne sais quel charme qui attire le regard et permet de croire que l'un et l'autre atteindront une parfaite maturité. Quant à la différence de leur vie végétale, je n'en vois aucune. »

De même, dans cette courte biographie de la première enfance de Philéas, verrons-nous absolument les mêmes soins donnés à son âme, la même affection et le même développement prodigué à son intelligence, par sa sainte mère, dont les genoux lui servaient souvent de bureau de travail, tandis que sa petite sœur partageait avec lui ces premières leçons qu'on n'oublie jamais.

C'est pourquoi, humble prière est adressée, ici, aux lecteurs, de nous permettre pour ceux qui n'ont encore rien lu, sur ces privilégiés du Seigneur, de rappeler pour les huit ou dix premières années du frère, les récits faits par sa sœur...

Voilà le plus grand souvenir de leur enfance.

Le 19 novembre 1804, Pie VII, de sainte mémoire, donna quelques heures à la ville de Lyon, où il fut accueilli avec un enthousiasme impossible à décrire, et que partagèrent ceux-là même, qui n'étaient pas sous la houlette du pontife vénéré.

Antoine Jaricot eut l'honneur et le bonheur d'être présenté au Saint-Père, comme étant l'un de ceux qui contribuaient le plus à la restauration du culte et au soulagement des pauvres, parmi lesquels se trouvaient un grand nombre de prêtres, dépouillés de tous leurs biens par la Révolution. Il assista avec sa femme et ses enfants, à la messe solennelle, célébrée par l'auguste pontife, dans l'antique basilique de Saint-Jean, dont les décombres avaient disparu, sous la divine magnificence de la foi et de l'amour, qui éclataient de toutes parts : la Famille chrétienne revivait ! et chacun se sentait revivre avec elle.

La petite Pauline, alors âgée de cinq ans, était là aussi, élevée au-dessus de la foule, par son père, qui la tenait entre ses bras, afin qu'elle pût tout voir.

Au dehors, il y avait une assemblée immense, qui pleurait de joie et célébrait hautement le bonheur qu'elle éprouvait. L'émotion était aussi générale que profonde. « Vive Pie VII ! ! ! Vive le Saint-Père ! ! ! Vive celui qui est notre sauveur ! ! ! »

La mignonne Pauline se taisait ; mais de grosses larmes, qui coulaient lentement sur ses joues empourprées, faisaient assez connaître combien elle était étonnée et émue.

Impatienté de cette muette contemplation, Philéas, qui trépignait d'enthousiasme, serra fortement le bras de sa sœur et lui dit : « Tu ne sens donc rien, toi, petite? Tu ne vois donc rien?... Crie donc bien haut avec tout le monde : Vive le Saint-Père !... Il remplace Jésus-Christ ! »

Frappée seulement de ces derniers mots, l'enfant joignit les mains et s'écria : « Oh ! oui, vive Jésus-Christ ! »

Pie VII n'avait destiné à Lyon qu'une journée et demie, mais l'enthousiasme qui l'y accueillit le toucha tellement, qu'il promit d'y revenir. Il y revint, en effet, et passa trois jours au milieu d'une population innombrable et ravie !

Le 19 avril suivant, la famille Jaricot se trouva de grand matin à Fourvière, dont Pie VII allait rouvrir les portes fermées depuis 93, et bénir la cité de Lyon, du haut de la terrasse Caille. Impossible de décrire l'incomparable spectacle de cette colline animée, car les Lyonnais la couvraient absolument.

Comme Pie VII quittait Fourvière, pour descendre à l'Antiquaille, Antoine qui avait placé sa famille sur le passage du saint pontife, réclama pour elle une bénédiction particulière. L'auguste vieillard la bénit en effet, et posa ses mains vénérables sur la tête des deux plus jeunes enfants, Philéas et Pauline, qui n'oublièrent jamais ce moment.

Le chef de l'Eglise eut-il alors une révélation de l'avenir des deux anges terrestres sur lesquels il venait d'appeler les bénédictions du ciel?... Vit-il Philéas, devenu prêtre de Jésus-Christ, se faire l'éducateur, le consolateur et même l'infirmier des plus infortunés, et les mettre tellement à l'abri des tentations de l'impiété, qu'il mérita de mourir comme le Sauveur, à l'âge de trente-trois ans?

Vit-il la vierge Pauline-Marie planter l'arbre mystérieux où *tous* les oiseaux sauvages, — les nations idolâtres — viendraient s'abriter et se reposer?

Il est permis de le supposer... Tant de rayons lumineux accompagnent le dernier regard d'un père sur ses enfants !...

CHAPITRE II

Première éducation.

« Dieu m'avait donné pour
mère un ange, auquel il avait
prêté un corps. »

Joseph DE MAISTRE.

En mère chrétienne, que de plus nobles motifs
que ceux de la vanité dirigent, Jeanne se mit bientôt
à étudier l'âme de ses deux derniers enfants, que,
sans s'expliquer, peut-être pourquoi, elle offrait
souvent à Notre-Seigneur, comme les deux plus
belles fleurs de sa couronne maternelle.

Elle écoutait avec grande attention les sons les
plus ténus de leurs cœurs et de leurs pensées, et
elle exprimait au divin Maître ce qu'elle y voyait
de rassurant, et les ombres légères qui semblaient
parfois couvrir le bien, jusqu'à l'éclipser. Mais,
heureuse mère ! elle terminait toujours sa céleste
confidence, en remerciant le *Donateur* d'avoir été
si prodigue envers ses Benjamins...

Philéas l'effraya d'abord : il était si ardent, si
disposé à jouir, si sensible et si prompt, qu'on avait
peine à le satisfaire : Quand la raison, l'âge et sur-

tout la piété y auront mis la main, toute cette exubérance s'apaisera, pensait-elle, pour se rassurer.

Cette nature était difficile, mais généreuse, au point de céder, sans hésiter, quand il pensait avoir affligé quelqu'un. Il avait de l'élan pour tout ce qui était bon et beau ; tout lui allait, pourvu que ça se fît rapidement ! Il aimait le bon Dieu, disait-il. « Je Lui raconte bien des choses... avec Lui, c'est vite fait. Il comprend tout. J'ai tant d'affaires dans l'esprit, que je ne puis rien finir. C'est ce qui m'ennuie. » Ses devoirs se ressentaient de cette presse, il y laissait bien des fautes, que sa petite sœur relevait avec malice, pour punir un peu le *savant*, qui se vantait auprès d'elle, de savoir le latin, quand elle, — femme, — ne le saurait jamais... » Ce latin hélas ! n'allait pas loin ! Pauline s'en amusait et ne lui cachait pas sa découverte... Mais nous pouvons dire que, même les plus grosses querelles, se terminaient par un gros baiser de frère et de sœur. Pour ce qui était d'avouer ses bousculades, il s'en tenait à son refrain : « C'est vite fait ! et on s'entend un peu plus après. »

Il aimait la musique et se plaisait à chanter avec Pauline, dont la voix était déjà remarquable. Aussi l'un et l'autre jouissaient-ils beaucoup, quand leur frère et leurs sœurs jouaient devant eux un *beau* morceau et qu'on leur permettait d'écouter le soir, même après l'heure du coucher *des petits*, disait Rose, leur bonne.

Philéas était un peu despote avec ses camarades qui lui cédaient presque toujours, à cause de l'ascendant qu'il exerçait sur eux, par son intelligence et sa franche amabilité, que chacun reconnaissait, tout en lui reprochant de vouloir toujours commander, comme un vrai caporal. »

Mais c'était autre chose, quand il avait affaire à Pauline, qui lui résistait ouvertement, et voulait, elle aussi, être obéie... C'était comme les deux chèvres de La Fontaine, s'avançant en sens inverse, sur le pont où une seule pouvait passer... Il y avait dispute, quelquefois entre eux et même un peu plus... La sainte mère intervenait et rappelait doucement aux deux orgueilleux, que le plus humble plairait le plus à Notre-Seigneur. C'était alors à qui serait *le plus humble...* et ce n'était point sans péril... l'orgueil a mille petites radicelles cachées dans l'humilité...

Il arrivait que les petits amis de Philéas abusaient un peu trop, de sa disposition à tout accorder, quand on lui demandait au nom de Jésus. Voulaient-ils obtenir de lui quelque chose de délicat, de difficile, ils se disaient : « Allons vers Philéas et demandons-lui cela, au nom de *Jésus-Christ pauvre*, et nous l'obtiendrons. »

Ils ne se trompaient pas.

Parmi les défauts de ce cher enfant, on peut mettre en première ligne, la brusquerie, même la colère, quand il rencontrait de l'opposition à sa volonté; mais il était sincère, — chose rare, — il ne trompa jamais. Aussi avouait-il toujours ses fautes. Du reste, sa mère l'avait habitué à user avec elle d'une confiance absolue. Quand elle croyait apercevoir en lui quelque chose de douteux, elle lui disait : « Viens près de moi, Philéas, et regarde-moi. » L'enfant venait et plongeait son regard d'ange, dans le regard si tendre et si calme de sa sainte mère, qui ajoutait plus tendrement encore : « Mon petit, je suis ta maman..., ne crains rien avec moi. » Et le petit « suspecté » plongeait son beau regard dans le tendre et miséricordieux regard qui l'aimait... Il n'y avait d'ordinaire aucune ombre dans son âme, sa bonne mère pouvait le bénir et demeurer en paix... Si, au contraire, il y avait réellement une *ombre*, le coupable passait ses deux bras au cou de sa « maman », lui confiait sa faute et demandait avec elle pardon à Notre-Seigneur.

En surveillant ainsi les inclinations de ses enfants, Jeanne s'était fait une règle de ne jamais leur promettre, pour exciter leur courage, ni beaux vêtements neufs, ni rien de ce qui pouvait développer en eux le sentiment, si naturel et si commun, de l'orgueil de la fortune, donnant de son superflu. Elle leur rappelait souvent, que le vêtement n'est que l'enveloppe du corps; que Dieu n'y a aucun égard ; que l'âme seule est quelque chose de grand à ses yeux : Saül enfant, portait sa robe de berger, et il était agréable au Seigneur, parce que son cœur était droit et pur. Mais, plus tard, devenu roi, et étant coupable, il fut rejeté du Dieu juste, malgré ses beaux habits royaux. Geneviève de Nanterre, Jeanne d'Arc et bien d'autres, étaient bergères aussi, et ne portaient que des haillons, mais leurs âmes si belles avaient attiré les regards de Celui « qui pare les lis des champs avec plus de magnificence que Salomon dans sa gloire. » C'est l'Evangile qui l'atteste.

Ces sortes de direction, faites dans le langage simple et vrai, d'une mère tendre et vraiment chrétienne, pénétraient peu à peu le cœur de ses enfants, comme l'huile pénètre peu à peu l'étoffe la plus épaisse. Philéas se sentait ému, quand sa mère ajoutait : « C'est Notre-Seigneur qui veut, chers petits, que je vous parle ainsi. »

Heureuses les mères qui ont su habituer leurs enfants à cette muette et profonde interrogation de leur regard. Qu'ils soient dans les premières années de la vie, ou dans celles de l'ardente et terrible jeunesse, elles sauront la vérité..., à moins qu'une perversion complète, n'ait détruit tout ce qui touche le cœur, et ne l'ait amené à ne plus rien redouter, pas même le regard qui le premier nous a dit au berceau : « Je t'aime, enfant, plus que moi-même. »

Jeanne n'avait rien à craindre de ce côté-là...

Qui se douterait que, dans cette petite vie d'enfant, Philéas, si gai, si turbulent, si plein d'ardeur pour les jeux de son âge, il y avait, parfois, des moments *sérieux*, pendant lesquels Pauline elle-même ne pouvait, qu'à grand'peine, distraire son frère de ses réflexions. Que pensait-il alors? Quelles images passaient et repassaient dans sa jeune imagination?

Personne ne l'a jamais interrogé sur ce point, et sa mère elle-même respectait ce court silence, disant que Dieu aime à parler aux enfants, et que ce n'est que plus tard, qu'ils comprennent bien sa divine parole.

Ce qu'il y a de sûr, c'est que dans le petit tourbillon de pensées qui se bousculaient un peu dans la tête de son dernier né, celle de l'apostolat était une des plus fréquentes et des plus aimées. Il en parlait à sa sœur, qui voulait être de la partie.

Un jour, sans doute après avoir lu la lettre d'un missionnaire, Philéas arrive un peu hors de lui et s'écrie : « C'est décidé, vois-tu, Pauline, je veux être *apôtre*. J'irai en Chine, parce que c'est l'empire de Satan. J'y serai, moi, soldat de Jésus-Christ, pauvre comme Lui et bon comme Lui. Si l'on me tue, tant mieux, mon sang fera *pousser des chrétiens*. J'ai lu cela dans mon histoire ecclésiastique. »

Après avoir écouté avec une sorte de respect, ce solennel début, Pauline répondit : « Et moi, je n'irai donc pas aussi? Je soignerai les malades, j'apprendrai le catéchisme aux petits enfants, et je mettrai des fleurs à toutes les chapelles. »

L'impitoyable Philéas réplique d'un air fier : Je te l'ai dit cent fois ! tu ne sais pas un mot de latin, toi...; et les femmes ne peuvent être missionnaires, à cause de cela d'abord, et puis, parce que c'est trop loin et que dans ces affreux pays, elles ne pourraient voyager qu'à cheval, sur des cygnes, des lions, des éléphants, etc., etc. C'est la seule monture que l'on connaisse là-bas... »

« En effet, soupira la pauvre petite, terrifiée qu'elle était à cette perspective ; oui, ce serait trop difficile... Mais elle ajouta résolument, ne pourrais-tu pas me placer derrière toi, sur la bête, en m'attachant avec un gros ruban...?

A cette naïve proposition, le malin éclata de rire : « Non, non, je te l'ai dit : les *hommes* seuls peuvent être missionnaires. »

« Et moi, reprit Pauline, d'une voix pleine de larmes, je ne ferai donc rien...? » Si, pauvrette tu nous aideras, tu coudras les linges, tu feras des chapelles, et tu nous procureras beaucoup d'or afin que nous achetions les petits enfants que l'on jette dans les fleuves en Chine et ailleurs. »

Satisfaite des dernières paroles de son frère, Pauline se consola un peu, de ne pas s'en aller si loin et de pouvoir tout de même, être utile à quelque chose, malgré l'absence du latin..., dont le savant Philéas était si fier tout en dépassant de très peu *rosa*, la rose...

Il est certain que Philéas était alors un enfant simple, candide et gai, comme ses petits amis, mais il avait en lui déjà l'amour de Dieu et celui des pauvres, à un degré remarquable ; il ne fallait pas le presser beaucoup, pour qu'il sacrifiât ses jouissances personnelles, afin de venir en aide à des familles malheureuses. Sa mère lui avait dit : « Donner aux pauvres le fruit de ses privations, c'est la vraie charité. Donner ce qu'on a de trop, c'est la bienfaisance, qui se trouve souvent en ceux-mêmes qui ne croient pas en Jésus-Christ. Il suffit pour cela d'avoir un bon cœur. La charité va plus haut que la bienfaisance: elle se prive pour toucher le cœur de Jésus-Christ, qui a expérimenté lui-même, toutes les privations de la pauvreté. »

Et leur faisant admirer un petit tableau qui représentait l'intérieur de Nazareth elle ajoutait : « Voyez comme Notre-Seigneur occupe ses divines mains à de rudes travaux ! C'est pour relever le courage du plus grand nombre des hommes, qui sont appelés à gagner leur vie. Autrement sans cela, chers petits, vous seriez vous-mêmes sans secours dans votre impuissance. A qui devez-vous donc tout ce qui vous est utile... Aux travailleurs... Sans eux il faudrait que vous fissiez toute la besogne : maisons à bâtir, champs pour semer, moissons à faire, charpentiers, boulangers, etc., etc... Je voudrais bien vous en voir venir à bout. »

Les enfants souriaient à cette perspective : Philéas maçon, boulanger, etc., etc., Pauline faisant toute la besogne du ménage. C'était un peu singulier, en effet ; cependant, ajoutait la mère, si tout le monde était riche, on en viendrait là. Les enfants comprenaient que le respect et la reconnaissance, sont dus à ceux qui travaillent pour gagner leur vie, d'abord, c'est l'ordre de Dieu, et ensuite, pour nous rendre de réels services. Aussi Philéas et Pauline commençaient-ils à tendre leurs petites mains aux ouvriers qui les baisaient affectueusement.

Le souvenir de la pauvreté du Sauveur revenait souvent à leur esprit et touchait leur cœur dans les moments *sérieux*, c'est-à-dire dans ceux où leur nature vive et ardente s'apaisait.

Ces semences de la vie d'en-haut, tombaient sur un sol riche et fécond, et elles y déposaient de magnifiques surprises pour l'avenir.

Une des plus douces récompenses de ces enfants était d'accompagner leur mère chez quelque malade, qui avait demandé la sainte communion. C'était difficile en ville, mais à la campagne, où ils habitaient depuis le printemps, c'était facile et sans danger. Ce jour était l'un de ceux où l'on se réveillait au premier signal ! On préparait tout ce qu'on devait emporter ! Philéas faisait l'enfant de chœur et Pauline ornait d'un linge bien blanc, de chandeliers et de fleurs, ce pauvre autel, où l'amour accueillait Jésus-Christ. Le visage des *petits* avait alors quelque chose d'angélique !

Pour que rien ne manquât, ce jour-là, sous le toit de chaume, le frère et la sœur avaient acheté de leur bourse ce qui devait réjouir la pauvre famille. Une fois sur la route du retour, Philéas dit :

« Tu es contente, toi, Pauline?

— Oh oui, ravie ! et toi?

'— Moi aussi, mais cela m'étouffe !...

Et comme pour se distraire de sa trop grande joie intérieure, il se mit à sauter et à danser :

« Tu ris, Pauline, mais David a dansé devant l'arche et Zachée aussi, je crois, en entendant Notre-Seigneur lui dire : « Venez, je vais aller chez vous aujourd'hui. »

C'était sous les yeux de ses enfants, que Jeanne s'occupait des petits colporteurs qui venaient s'approvisionner dans sa maison, et dont le ménage de chacun était l'objet de sa sollicitude. Elle faisait cela avec tout l'élan de sa charité, pour ceux dont la vie est difficile. Elle recevait leurs confidences, avec l'intérêt d'une mère pour sa famille ; elle se montrait généreuse dans les circonstances où il semble que tout va s'effondrer, pour ceux qui n'ont aucune ressource. Elle les écoutait longuement, leur donnait des conseils qui les sauvaient des périls cachés sous leurs pas.

Sa touchante bonté frappait Philéas, qui savait toutes les occupations de sa mère, tandis que lui, qui n'avait rien à faire, était toujours pressé d'en finir. Cette sainte mère remédiait à tout. Si les marchandises achetées l'année précédente, avaient perdu un peu de leur fraîcheur, « la bonne dame » les remplaçait par d'autres, d'un choix plus facile et plus avantageux. Après ces procédés, quasi maternels, elle ne manquait pas d'ajouter avec douceur et affection : « Soyez sages, mes enfants, soyez fidèles à Dieu, qui a mis dans son cœur tant d'intérêt pour vous. »

Et tous s'en retournaient chez eux, le cœur content et l'âme réconfortée.

Les deux enfants remarquaient en tous points la conduite de leur sainte mère, et aussi celle de leur père. Antoine, ce vaillant chrétien, ne s'était pas tellement désisté de la première éducation de ses chers petits, qu'il ne vînt souvent leur dire de ces bonnes et belles paroles que les enfants recueillent, et dont ils font, plus tard, leurs oracles chéris.

Bien que Philéas et Pauline ne comprissent pas tout ce qu'il y avait de beau dans les paroles et les exemples qui leur étaient donnés, ils en formaient dans leurs jeunes cœurs, les premières couches de la germination à venir, qui déjà promettait d'être si féconde ! Ils vénéraient leur père et leur mère, et ils devinaient instinctivement que Dieu était là avec eux.

Un jour, Philéas voyant un ouvrier emporter avec une joyeuse reconnaissance, une petite somme qui lui était due, dit à sa mère : « Pourquoi est-il si content... ? C'est peu de chose, et j'en ai vu d'autres recevoir beaucoup plus et ne pas s'en aller joyeux comme celui-là. — C'est, répondit Jeanne, parce que la bonté de ton père y a joint *quelque chose*, qui est plus cher au travailleur, que l'argent : de bonnes paroles, et la certitude d'avoir quelqu'un qui le soutienne et l'encourage dans le malheur. L'argent lui est nécessaire, pour les besoins de sa famille, aussi, cherche-t-il à en gagner par son travail. Mais il a autant, et plus encore, le besoin d'être un peu soutenu, un peu respecté, un peu aimé comme un frère. C'est ce que Notre-Seigneur, qui est le maître du patron et de l'ouvrier a dit : « Aimez-vous les uns les autres. » Souviens-toi, cher enfant, que ce n'est pas tant l'argent, que l'affection et l'estime qui manquent au travailleur. Le plus souvent, on l'accueille avec indifférence et même avec de durs reproches sur son travail, fait peut-être la nuit, en compagnie de la maladie et de la misère, dont à peu près personne ne se préoccupe. Souviens-toi de ce que je te dis aujourd'hui, et Dieu te bénira. »

On trouvera peut-être que la mère allait trop loin, en livrant les beaux secrets de la politique divine, à un enfant qui n'avait pas encore neuf ans. Mais les petits, quels qu'ils soient, les goûtent et les aiment.

Philéas n'oublia pas cette loi de l'amour, qui enveloppe l'Evangile ; et il le prouvera plus tard, il la fera comprendre et accepter.

Il y aurait bon nombre de faits, tout charmants à raconter, de cette enfance prévenue des dons de la grâce. Nous en écartons beaucoup, pour que cette notice n'égale pas une vie. Et puis !...

Et puis l'heure va sonner bientôt, qui mettra fin à cette délicieuse première éducation. Philéas va quitter sa petite sœur, cette Pauline si gaie et si affectueuse, qu'il voyait tous les jours et qu'il ne fera plus qu'entrevoir. L'un et l'autre ne verront plus ensemble ni les mêmes lieux, ni les mêmes personnes, ni les mêmes occasions de joie sans ombre, qui, jusque-là, ont rempli leurs pensées et leur cœur. L'âge des *pourquoi* et des *comment*, auxquels on répondait avec tant de bonté et de prudence, sans jamais troubler, va faire place à celui où l'on commence à trouver des pièges à chaque pas...

Antoine et Jeanne se sont aperçus depuis quelque temps, que le monde observe et convoite, pour plus tard, leurs derniers enfants pour en faire ses brillantes victimes, ils veulent les sauver des embûches de ce monde, immense assemblage de désœuvrés, de corrupteurs, de corrompus... Comment faire...? La mère, cet ange visible du foyer, est obligée de quitter parfois ses chers petits, pour s'occuper des employés de la maison, et recevoir, ce qui est souvent une charge pénible, quand l'esprit est ailleurs... Elle avait choisi pour la remplacer, dans ses heures d'absence, une bonne, c'est-à-dire une seconde mère, un second ange gardien des enfants. Elle se nommait Rose, et avait la vertu et le dévouement nécessaires à sa mission.

D'un mérite et d'une intelligence rares, elle possédait la délicatesse et le tact que met ordinairement la grâce dans les âmes simples et dociles qu'elle dirige. Aussi, à la place des contes de fées, si à la mode alors, et si ridicules ou dangereux, Rose faisait connaître à ses chers petits maîtres, quelques vies de saints, ou l'histoire touchante d'une famille malheureuse, vers laquelle le frère et la sœur pouvaient aller sans inconvénient. Dans ce dernier cas, après avoir écouté la bonne, les enfants couraient demander à leur mère la permission de sacrifier aux protégés de Rose, quelques jolis joujoux, quelques beaux habits à acheter, et (ce qui leur coûtait davantage), quelque partie de plaisir projetée, dont les frais étaient remis par eux, aux infortunés qu'on voulait secourir. Quand ils s'en allaient ainsi, avec leur bonne, dans quelque triste demeure, il eût été impossible de dire, lesquels des visiteurs ou des visités, étaient les plus heureux. Des larmes de joie brillaient dans les yeux de tous. « Nous sommes chez Notre-Seigneur, disait Philéas à Pauline : nous voyons sa pauvreté ! »

Tout ceci était bon pour un temps. Mais cette seconde surveillance, quelque sûre et continuelle qu'elle fût, ne pouvait se prolonger. Les années marchent et changent toutes choses : la gentillesse de Philéas, son intelligence précoce et la grâce toute charmante de Pauline, ainsi que la précocité de son esprit, étaient souvent exaltées devant le frère et la sœur, si bien que leurs belles petites âmes, si riches des dons de Dieu, semblaient avoir perdu un peu de leur simplicité native. La mère si vaillante et si inquiète de ses deux trésors, avait mis parmi leurs livres de classe, le plus beau et le plus simple de tous, l'Evangile, que les enfants étudiaient avec bonheur. Le Sauveur sur la paille de l'étable les ravissait ! Ils l'admiraient obéissant toujours. Mais, à leur âge, on pense vite. La profondeur des paraboles ne frappe pas, comme plus tard... Jeanne eut recours aux fables, et mit adroitement sous leurs yeux « Le Renard et le Corbeau », à la satisfaction des deux étudiants, qui riaient de tout leur cœur, de la *chute du fromage, répondant aux beaux compliments du sire renard.*

Mais cette *chute malheureuse* a-t-elle jamais empêché quelqu'un d'être fier d'un compliment aussi vrai, que celui de la beauté de la voix du « phénix des hôtes de ces bois »...? Non, on en sourit, sans en devenir plus sage, et le compliment qui suit, n'en sera pas écouté avec moins de fierté.

Mais, attendons un peu, et le monde, cet archi-vieux renard, vous en dira bien d'autres, que vous écouterez aussi, sans compter les « fromages » et tant de régalades, que vous lâcherez à son estomac toujours creux, et à sa dent au vent !... Le premier compliment date de loin, de bien loin, et les échos de l'Eden l'ont répété avec un triste accompagnement de larmes intarissables : « *Si vous mangiez du fruit défendu, vous seriez aussi puissants que Dieu...* »

On a mangé du fruit... Depuis six mille ans, on en a *expérimenté l'excellence*... Mais la réalisation de la promesse est encore à faire...

Antoine et Jeanne priaient et espéraient que, malgré les ruses de l'impiété pour déchristianiser la France de Jeanne d'Arc et de saint Louis, Dieu, dans sa miséricordieuse bonté, donnerait à l'enfance des *maîtres* dignes de former des *savants selon l'Évangile*, cette unique lumière du monde.

Lyon n'avait pas encore été pourvu de ces sortes de bercails qui devaient abriter et préserver de tout mal, les petits agneaux du Bon Pasteur, en sorte que le père et la mère de Philéas durent se décider à l'envoyer un peu au loin, malgré son jeune âge.

CHAPITRE III

Le collège de Belley.

Les maîtres s'inspiraient de
l'Evangile, pour aller droit aux
cœurs purs qu'ils voulaient élever.

Aux angoisses d'Antoine et de Jeanne, Dieu
sembla répondre d'une manière providentielle. Les
meilleures nouvelles se répandaient sur l'établissement du nouveau collège de Belley, par les Pères
de la Foi (1), lequels, après avoir donné en Belgi-
que, en Allemagne et en Italie, des preuves éviden-
tes de leur savoir et de leur habileté à élever la jeunesse, étaient venus dans le Lyonnais au secours
des familles, en peine de confier l'âme de leurs enfants à des maîtres vraiment chrétiens. A cette
époque, si troublée encore, qui succédait à la
Terreur, les familles s'étaient empressés de demander des places dans ce collège, déjà si encom-

(1) Belley est une petite ville située sur les collines voisines
de la Savoie. Le plus aimable des hommes, saint François de
Sales y a imprimé son souvenir. Il y vint souvent et y résida
même, chez son ami, le jeune évêque de Belley, Mgr Le Camus.

bré, qu'on installait les nouveaux élèves dans les maisons voisines du collège, afin qu'ils pussent s'y rendre chaque jour, pour assister aux exercices qui s'y faisaient.

Antoine et Jeanne décidèrent qu'il fallait y mettre Philéas, qui n'avait pas encore tout à fait neuf ans, et de le confier à ces maîtres, déjà si aimés et bénis de leurs élèves. Les intimes de la famille Jaricot groupèrent leurs enfants autour de Philéas, et ils obtinrent pour les nouveaux venus, des places dans l'intérieur de l'établissement.

Quand on parla à Philéas d'aller au collège, avec ce petit bataillon, déjà connu et aimé de lui, il pleura bien un peu de ce premier départ, qui le séparait de son père, de sa mère et de sa chère petite Pauline, la confidente de ses secrets; mais, au fond, il était un peu content d'être mis en relations habituelles avec des *latinistes*, et l'uniforme des collégiens lui sembla *quelque chose* qui lui rappelait un autre habit qu'il ambitionnait déjà...

C'était bien Philéas avec ses rêves qui passaient et repassaient dans sa jeune imagination, et qu'il n'avait jamais confiés qu'à Pauline...

La joyeuse caravane se dirige vers Belley, au mois d'octobre 1805, et fut reçue à cœur ouvert, par les maîtres chrétiens, qui allaient remplacer dignement, ce qu'au matin, la vie a de plus doux : la famille et ses délicieuses réunions d'enfants, à son foyer béni.

Les PP. Coidy et Debrosse, de vrais savants et

amis dévoués de la jeunesse, reçurent si cordialement les petits Lyonnais, qu'on eût pu croire qu'ils les attendaient depuis longtemps (1). Notre Philéas sentit tout d'abord son cœur à l'aise, et il se promit tout bas d'être un des meilleur élèves.

Ces élèves ne manquaient pas à cet asile, où l'on comprenait si bien, qu'ils venaient y chercher la foi, la science et l'amour... On distinguait parmi eux les plus beaux noms de France, d'Allemagne, d'Italie et d'ailleurs, venus là pour recevoir une éducation chrétienne, seule capable de les rendre dignes de leurs vaillantes races, *chrétiennes* avant tout. On distinguait parmi eux le jeune Alphonse de Lamartine, âgé de quatorze ans. Notre Philéas dut le contempler avec un certain respect, et ne pas oser lier avec lui une conversation quelconque, vu la différence d'âge, qui semble toujours si grande entre un élève de quatorze ans et un de huit...

Voici quelques-unes des pages que Lamartine écrivait plus tard, sur ces années passées à Belley, dont les souvenirs le charmaient au milieu des épreuves cruelles qu'il rencontrait partout, en dépit de sa gloire, ou plutôt, à cause de cette gloire.

« Ma mère me conduisit au collège de Belley. En peu de jours je sentis la différence prodigieuse qu'il y a entre une éducation vénale, vendue à de malheureux enfants, pour l'amour de l'or, par des industriels

---

(1) Les Pères de la Foi n'étaient pas Jésuites; ils tenaient d'eux *la paternité de l'âme* pour les enfants qu'ils élevaient. Ils étaient des hommes hors ligne, quant au mérite et au savoir.

enseignants, et une éducation donnée au nom de Dieu, et inspirée par un religieux dévouement dont le ciel est la récompense. Je ne retrouvais pas là une mère, mais j'y trouvai Dieu, la pureté, la prière, la charité, une douce et paternelle surveillance, le ton bienveillant de la famille, des enfants aimés et aimants, aux physionomies heureuses. J'étais aigri et endurci, je me laissai attendrir et séduire. Je me pliai de mon mieux au joug que d'excellents maîtres savaient me rendre doux et léger. Tout leur art consistait à nous intéresser nous mêmes au succès de la maison, et à nous conduire par notre propre volonté et notre propre enthousiasme. Un esprit divin semblait animer d'un même souffle les maîtres et les disciples. Toutes nos âmes avaient retrouvé leurs ailes, et volaient d'un élan naturel vers le bien et vers le beau. Les plus rebelles eux-mêmes étaient entraînés dans le mouvement général. C'est là que j'ai vu ce que l'on pouvait faire des hommes, non en les contraignant mais en les inspirant.

Le sentiment religieux qui animait nos maîtres, nous animait tous. Ils avaient l'art de rendre ce sentiment aimable et sensible, et de créer en nous la passion de Dieu, avec un tel levier, placé dans nos propres cœurs, ils soulevaient tout ! Quant à eux, ils ne faisaient pas semblant de nous aimer, ils nous aimaient véritablement, comme les saints aiment leurs devoirs, comme les ouvriers aiment leurs œuvres, comme les superbes aiment leur orgueil.

Ils commencèrent à nous rendre heureux, ils ne tardèrent pas à nous rendre sages.

La piété se ranima dans mon âme, elle devint le mobile de mon ardeur au travail. Je formai des amitiés intimes, avec des enfants de mon âge, aussi purs et aussi heureux que moi, ces amitiés nous refaisaient une famille. »

Et ailleurs, quand Lamartine compare ce second pensionnat au premier où il avait été d'abord mis à Lyon, il ajoute :

« Je sortais d'une maison d'éducation toute vénale, dans un sombre et sordide faubourg de Lyon. Les maîtres y étaient froids comme des géôliers. Les enfants aigris et méchants, comme des captifs. Je m'attendais à retrouver la même chaîne et les mêmes supplices au collège de Belley. Je fus agréablement surpris d'y trouver dans les maîtres et dans les disciples, une physionomie toute différente. Les maîtres me reçurent des des mains de ma mère, avec une bonté indulgente, qui me disposa moi-même au respect... Les écoliers m'abordèrent timidement et cordialement, et m'initièrent doucement aux règles, aux habitudes, aux plaisirs de la maison... Quel accueil des maîtres et des élèves ! Mon cœur aigri ne résista plus, je sentis ma fibre irritée, se détendre et s'assouplir avec une heureuse émulation. »

Parlant de son départ, le poète ajoute :

« Je fis des adieux reconnaissants aux excellents maîtres qui avaient si vivifié mon âme, en formant mon intelligence, et qui avaient fait, pour ainsi dire, réveiller mon amour de Dieu, en amour et en zèle pour l'âme de ses enfants. Leurs noms feront toujours, pour moi, partie de cette famille de l'âme, à laquelle on ne doit pas le sang et la chair, mais l'intelligence, le goût, les mœurs et les sentiments. »

Nous regrettons vivement d'avoir ici une très brusque interruption de notre récit de biographie. Mais il nous a été impossible de suivre Philéas au collège de Belley, et de savoir ce qu'il y a fait durant les huit ou neuf années qu'il y a passées (1805 à 1814 ou 1815). Aucune lettre, aucune note, pas même quelques lignes de Pauline n'ont été trouvées. Il est probable que ces papiers auront été détruits ou brûlés avec tant d'autres que nous serions heureux de consulter aujourd'hui. C'est pour cela que nous avons cité, en entier, ce qu'a écrit Lamartine sur les maîtres de Belley, et sur l'esprit des enfants qui formaient le pensionnat. Avec cela, on peut se faire l'idée de la douce et sainte impression qu'éprouva cet enfant si bien disposé, et si heureux de suivre les conseils qu'on lui donnait. Pour le moment, nous ne présentons au lecteur, non une sûre réalité, mais le *probable* de cette époque de sa vie.

Il dut s'habituer sans peine à l'autorité si paternelle de ses maîtres, et travailler avec amour, sous leur conduite pleine de sagesse, laquelle arrivait à son but doucement, et sans forcer, outre mesure, les cervelles, comme on le fait maintenant. Tout allait bien et bellement, dans cette demeure, où l'on travaillait pour l'esprit et pour le cœur, sous le regard de Dieu, en vue du bonheur et de la gloire des familles, tout en donnant large part à la dilatation des élèves, qui savouraient la joie de l'union fraternelle.

C'était l'unique but des maîtres, dont beaucoup avaient sacrifié les avantages du nom, de la fortune et de l'avenir, pour se donner sans mesure, aux âmes d'enfants confiées à leurs tutelles.

Cet ensemble de biens et d'affection réciproque

entre les maîtres éminents et les élèves soumis, épouvanta les ministres de Napoléon, et ils eurent la naïveté de trouver là-dessous, dans ce petit coin du monde, si loin des fastes des Tuileries, un vaste complot en formation... Et à cause de ce danger qui menaçait l'empire, le collège fut fermé pour les vacances suivantes (1809), par ordre impérial, et défense fut faite d'y garder un seul élève, même le pauvre petit Philéas.

Quels conspirateurs !...

Les braves de la grande Armée pliaient donc armes et bagages, devant cet *amas de conspirateurs.* Cent cinquante collégiens et une trentaine de soutanes, portées vaillamment, il est vrai, mais qui laissaient toute liberté aux bombes et aux obus de cette grande Armée, de détruire l'ennemi étranger...

C'est l'histoire commune de tous les *complots,* si fréquents et si étranges, qui surgissent ici ou là, quand ceux qui, de leurs mains mortelles, touchent ce qu'il y a de plus immortel, les consciences pour les entraîner vers l'abîme du mal.

Ne sachant plus à qui s'en prendre, d'entrevoir des mains inconnues, éparpiller leur puissance et en jeter les débris au vent, ils voient des conspirateurs partout, et les expulsions pleuvent de tous côtés.

Mais le suprême Justicier ne peut être expulsé ; il est là, et il attend son heure.

Ceci est de l'histoire universelle dont la Providence est l'auteur, et cette histoire se continue de siècle en siècle !

Philéas, quoique bien jeune encore, était doué d'une âme et d'un cœur capables d'apprécier ses illustres maîtres avant que la porte du collège ne fût fermée sur ses pas. Il avait retrouvé en eux le dévouement et les vertus de sa famille ; il les aimait et il était aimé d'eux. Cette affection réciproque, entre maîtres chrétiens, et enfants appartenant à des races chrétiennes, fut la vraie cause de l'expulsion qui ne tarda pas à frapper les uns et les autres, et qui brisa d'un seul coup, la belle œuvre d'éducation des Pères de la Foi. Il ne restait guère aux familles, que des institutions douteuses, c'est-à-dire à peu près sans Dieu.

Il est plus que probable que notre petit Philéas fit, sous l'influence de ses maîtres vénérés, l'acte sublime de sa première communion. Il avait près de douze ans, quand le départ fut résolu, et l'avenir était si incertain, que ces dévoués aux âmes d'enfants, donnèrent à cette âme si pleine de foi et d'amour, le pain de vie, viatique divin du voyage qu'il allait faire dans la vallée des larmes. Dire les dispositions suprêmes qu'il apporta à cette première visite de Notre-Seigneur, c'est le secret de ce cœur angélique, aucune note n'en parle. Mais plus tard, dans cet avenir dont nous parlerons tout à l'heure, on pourra deviner une partie du passé, et ce sera sa sœur, Pauline-Marie, qui en soulèvera le mystère, en nous faisant connaître l'amour de Philéas, pour Jésus-Christ dans l'Eucharistie.

De nombreuses démarches furent faites auprès

de l'empereur pour obtenir de garder à Belley les
Pères de la Foi. Les autorités de la ville, aussi bien
qu'une quantité de personnes françaises ou étrangères, se joignirent aux suppliants, mais tout fut
inutile. Le *complot* l'emporta sur les raisons les
plus sages, et les intérêts les plus sérieux des familles les plus élevées. Il fallait faire désert de ce
collège si apprécié. On le fit aux vacances suivantes, 1809, avons-nous dit. Ce qui n'écarta pas d'une
seule heure, le *réel complot de* 1814. Et par delà les
flots de l'Atlantique, le rocher aride de Sainte-
Hélène attendait celui que les *conspirateurs de
Belley* n'avaient pas renversé.

Lamartine aurait pu écrire dès lors :

O vous, dont les leçons, les soins et la tendresse
Guident mes faibles pas au sentier des vertus,
Aimables sectateurs d'une aimable sagesse,
    Bientôt je ne vous verrai plus.

Je ne vous verrai plus condescendre et sourire
A mes plaisirs si purs, pleins d'innocents appas.
Sous le poids des chagrins si mon âme soupire,
    Vous ne la consolerez pas (1).

(1) Les autorités de Belley, après une année d'absence seulement, des premiers maîtres, voulurent rouvrir leur collège. Mais
les familles, effrayées de ce qu'on appelait déjà *une école mixte*,
ne crurent pas à l'annonce que l'on fit de cette nouvelle *école*.
Au lieu de cent cinquante élèves, on en reçut cinquante. Philéas était-il du nombre ? Nous l'ignorons. Les collèges religieux
étaient rares alors, et les parents recherchaient ceux où le nom
de Dieu n'était pas effacé.

« Il n'y a pas d'école mixte, écrit Jules Simon, parce qu'il n'y
a pas d'instituteur qui n'ait une opinion religieuse ou philosophique. S'il n'en a pas, il est en dehors de l'humanité, c'est un
monstre ou un idiot ; s'il en a une, et qu'il la cache pour sau-
vegarder ses intérêts, c'est le dernier des lâches. »

CHAPITRE IV

Un regard sur la famille Jaricot.

« Tous les Saints se ressemblent, sans avoir les mêmes traits. Mais ils ont ce qu'on peut appeler *l'air de famille des enfants de Dieu*. Ils se ressemblent parce qu'ils copient tous le même modèle et se forment sur le même type, Jésus-Christ. »

BERBIGNIER, Vie de S. Vincent de Paul.

Que de choses s'étaient passées, sous le toit de la famille Jaricot, depuis le premier départ de Philéas en 1805. Le monde y avait pénétré envers et contre toutes les précautions qu'avaient prises Antoine et Jeanne pour l'écarter, au moins durant quelques années, et son apparition y avait détruit une partie des joies intimes de l'âme, avec l'union de la paix qu'il y avait trouvées.

On a pu lire les détails de cette *apparition* mondaine, dans les notes si humbles et si touchantes, écrites par Pauline-Marie, dans sa propre vie, et dans lesquelles notes elle avait fait connaître ses *prétendus égarements*, c'est-à-dire ses illusions de treize à seize ans, alors que l'amour divin, la sollicitait si fortement de renoncer à tout, pour ne plus travailler qu'au salut des âmes.

Le combat fut long et douloureux ! si bien que ses forces physiques en furent épuisées ; une maladie presque inconnue des hommes de l'art, la conduisit, en peu de mois, aux portes du tombeau. Jeanne, sa mère si dévouée, qui la soignait nuit et jour, sentit elle-même qu'elle n'avait plus la force de continuer ses veilles et ses soins. Mais elle n'avait pas le courage d'abandonner sa chère enfant, alors à Collonges, aux environs de Lyon. Enfin le médecin s'unit à la famille, pour décider la gardienne à aller passer au moins quelques jours auprès d'Antoine, demeuré en ville pour ses affaires.

« Maman, écrit Pauline, s'était conformée à cet ordre cruel, que nous jugions inutile, l'une et l'autre. Elle vint près de mon lit de souffrance, m'embrassa en me couvrant de ses larmes et me dit seulement : « Que Dieu bénisse ma chère petite ! » Et elle s'éloigna sans rien ajouter. J'étais loin de penser que je ne la reverrais plus. »

Hélas ! à peine arrivée à Lyon, une fièvre ardente saisit cette tendre mère, et en peu d'heures elle fut à l'agonie. Il est probable que le chagrin, encore plus que la fatigue, brisa cette précieuse existence. Quoi qu'il en soit, « elle se montra douce envers la mort, comme elle l'avait été envers tout le monde. » Sa laborieuse tâche était presque achevée, ce qui lui restait à faire encore, devint pour elle l'objet d'un immense sacrifice ! Elle l'offrit au maître ado-

rable, qui a fait le cœur des mères, et qui les sur-
passe toutes, en miséricorde et en tendresse.

Pour épargner à Antoine un surcroît de douleur,
elle ne lui parla pas de Pauline, mais elle ouvrit son
cœur à Paul, le si digne aîné de ses enfants, qui
écouta avec autant de respect que d'amour, les
confidences de sa mère, et qui plus tard accomplit
fidèlement toutes ses recommandations.

Heureuse d'avoir donné un protecteur à Pauline-
Marie, Jeanne oublia tout, pour se préparer à la
mort qui arrivait à pas précipités. Malgré de violentes douleurs, elle suivit toutes les prières de
l'extrême-onction, elle reçut le saint viatique avec
une foi et un amour admirables ! Un peu avant
de rendre à Dieu, sa très belle âme, elle fut comme
éclairée d'une lumière intérieure, car son visage,
jusqu'alors empreint d'une profonde tristesse,
brilla subitement d'une grande joie, et on l'entendit s'écrier, dans un élan de reconnaissance :
« Oh ! merci, mon Dieu. Pauline sera toute à
vous... » Quelques heures plus tard, elle mourut
dans une paix ineffable, après avoir réalisé durant
toute sa vie, cette parole de l'Ecriture : « Elle a
tendu ses mains aux pauvres et ouvert ses bras à
l'indigent. »

Les regrets et la vénération de tous la suivirent
à sa dernière demeure. Ses dépouilles mortelles
furent portées à Loyasse, dans la sépulture qu'Antoine avait fait élever. Au pied de la grande croix
du milieu, à droite, on a gravé ces mots qui sont

l'histoire abrégée de toute la vie de sa chère et sainte compagne :

« Ici repose Jeanne Lattier, épouse d'Antoine Jaricot.

Elle s'est constamment oubliée elle-même, pour ne penser qu'à Dieu, à sa famille et aux pauvres. »

S'oublier soi-même, c'est le premier pas de toute sainteté, mais surtout, de celle d'une mère. Si les mères chrétiennes *s'oubliaient ainsi*, avec quel respect, quels soins jaloux et quels regards d'aigle, elles surveilleraient jusqu'aux moindres démarches de ces petits êtres pleins de charmes, mais *doués d'une âme*, que ces mères doivent préserver et défendre de tout mal...

Si elles s'oubliaient ainsi auprès de leurs enfants, eux ne les oublieraient jamais, et... ils ne s'oublieraient jamais eux-mêmes, dans les sentiers qui conduisent loin de ceux de l'honneur et de la vertu.

Philéas était là, sans doute, avec toute sa famille, et il devait avoir le cœur brisé, au souvenir des enseignements si touchants et si aimables de cette mère, qui avait fait passer dans son cœur, tant d'amour, pour tout ce qu'elle avait aimé sur la terre.

On ne saurait exprimer les indicibles regrets d'Antoine en voyant disparaître si rapidement cette Jeanne, dont la vie avait été si parfaitement sienne !... Ses enfants mêmes, n'osaient pas le consoler, et, de longtemps, ni eux, ni personne, ne se permit de prononcer devant lui le nom de Jeanne, dont le souvenir remplissait tous les cœurs.

O Providence, vos desseins sont impénétrables ! Ils semblent vouloir prouver, que personne n'est nécessaire à leur accomplissement sur vos élus...

Ce qu'il y eut de plus cruel dans le deuil de cette famille, ce fut l'impérieuse nécessité d'en cacher la cause à Pauline : « Sa vie ne tenait plus qu'à un fil, avait dit le médecin, et vous briseriez ce fil, si vous appreniez à cette enfant le motif de vos regrets. »

Cet état se prolongea une année entière, pendant laquelle, pour rentrer chez la jeune malade, on prenait des habits ordinaires, laissant pour y entrer les vêtements de deuil, et on se montrait gai, et quand elle demandait pourquoi l'absence de sa mère se prolongeait outre mesure, on imaginait ceci ou cela, qui expliquait à peu près cette absence.

L'année suivante, l'état de Pauline, s'étant amélioré, on put dire toute la vérité à cette pauvre petite, auprès de laquelle, alternativement, ses deux sœurs aînées, remplacèrent leur mère. Quant à Philéas, il achevait ses classes, et, pour plus tard, sa place était marquée auprès de son père et de son frère aîné, Paul, déjà associé à la maison de commerce.

Dès que Pauline reparut à Lyon, le monde chercha de nouveau à la ravoir. Elle était de nature à triompher partout, et les flatteries les plus séduisantes lui arrivaient de tous côtés. Elle a laissé le récit de ses combats, on peut les lire dans sa vie.

Elle entendait en même temps une voix intérieure la solliciter au sacrifice de tout, et elle lui résistait... Enfin un jour, dans l'église Saint-Nizier, à Lyon, une parole la frappe, l'émeut et lui fait dire au vénérable prêtre qui l'avait prononcée : « Mon père, vous venez de parler contre la vanité... Veuillez m'expliquer ce qui rend cette vanité coupable... » Il répondit : « Pour la plupart des femmes, elle consiste à se parer, pour devenir l'idole des créatures... Pour d'autres, elle est tout entière dans l'amour de ce qui tient le cœur *captif*, quand Dieu l'invite à s'élever bien haut... »

C'était fini !... La chaîne de la *captive* s'était brisée, la *colombe* de *l'arche* avait ouvert ses ailes, et elle tenait maintenant le rameau d'olivier, que sa sainte mère avait entrevu...

Pauline, la vaniteuse d'hier, était tout étonnée de ne plus l'être aujourd'hui !... Mais le monde que pensa-t-il, que dit-il en voyant la transformation opérée en dehors de ses calculs?... « Elle est folle ! Quand la crise sera passée, la belle jeune fille reviendra vers nous. »

Non, elle ira plus loin et plus haut ! Elle brisera tout ce qu'elle pourra briser, et ces brisements atteindront le cœur... Vous l'avez admirée dans son charmant costume de jeune fille, et vous la verrez sous celui d'une *servante*. Pas de celles qui *singent* les dames, mais d'une vraie servante, que cinquante francs d'augmentation ne tentent jamais, jusqu'à leur faire quitter les meilleurs maîtres, pour avoir quelques pièces de plus.

Paul et Philéas étaient là... Ils admiraient la générosité de Pauline. Si, en racontant sa conversion, elle écrit que ses frères *s'amusaient de ses nouvelles modes*, ce n'était que pour plaisanter, car ils étaient loin des idées de ceux qui ne jugent les gens que d'après l'extérieur, ils considéraient *autre chose* que cet amas de chiffons, plus ou moins bien attachés, qui cachent souvent, tant de misères morales, et qu'on appelle la *mode*.

Philéas partagea bientôt les sollicitudes de Pauline-Marie pour les œuvres dont elle formait le dessein : la régénération des ateliers chrétiens, celui de Saint-Vallier entre autres ; les débuts de la Propagation de la Foi. Elle indiquait à son frère, celles où il pourrait faire beaucoup de bien, et être le moins connu, afin d'échapper, autant que possible, aux remarques des désœuvrés du monde, qui déjà *s'occupaient de son avenir !...*

Il était toujours très correct dans sa mise, ses manières étaient distinguées et un peu fières. Aussi l'appelait-on dans les salons, le *beau* Philéas, et se demandait-on quel serait son choix... Il ne disait ni ne faisait rien d'extraordinaire, mais en le voyant de près, on devinait en lui quelque chose de particulier... Laissons les langues s'exercer à prévoir cet avenir, que Dieu lui ménageait dans sa miséricordieuse bonté.

Pour nous, pauvres lutteurs, qui espérons presque contre toute espérance, que la jeunesse chrétienne comprenne et remplisse sa mission, regardons dans le passé de ce jeune homme, ce que Dieu a fait pour son âme, en lui donnant un père et une mère vraiment chrétiens. En général, les enfants sont les *baromètres vivants* de la valeur morale de ceux qui les ont élevés.

Antoine et Jeanne eurent sept enfants. L'un et l'autre pratiquèrent des vertus héroïques dans le secret de leur demeure, élevant les âmes qui leur étaient confiées, dans l'amour et la crainte de Dieu. Ils respectaient leur innocence, jusqu'à empêcher toute parole, toute image, tout signe, capables de les initier au mal, avant l'âge où la vertu et la raison aident aux combats de la vie.

Nous avons parlé de l'immense charité d'Antoine: Il se montrait partout le messager de la Providence.

Quand, devenu patriarche, par l'âge et le nombre de ses enfants et petits-enfants, il aimait à leur répéter ce beau vers de Racine :

« Entre le pauvre et vous, vous prendrez Dieu pour juge... »

en leur rappelant qu'au dernier des jours « ce Juge » énumérera les actions faites pour lui, tout ce qui aura été fait pour les pauvres. C'est l'Evangile qui l'affirme. Y pense-t-on, quand on se contente de *jouir* de sa fortune?

Antoine et Jeanne avaient voulu que la charité fût le signe distinctif de leur race. Ils l'obtinrent à un degré surnaturel. Nous allons le voir dans l'éclosion si belle, si remarquable, de la sainteté au milieu d'eux.

En la regardant de près, à l'époque où nous sommes, « 1819 », on peut considérer cette famille semblable à celle de saint Bernard, où chacun prenait Dieu pour trésor, et laissait l'opulence pour les autres... N'oublions pas que toutes ces merveilles de dons naturels et surnaturels, qui ont brillé en eux, sont, après la libéralité divine, l'ouvrage du père et de la mère, qui avaient cherché *avant tout et plus que tout* la justice, et à laquelle Dieu a ajouté tout le reste par surcroît, même le don suprême de la douleur dépassant toute mesure et à laquelle répondait la plus parfaite résignation.

« Le malheur ne vient pas seulement nous *punir !*
Souvent, il nous éprouve... Et si l'âme innocente,
Contre les coups du sort était toute-puissante,
Si l'iniquité seule amenait la douleur,
Aurait-on du mérite à suivre le Seigneur ? »

Nos élus le savaient... Aussi le *fiat* de l'amour était-il souvent sur leurs lèvres... Le Maître du Calvaire les aimait trop pour les mettre au-dehors de cette Béatitude, qui rapproche de son cœur : « Bienheureux ceux qui pleurent, ils seront consolés ! »

Quatre cercueils se sont prématurément fermés sur des êtres chéris, qui faisaient leur joie !... un cinquième, celui des pauvres, des abandonnés, étendra un jour ses voiles funèbres sur la dernière née de cette famille, qui avait toujours prodigué son or et ses consolations à tous les affligés qui recouraient à elle

Voici un mot sur chacun des sept enfants :

L'aîné se nommait Paul. Tout jeune homme, sa plus grande joie était d'aller chez les indigents, surtout chez ceux que le malheur a rendus timides au point de dissimuler leur détresse. Durant une famine, il consacrait toutes ses ressources à acheter du pain, et, le soir venu, il le portait lui-même chez les pauvres. Quand on lui demandait son nom, il répondait : « Qu'importe le nom...? Je suis un misérable pécheur. Priez pour moi. »

Dieu l'éprouva en rappelant parmi ses élus l'épouse charmante qu'il avait aimée et vénérée. Sa tombe est à Loyasse, et on y lit :

« Elle était un fruit mur pour le ciel, et Dieu s'est empressé de le cueillir. »

Elle avait vingt et un ans.

Brisé de regrets, Paul partit pour l'Italie, et y passa une année dans une sorte de retraite douloureuse. De retour à Lyon, il supplia son père de le laisser entrer au séminaire, parce que le monde ne lui offrait plus aucun attrait, et qu'il avait besoin de Dieu.

Son vénérable père le retint, en le suppliant de ne pas le laisser seul continuer le travail de sa maison de commerce, et de lui donner un héritier de son nom.

Paul hésita longtemps, mais enfin, voyant la grande douleur qu'éprouvait Antoine, il consentit à ce que celui-ci désirait, et sans changer ses pensées et ses souvenirs, regardant plus haut que la terre, il reprit sa vie d'autrefois. Mais quel vide dans son âme !

Philéas était là, muet encore sur ses desseins, quand son frère aîné promit à leur père de ne pas le quitter. Il savait que ce frère était capable de se dévouer à la façon de ceux qui trouvent Dieu partout, avec cette parfaite liberté d'âme, respectée de Dieu lui-même, et que, vivant au milieu du monde, il aurait le cœur fixé bien haut !

Le second, Jean-Marie, mourut un peu avant 1793.

Le troisième fils d'Antoine était Narcisse, celui que Jeanne avait porté dans son sein, durant la fuite périlleuse qu'elle avait dû faire au milieu des exécutions de la Terreur. Il s'était ressenti des profondes émotions de sa mère. Étranger aux distractions de l'enfance et de la jeunesse, il y avait cependant en lui l'attrait de la charité. Il se dévouait aux pauvres qui venaient frapper à sa porte et leur parlait avec une bonté touchante. Il aimait Dieu et sa famille de tout son cœur, et mourut avant sa vingtième année, ayant gardé toute la beauté de son âme, demeurée presque étrangère aux choses de la terre. On pleura sa mort comme on pleurerait celle d'un ange, si les anges pouvaient habiter parmi nous.

L'aînée des filles était Sophie-Geneviève. Elle épousa M. Perrin, homme d'une foi admirable, et digne de comprendre et de seconder le zèle et la charité de son épouse, dont le visage charmant était tout à fait celui de sa sœur Marie-Laurette, mais avec une expression toute différente.

C'était la femme forte par excellence: sa fermeté, sa droiture et son intelligence la faisaient remarquer partout. Aussi, était-ce la conseillère de sa famille, soit pour le choix à faire dans les difficultés du commerce ; soit pour la conduite particulière de chacun. Sa piété était sincère, mais discrète et éclairée, et son dévouement à Dieu au-dessus des considérations d'intérêt pesonnel et d'amour-propre. Elle était l'amie et l'oracle de ceux qui l'entouraient. On remarquait en elle une habileté merveilleuse pour le commerce, mais le commerce loyal, qui sait faire la part des intérêts du négociant et de ceux du client. Son mari très au fait des affaires, se rendait à ses conseils et se félicitait toujours de les avoir écoutés. Elle fonda deux autres maisons de commerce, indépendantes de celle de Lyon : une à Bordeaux, où on la surnomma la *Dame du Rosaire*, tant elle y avait propagé cette dévotion ; et une autre à Paris, où on la désignait sous le nom de *bienfaitrice des missionnaires*. L'illustre Mgr Retord, l'ange des Missions d'Orient, l'appelait sa *mère*, tant elle avait pourvu maternellement à ses besoins et à ceux de ses chrétientés lointaines. Mgr Lambruschini, alors nonce du pape à Paris, fait, dans ses Lettres, un éloge admirable de cette *chrétienne « semblable à celles de l'Église des premiers siècles. »* M. Merle, le révérend Père trappiste Vincent de Paul, — mis-

sionnaire des Esquimaux, — la nommait sa tante
adoptive. Il lui écrivait avec un parfait abandon.
Nous possédons une des lettres que ce vénérable
religieux lui écrivait. Il mourut au Canada avec
une haute réputation de sainteté. On travaille à
sa béatification.

Mais, en augmentant sa fortune par ses trois maisons de commerce, le but de Mme Perrin n'était pas
d'ajouter au luxe modeste de ses habitations ; c'é-
tait pour pouvoir donner plus largement aux œuvres et aux malheureux qui accouraient vers elle
dans leur détresse. Son infatigable activité suffisait
à tout. Aussi la vit-on suivre avec soin la première
éducation de ses enfants, et l'éducation religieuse
de ses domestiques dont l'une, morte très âgée il y
a un an à peine, ne tarissait pas sur les belles et touchantes leçons de vertu qu'elle avait reçues de cette
incomparable maîtresse. Depuis la mort prématurée de sa sainte mère, Sophie la remplaçait auprès
de son père et des deux orphelins que Jeanne avait
laissés : Philéas et Pauline. Le premier, âgé de seize
ans, et la seconde de quatorze. C'est sans doute
pour cela que Pauline la nomme dans ses lettres, sa
« nourrice ».

Grande, bien faite, d'un port majestueux, qui imposait le respect, son beau visage exprimait la force
de volonté qui lui était particulière, et qui l'aida à
s'élever constamment au-dessus des considérations
humaines. Elle sut faire de ses enfants de vrais
chrétiens. Elle avait pour cela des moyens char-

mants, dont une de ses filles a rendu compte. Elle vit son fils aîné, Pierre, s'élever à un haut degré de sainteté dans la Compagnie de Jésus (1). Cet ange terrestre valut à sa noble mère le mérite de l'immense sacrifice qu'elle fit de cet *aîné*, pour le donner aux Missions du Maduré, où il mourut encore jeune, épuisé de travail et dévoré de zèle. C'était à lui que Pauline, âgée de dix ans, donnait, dans l'église de Tassin, des leçons de maître sur l'oraison mentale.

La seconde fille d'Antoine se nommait Marie-Laurette. Elle épousa M. Chartron, qui demeurait à Saint-Vallier (Drôme). Il avait là une fabrique qui occupait près de trois cents ouvrières, presque toutes sans religion ni mœurs.

Marie-Laurette était une de ces belles âmes dont l'enveloppe mortelle a quelque chose de céleste : jamais plus gracieux et plus doux visage n'a révélé plus de bonté, de douceur et de dévouement. La vie tout entière de cette épouse, de cette mère, fut la joie et la paix du foyer domestique. A l'exemple de sa sainte mère, elle s'oubliait absolument elle-même pour ne penser qu'à Dieu, à sa famille et aux malheureux. La position de son mari l'obligea quelquefois d'aller dans le monde, mais elle savait parer la mise la plus simple, et jamais elle n'oublia les règles de la modestie chrétienne, qu'elle faisait respecter par sa seule présence. On garde encore

(1) Voir la *Vie du P. Perrin*, par le P. Saint-Cyr.

à Saint-Vallier le souvenir de ses vertus et de sa charité.

C'était la *femme du monde*, mais *chrétienne* avant tout. Elle eut sept enfants, qui furent l'objet de ses soins, et qu'elle éleva comme elle avait été élevée. Dans sa sollicitude, elle n'oublia pas que les pauvres ouvrières de son atelier étaient comme sa famille spirituelle. Aussi essaya-t-elle mille moyens de remédier à leurs désordres, qui persistèrent, quand même ; jusqu'au jour, où, un peu plus tard, Dieu lui envoya deux aides qui changèrent complètement le mauvais esprit de cet établissement, et lui firent accepter de plein gré, les règles les plus sévères.

Il nous serait impossible de suivre les pas de cette femme, de cette mère dont la joie et la paix accompagnaient la présence, et qui savait allier une grande force d'âme à une ineffable douceur.

Le soir, pour distraire son mari et ses enfants, elle oubliait ses fatigues, se mettait au piano et chantait, au grand ravissement de ses auditeurs. M. Chatron s'absentait-il? Marie-Laurette lui ménageait une agréable surprise pour le retour, c'était quelquefois le percement d'une petite montagne, pour lui faciliter la communication d'un jardin à un autre; le défrichement des terrains changés en vergers, etc., etc.

La vie entière de Marie-Laurette était absolument consacrée à ceux qu'elle aimait.

Elle mourut à 37 ans.

> « De charmes, de vertus, gracieux assemblage ;
> Le ciel de tous ses dons se plut à la parer...
>   Mais, à ce monde de passage,
>   Ouvrier fier de son ouvrage,
>   Il ne voulait que le montrer. »

Ajoutez à cet entourage presque céleste, pour le vénérable Antoine Jaricot, les types de ses deux derniers enfants : Philéas, que l'on ne connaît pas encore, et celui de Pauline que l'on connaît déjà, par ses œuvres, ses infortunes et sa résignation. Et vous direz *bienheureuse*, l'union faite, en dehors des calculs de la fortune, et que Dieu combla de ses dons les plus merveilleux, de foi, de charité et d'amour.

Admirons en cela le divin travail de la Providence qui agit par la volonté humaine, sans en blesser la liberté, ni même la *frôler*, et qui arrive à des fins dignes d'elle, en employant ses créatures, libres toujours. Elle s'est servie de deux âmes, abandonnées à ses soins, pour élever et former une génération admirable, où l'on peut trouver des modèles dans toutes les positions de la vie.

CHAPITRE V

La voix de Dieu.

« Vous prenez soin de moi, ô
Seigneur, parce que je suis votre
serviteur et le fils de votre servante. » (Ps. 115, v. 16.)

Après avoir été dans l'impossibilité, faute de do-
cuments, de suivre Philéas durant les dernières années de ses études, achevées *où et par qui ?* Nous l'i-
gnorons, nous le retrouvons à Lyon en 1815 dans
la maison de commerce de son père, Antoine Jaricot et sous la tutelle de son frère ainé, qui avait
pour lui la tendresse d'un père, depuis que sa mère
mourante lui avait confié cet enfant (1).

Philéas avait alors dix-sept ans, âge périlleux
pour le jeune ignorant de la vie qui se plait à voir
partout le bonheur, le bien et la liberté.

Que va devenir notre petit ami d'autrefois, si
plein d'entrain pour le plaisir, si fier, si tenace dans
ses idées qu'il en devenait despote avec sa petite
sœur Pauline-Marie, bien habile cependant à lui
tenir tête et à lui faire avaler certaines vérités, qui
démolissaient son amour-propre, sa vanité, par
exemple, d'être un *homme* et un *savant*, et, partant,
au-dessus d'elle.

Ce caractère terrible a-t-il changé? Non, il a été seulement modifié par des pensées plus élevées, par des vues plus hautes. Aussi le retrouverons-nous partout dans une ardeur à toute épreuve et une volonté imprenable, dans ses ambitions nouvelles.

La douce enfance est passée, et le voilà dans la pénombre de la seconde partie de la vie, où l'on choisit sa route. Ordinairement, à dix-sept ans, on se croit capable de conduire les mondes dans l'espace... Heureux est celui qui alors sait se diriger lui-même !

Philéas savait *prier, penser* et *juger.* Il a prié de toute son âme; il a entassé joie sur joie et mis dans la balance toutes les glorioles du monde, et il a senti le vide l'atteindre au cœur. Rien de tout cela ne lui allait ! C'est trop peu pour lui ! il a besoin de s'élever plus haut ! Cependant, il se croyait *indigne* de ce qui allait à son cœur et à son âme : se donner tout entier à Jésus-Christ, le *Sauveur,* et *sauver* avec Lui tant d'êtres abandonnés, oubliés : les pauvres que le Christ Jésus a tant aimés ! La pauvreté de ce *Maître des Apôtres* a séduit son noble cœur. Il veut le suivre dans sa vie apostolique, il sera pauvre lui aussi.

Mais son caractère qu'en fera-t-il?

Dieu a bien su utiliser celui de Saul, le persécu-
Que fera-t-il de son cœur si ardent?... Le Maître
teur, et il en a fait l'Apôtre des nations, et le narrateur par excellence des souffrances du Christ.

lui donnera la céleste mission d'aimer sans mesure,
ceux qui n'attendent rien de la terre.

. . . .

Il ne parla de ses projets à personne, excepté à
la compagne de son enfance, à cette Pauline-Marie
dont la récente « *conversion* » étonne le monde, autant que l'exemple admirable de son détachement
complet de tout ce qu'elle avait aimé, frappe les
regards de son jeune frère et lui donne un nouvel
élan vers le sublime vol dont il allait préparer
l'essor.

Philéas veut s'étudier encore lui-même, et, d'une
main assurée par une grâce d'en-haut, il trace au
pied de son crucifix le règlement préparatoire de sa
grande décision. Nous le reproduirons tel qu'il est,
sans y changer un mot. Il le suivra aveuglément
durant trois années environ, après quoi il se déci-
dera à avancer vers Celui qui l'appelle (1).

En suivant le frère et la sœur du regard de l'âme,
nous admirerons l'intervention constante d'une
mère vraiment chrétienne, intervention que ne
brise pas la pression du tombeau, quand la volonté du Maître l'y fait descendre avant l'heure ;
son souvenir est, pour ses orphelins, une sorte de
nuée lumineuse qui les éclaire et les défend, comme
la nuée du désert défendait les enfants de Jacob
des surprises de l'ennemi.

(1) La découverte providentielle de ces pages met le lecteur
à même de comprendre en *quelles mains* sûres et saintes Dieu
avait confié le petit *proscrit* de Belley. Mais l'*éducateur* n'y est
pas nommé.

RÈGLEMENT TRACÉ PAR PHILÉAS

« Au nom du Père, du Fils et du Saint-Esprit. Ainsi soit-il. »

Quand sera-ce, ô mon Dieu, que votre grâce m'inspirera quelque chose de cette grâce et de cet attachement constant que la gloire donne pour vous aux Bienheureux ! Ne souffrez pas que mon cœur suive l'inconstance qui lui est si naturelle et que je fasse de ma vie une alternative perpétuelle de bons désirs et de mauvais effets, de promesses et d'infidélités. Faites donc, ô mon Dieu, que mon âme soit toute à vous, et toujours à vous, et qu'elle mérite un bonheur éternel par une fidélité perpétuelle ; et pour y parvenir je vous présente ce petit règlement de vie que je jure solennellement de suivre point en point, en tant néanmoins qu'il aura emporté l'approbation de votre ministre, mon honoré Directeur.

Accordez-moi la grâce que toutes mes œuvres soient faites selon votre sainte volonté, et en vue de vous plaire.

Et vous, Sainte Marie, Mère de Dieu et vierge, ma reine, ma patronne, ma protectrice auprès de Dieu, je prends aujourd'hui la résolution fixe et le ferme propos de ne jamais abandonner votre culte. Daignez, je vous en supplie, auguste Reine du ciel et de la terre, m'admettre aujourd'hui pour jamais à votre saint service, m'accordant votre très puissante protection auprès de Dieu dans tous les moments et pour toutes les actions de ma vie. Je remets entre vos mains toutes mes espérances, mes consolations et mes peines. Ob-

tenez-moi le bonheur de voir Jésus-Christ, le fruit sacré de votre sein. Ainsi soit-il.

J'ai médité, lu et relu le nouveau genre de vie que
je me propose de suivre. J'ai mûrement réfléchi, et
plus je médite, Seigneur, plus je trouve qu'il est bien
doux d'être à votre service.

RÈGLEMENT DU LEVER ET DE LA PRIÈRE

A mon réveil, je me munirai du signe de la croix,
j'invoquerai les saints noms de Jésus et de Marie. Je
me consacrerai à Dieu, en union aux dispositions de
Jésus-Christ, et je lui offrirai toutes mes actions en
lui disant : Seigneur, je vous adore comme mon premier principe ; je vous désire comme ma fin ; je vous
consacre mes pensées, mes paroles, mes actions, mes
souffrances, afin que je ne pense qu'à vous, et que je
ne souffre que pour vous.

Je me lèverai sur-le-champ. Je m'habillerai promptement et avec modestie en pensant à la bonté de Dieu
qui veut encore me donner du temps pour faire mon
salut. Je commencerai ensuite la prière commune à
tout le diocèse ; j'y serai très recueilli ; j'éviterai les distractions ; je me tiendrai dans un profond recueillement. Je produirai souvent des affections pieuses, et
en ce, je suivrai les mouvements de la grâce. Je ne né-
gligerai pas de me rappeler durant le jour les résolutions que j'y aurai prises. J'irai ensuite assister au très
saint sacrifice de la Messe, si les devoirs de mon état
me le permettent. Je me proposerai d'y demander
chaque jour la pureté de mon âme et de mon corps,
l'humilité et la grâce de bien connaître ma vocation,
afin que je me prépare à en bien pratiquer les obligations. Je m'y occuperai, encore, selon l'avis de mon
Directeur, à faire de pieuses considérations, ou suivre

les prières de la messe, en m'unissant d'intention au prêtre qui la célèbre. J'en sortirai le cœur rempli de joie d'avoir pu assister aux divins mystères. Je terminerai mes prières par le *Sub tuum præsidium*, ou par le *Te Deum* en actions de grâces.

Je me mettrai de suite à l'ouvrage. J'y emploierai fidèlement le temps ordinaire, en me rappelant que le travail est un devoir rigoureux, que je me suis attiré par mes péchés et que le travail uni aux travaux de Jésus-Christ et fait dans l'intention de lui plaire est une prière perpétuelle. Cependant j'élèverai de temps en temps mon cœur à Dieu, en lui demandant l'intelligence, pour l'état momentané qu'il a voulu me donner.

Dès que l'on aura jugé à propos de m'employer à de bonnes œuvres, je le ferai avec prudence et surtout avec une scrupuleuse activité, afin de ne pas nuire aux occupations de mon état et dans l'intention de plaire à Dieu, en le priant de me donner une profonde humilité, et une grande charité.

Tous les jours, à neuf heures du matin, je ferai les actes de foi, d'espérance et de charité ; et s'il arrivait que je fusse dans l'impossibilité de le faire, j'offrirai à Dieu ma bonne volonté, et au premier instant de loisir, je m'acquitterai de cette obligation, que je m'impose jusqu'à la mort.

Lorsque l'heure des repas sera venue, je m'y rendrai avec humilité et modestie en pensant qu'il y a beaucoup de pauvres qui manquent de tout. Je dirai avec attention le *Benedicite* et les *grâces :* je pratiquerai quelques actes de mortification, suivant l'avis de mon Directeur : mes conversations seront édifiantes, et, si c'est possible, instructives.

Après le dîner, je me rendrai à la plus proche église pour me procurer le plaisir et le bonheur le plus grand pour moi : j'irai donc faire mon acte d'adoration au

Très Saint Sacrement de l'autel. Je ferai une amende honorable pour tous les péchés que j'ai commis, j'en demanderai pardon, et surtout je le prierai de m'accorder une sincère contrition. J'y resterai tout le temps qui me sera accordé pour ma récréation. Hors cela, je quitterai tout pour me rendre au travail avec joie et activité en faisant intérieurement la prière suivante : ô mon Dieu, bénissez le travail que je vais faire, je vous l'offre au nom de Jésus-Christ, faites qu'il tourne à votre gloire et à mon salut : je le terminerai en récitant l'*Angelus*, si je ne puis le dire au son de la cloche. Je me rendrai de suite dans ma chambre, je m'adonnerai à la lecture, ou à quelque chose d'intéressant ; ou bien je sortirai pour faire les actes de charité qu'il me sera possible de faire. Je profiterai de ce moment pour ramener ou détourner du mal ceux que je croirais qui écouteront mes conseils, ou je m'occuperai à voir mon Directeur ou autres amis de ce genre. Je les tourmenterai, pour obtenir d'eux tous les conseils qu'ils jugeront convenables à ma position. Je les suivrai avec gaieté, soumission et respect le plus profond, comme s'ils venaient de Dieu même.

Je rentrerai de bonne heure tant par habitude que pour ne faire attendre, et je suivrai pour le souper la même règle qu'à dîner.

Tous les soirs, de neuf heures à neuf heures trois quarts, je réciterai trois *Gloria Patri* à l'honneur de la très Sainte Trinité, pour la remercier des grâces qu'elle a bien voulu me faire, de préférence à tant d'autres qui n'ont pas eu le même bonheur que moi, et qui en profiteraient beaucoup plus que moi. Je m'adresserai au Saint-Esprit pour le prier de bien vouloir m'éclairer sur ma vocation, et de dissiper les obstacles qui pourraient m'empêcher de la mettre à exécution. Je terminerai ensuite par la prière de saint Bernard à la Sainte Vierge, *Memorare, ô piissima Virgo*, etc., qui sera adressés pour le même but. Je me coucherai avec promptitude, j'offrirai à Dieu mon sommeil à l'honneur et en mémoire de la Passion et de la mort de Jésus-Christ son divin Fils. Je le prierai, ce doux Sauveur de m'accorder les grâces nécessaires, afin que je ne le crucifie pas de nouveau dans mon cœur.

Si, dans la nuit je me réveille, je ferai quelques pieuses aspirations. Je m'occuperai à considérer la faveur singulière que Dieu m'a accordée. Je lui offrirai ma conversion, et je le prierai de me maintenir dans son service, et de me faire mourir mille fois plutôt que de l'abandonner.

FÊTES ET DIMANCHES

Les jours de fêtes, ou de dimanches, je ne ferai aucunes visites inutiles, encore moins dangereuses ; et celles que je regarderai comme équivoques, je les laisserai jusqu'à ce que j'aie à ce sujet l'avis de mon Directeur. En général, mes visites seront très rares et très courtes. A la sortie de mes visites, j'irai déposer aux pieds du Saint-Sacrement les idées du monde pour reprendre mon premier recueillement.

Je visiterai souvent mon Directeur et autres prêtres de ma connaissance, persuadé que ces visites fréquentes me deviendront de la plus grande utilité, et du reste m'écarteront du monde parmi lequel on ne saurait rester longtemps sans y courir de grands dangers.

Tous les quinze jours, selon l'avis de mon Supérieur, je m'approcherai de la Sainte Table ; je m'y préparerai avec la plus sérieuse attention sur moi-même. Dès la veille, je désirerai ardemment de m'unir à Jésus-Christ. Je lui demanderai quelle est ma vocation, et qu'il purifie mon cœur afin que je devienne un ministre zélé et que je ne me perde pas moi-même.

J'aurai pour mon Directeur une franchise et une ouverture de cœur sans égale. Je lui découvrirai mes turpitudes passées, ma conduite présente, et mes résolutions pour l'avenir afin que je ne fasse pas de nouvelles rechutes, les bons désirs que je ressens, les fruits que que j'aurai retirés de ma communion. Je le consulterai dans mes doutes, dans mes peines d'esprit et de corps ; je lui prendrai conseil pour entrer dans l'état ecclésiastique, je le prierai de m'examiner là dessus avec sévérité, je lui obéirai avec une soumission toute filiale.

Je suivrai les avis que me donnera mon très cher Père en Jésus-Christ sur la manière de prévenir les tentations auxquelles je puis être sujet. J'y résisterai sans aucunes considérations que celle de la mort de Jésus-Christ mon Sauveur. J'aurai un profond mépris de cet amas de boue qui forme mon corps et dans mes combats, je me réfugierai avec promptitude dans les Cœurs sacrés de Jésus et de Marie. Je ne me découragerai pas de mes fautes, si, par malheur, je venais à succomber ; mais, après avoir invoqué la très Sainte Vierge avec la plus profonde humilité, je m'examinerai sérieusement pour m'aller jeter sans retard aux pieds du ministre de Jésus-Christ afin d'en recevoir la rémission.

Le dimanche j'assisterai régulièrement aux offices de la paroisse. J'y écouterai avec respect la parole de Dieu dont je ferai le sujet de mes méditations pendant la semaine. Dans le courant de la journée je tâcherai de m'occuper à des actes de bienfaisance, tels que visiter les malades, les raser, etc., ou autres selon les réserves et les clauses que voudra bien y mettre mon honoré Directeur : en un mot, ô mon doux Jésus, faites que je sois fidèle à vos saintes inspirations, et que quoi que ce soit que je fasse, que ce soit toujours pour votre gloire, mon utilité et mon salut. Je ferai après les vêpres une visite au Saint-Sacrement, j'y réciterai les

Litanies du Saint Nom de Jésus, pour le prier de me continuer le bonheur que j'éprouve et en même temps l'effroi que me causent les diverses obligations qu'il faut remplir. L'entreprise est difficile, mais pour y parvenir, il ne faut que vos ordres et rien ne pourra résister, ô Dieu d'amour, parlez à mon âme, préparez-la au sacerdoce si telle est votre volonté ; rendez-moi digne de ce bonheur, préparez-y mon cœur, en m'accordant une sainte humilité et une parfaite contrition.

Je m'occuperai continuellement afin que le démon ne trouve pas un moment possible de me faire tomber dans le crime. Je ne perdrai jamais de vue que l'autorité de mes supérieurs civils et ecclésiastiques est l'autorité de Dieu même : j'aurai pour leurs personnes le respect le plus profond. Je serai toujours gai et à leur égard d'une soumission prompte. Les rapports avec les personnes étrangères à leur commerce seront courts, rares et décents. Je ne leur parlerai qu'avec beaucoup de discrétion de ce qui se passe à la maison ; jamais de mes propres mécontentements, si toutefois j'en avais de réels. Jamais je ne permettrai que mes chefs soient censurés, ou même critiqués impunément.

Je méditerai tous les dix jours sur la mort des réprouvés et je tâcherai d'en tirer deux conclusions que je mettrai à profit, l'une pour me rappeler ce que je me dois, ce que je dois à Dieu, et l'autre le triste état du pécheur. Je m'y préparerai en récitant tous les mercredis et vendredis soir à ma prière, les litanies de la Bonne Mort, et l'acte de soumission aux desseins de la Providence (Dies Christiani, fol. 318). Je m'y préparerai par une nouvelle attention sur moi-même : je me demanderai souvent : Si Dieu m'appelait en ce moment que deviendrai-je? Je terminerai par un acte de contrition pour demander à Dieu la grâce de vivre et de mourir avec Jésus, de ne respirer qu'avec Jésus et de ne rien faire qu'avec Jésus.

O Sainte Vierge, bénissez la résolution que je prends maintenant en m'engageant à votre service, rendez-moi digne de vos nouveaux bienfaits et assistez-moi à l'heure de la mort.

O Dieu éternel qui ne dédaignez pas de jeter les regards de votre divine Providence sur votre serviteur pour me conduire malgré mon indignité, accordez-moi, s'il vous plaît, la grâce et les moyens d'arriver au but pour lequel vous m'avez créé. Faites que je ne néglige pas le dernier appel que vous me faites peut-être sur ma vocation : ne rejetez pas un pécheur qui revient sincèrement à vous, dans le désir d'être tout à vous, à vous seul et pour toujours.

Je fais vœu, je jure de suivre avec exactitude ce petit règlement s'il est approuvé par mon Directeur. Je jure de suivre de point en point tous les changements et les additions qu'il croira nécessaires. J'en prends la ferme résolution.

Daignez, ô Sainte Vierge Marie, me prendre sous votre protection et m'obtenir de votre divin Fils la grâce que je vous demande.

Tout à Jésus par Marie,
Tout à Marie, par Jésus.

Après cette protestation renouvelée tant de fois, il ne reste plus à Philéas que d'avouer ses projets à son vénérable père, toujours en deuil de celle qu'il avait associée à son ministère paternel. Ce moment coûtait à son fils et il l'éloignait malgré lui.

CHAPITRE VI

Le dernier sacrifice d'un patriarche.

Vous me l'aviez donné, vous me
l'ôtez, que votre volonté se fasse!

Enfin, après avoir passé environ cinq ans chez
son père, Philéas lui demande l'autorisation de s'en
aller, aux vacances suivantes, au petit séminaire
de l'Argentière, pour y faire sa philosophie, et d'aller ensuite à Saint-Sulpice, achever son éducation sacerdotale. Antoine écouta avec une sorte de
respect les confidences de son fils; il ne se révolta
pas contre la vocation que celui-ci venait d'exposer
et qui brisait le cœur paternel. Il l'accepta, comme
l'hommage suprême de son affection pour la sainte
épouse, qui avait tant souhaité que ses deux
derniers enfants fussent à Dieu seul. Il répondit :
« Pars, mon Benjamin, mais demande à Notre
Sauveur d'être ma force et mon secours. » Et de
ses yeux s'échappèrent des larmes...

Dès lors, Philéas se mit plus soigneusement à lut-
ter, corps à corps, contre sa propre faiblesse, qui redoutait la *complète immolation du prêtre*, telle qu'il

la comprenait et l'ambitionnait pour lui-même.
Quant à sa sœur Pauline, elle sentait toute l'amertume du sacrifice : entre les joies sans ombre du
passé et l'épreuve de l'avenir. Il y avait dans son
cœur large place pour les regrets de la nature...

La force de son âme l'emporta sur la douleur...
La vierge de Jésus fut enfin heureuse de sentir
« la blessure de l'une des épines de la couronne du
Sauveur. »

Mais le monde en apprenant la résolution de celui qu'il appelait « le beau », le blâma, son entourage le trouva fou, lui aussi, comme il trouve fous
tous les généreux. Quand on a *tout*, et qu'on re-
nonce à *tout* ce qu'on recherche avec frénésie, ce
monde n'y comprend plus rien... C'est qu'affolé aux
misères de la terre il n'a jamais le temps de lire
l'Evangile ni de réfléchir en regardant son crucifix qui lui expliqueraient les mystères de cette
« folie ».

Philéas entra au petit séminaire de l'Argentière
au mois d'octobre 1819. Nous avons seulement de
lui sept lettres datées de cette solitude. La première
est une réponse à son frère Paul, pour des affaires
de famille. Nous la supprimons, pour lire celle qu'il
adressa à son ami de cœur, Victor Girodon.

A M. Victor Girodon, chez MM. Terret & Trapadoux.

L'Argentière, le 8 décembre 1819.
Laudetur Jesus Christus.

Cher Ami,

J'ai reçu, il y a déjà plusieurs jours, votre aimable lettre, et il m'a fallu dévorer les reproches bien durs, que me faisait mon cœur, pour tarder aussi longtemps d'y répondre. Mais noyé dans un déluge de syllogismes et d'enthymèmes, à peine avais-je le temps de respirer. Enfin un instant de liberté se présente, et je me hâte d'en faire un doux sacrifice à l'amitié. Bon et cher Girodon, que de souvenirs touchants viennent à la fois assaillir mon cœur ! Quel ravissant spectacle vient s'offrir à mon imagination ! Ah ! je laisse tomber ma plume, pour me livrer au plaisir d'une si douce illusion ! Où étais-je à cette heure, à pareil jour, il y a deux ans ? Oh ! scène touchante, retrace-toi à mon esprit ? Chapelle chérie, saints autels, retracez-vous en mon esprit ! et vous tous, chers amis, vous les témoins de mes serments, oh, venez ! mon cœur bat contre le vôtre, il entend lui dire : « Jésus et Marie; » et il répond : « A jamais Jésus et Marie. » Cette agape sainte, cette gaieté cette franchise, expression d'un cœur innocent, et que ne trouble point le remords ! Oh que de délices ! ah ! cher ami, vous les goûtez, aujourd'hui ces plaisirs des enfants de Dieu. Que votre bonheur excite mon envie ! Je vous vois avant l'aurore, arriver au rendez-vous sacré. Je vous vois dans la sainte chapelle. J'entends les louanges de notre Mère. De nouveaux frères sont au pied de la table sainte, étonnée de la nouveauté du spectacle, ils laissent échapper des soupirs et des sanglots. J'entends leurs voix étouffées, prononcer l'engagement sacré. Et, ô délices ! je vois toute la famille, de Marie au banquet de l'Agneau sans tache. J'entends cet *ecce quam bonum*, qui, si souvent, m'a fait tressaillir de joie. Il me semble encore regretter de voir des plaisirs si vifs, se terminer si tôt ! il me semble tenir mon Girodon, mon Terret, mon Desgeorges, et forcés de nous éloigner du séjour de délices, errer avec eux dans centr ues diverses, oublier dans les charmes de l'amitié et l'heure et le lieu où je suis, aller, revenir, puis revenir encore, dire vingt fois adieu, sans pouvoir m'éloigner ! Ah, Girodon ! faut-il que l'illusion dure si peu ! Mais me plaindrais-je ?... Mon Dieu me plaindrai-je, quand vous avez signalé sur moi vos bontés ?..., me plaindrai-je des sacrifices que vous avez exigés ? D'ailleurs, ô bon Maître, vous ne m'en avez pas privé de ces douceurs, vous ne m'avez pas arraché à l'amitié, puisque vous m'avez laissé votre Cœur où je suis sûr de trouver tous mes amis. Oui, le temps, les lieux ne sauraient séparer des chrétiens. Ils n'ont qu'une même patrie, qu'une même demeure, qu'un même cœur, qu'un même amour, qu'une même Mère.

Adieu, Girodon, adieu mon ami, je sens que mon imagination, ou plutôt mon cœur, m'entraîne je ne sais où. Ma plume erre et trace des phrases sans ordre, sans sens. Peut-être votre esprit seul ne pourrait les débrouiller, mais votre cœur m'entend et cela me suffit, bon ami... Mais ma vieille rancune se présente à mon esprit. Vous me faites entendre que vous avez été sur le point de recommencer votre lettre, parce qu'elle avait des ratures, des fautes. Pouvez-vous bien avoir méconnu à tel point les règles de l'amitié ? Ah, si vous voulez votre pardon, prenez modèle sur mon gribouillage.

Adieu, à la vie et à la mort. Vive Jésus et Marie ! Toujours en avant jusqu'au ciel !

Philéas Jaricot.

On sent ici son cœur aux abois, dans ce milieu qu'il a choisi comme transitoire, *entre sa vie de famille et sa vie de séminariste.* Peu à peu, il reprend haleine, et son ami, Victor Girodon, ainsi que les autres, auxquels il manque, lui manquent aussi. Il faut du temps pour que l'amitié noue solidement ses fils ténus !... Attendons... Nous verrons d'autres âmes s'unir à la sienne, et s'élever bien haut dans la vie sacerdotale.

A Monsieur Antoine Jaricot Père, à Lyon.

L'Argentière, le 3 janvier 1820.

Cher Papa,

Si je n'ai pu mêler mes embrassements à ceux de vos autres enfants, du moins mon esprit était au milieu d'eux, et mon cœur, je vous le promets, prenait bonne part à la joie vive dont ils étaient animés, en vous serrant tour à tour dans leurs bras, et se joignait de toute sa force aux vœux qu'ils formaient pour vous. Oui, ô le meilleur des pères, que Dieu vous rende au centuple tous les biens que vous nous avez faits ! qu'il prolonge une vie dont tous les jours sont si bien remplis ! qu'il l'exempte d'infirmités et de douleurs, surtout qu'il fasse, qu'après avoir vécu si longtemps, pour le bonheur de vos enfants, vos enfants ne vivent alors plus que pour le vôtre ! Que vos exemples et vos leçons, restent à jamais gravés dans leurs cœurs ! Qu'ils les imitent, afin que, lorsqu'à cette courte vie, en aura succédé une meilleure, et plus durable, vous puissiez dire, en les présentant au Seigneur, dans le séjour de la gloire : « Seigneur, de tous ceux que vous m'aviez donnés, je n'en ai pas perdu un seul. »

Tels sont les souhaits que forme, chaque jour, pour le meilleur des pères votre soumis et respectueux fils.

Philéas Jaricot.

Après son père, c'est son frère aîné qui a souvent été *père* par les soins qu'il a reçus de lui. Il se souvient de tout, et il est heureux de témoigner sa tendre amitié pour cet appui de son *enfance*.

A Paul Jaricot.

L'Argentière, 1er janvier 1820

Mon Cher Frère,

Si j'ai demeuré si longtemps sans t'écrire, si je n'ai pas même répondu à ta chère lettre, je pense que tu ne l'as pas attribué à l'indifférence ou à l'oubli. Non, cher ami, on ne saurait oublier un aussi bon frère ; et si je n'ai pu t'écrire, le bon Dieu sait que je ne t'ai pas oublié un seul jour. J'espère que tu ne m'oublies pas non plus, auprès de Lui, j'en ai bien besoin, je te l'assure. Après être si longtemps resté au magasin, j'ai eu bien de la peine à en secouer la poussière de mon intelligence et de ma mémoire. Mais enfin, grâce à Dieu, les premières difficultés sont vaincues et l'étude commence à se dérider un peu. Cependant il me reste encore de rudes assauts à livrer.

J'ai tout reçu en bon état. Je suis confus de ta bonté, et je n'oserais plus y avoir recours, dans la crainte de te lasser, si je ne la savais inépuisable. Tes offres sont d'ailleurs si engageantes, que le plus timide deviendrait hardi, et le plus réservé, indiscret. Puisque tu le veux, je te demanderai donc encore quelque chose, pour notre église. Nos sacristains m'ont dit, et j'ai vu de mes propres yeux, qu'il manquait de vases de fleurs, pour notre grand autel : si tu pouvais t'entendre avec Madame Perrin, pour en faire l'emplette, ce serait une fort bonne affaire, pour toi et pour moi : pour toi parce que tu ferais une bonne œuvre, et pour moi, parce que j'aurais le bonheur de voir les autels du Roi des rois, décorés convenablement. L'autel est au milieu de l'église et à deux faces, en sorte qu'on célèbre la messe du côté de la nef du chœur ; ainsi il faudrait que les vases présentassent de tous côtés le même aspect.

Adieu, cher ami, reçois les souhaits sincères que je fais en ce renouvellement d'année pour ton bonheur présent et futur. Je te prie de dire à Madame Perrin, que dès que le temps me le permettra, je lui écrirai ainsi qu'à ses fils. Embrasse-la bien poour moi, exprime-lui les vœux que je fais pour elle et pour toute sa famille.

Crois-moi ton ami à la vie et à la mort dans les Sacrés Cœurs de Jésus et de Marie.

Philéas Jaricot.

A M. Victor Girodon, chez M. Terret.

L'Argentière, le 22 février 1820.
Laudetur Jesus Christus.

Cher Ami,

J'ai reçu votre aimable lettre et vous savez d'avance quel plaisir elle m'a causé, parce que vous connaissez combien je vous aime. J'ai mis, il est vrai, bien du temps à y répondre, mais soyez persuadé qu'il m'a paru bien aussi long pour le moins qu'à vous, et accusez seulement l'étude qui absorbe presque tous mes instants.

Avec quelle joie je vois, cher Ami, que vous vous affermissez dans le sentier étroit de la vertu. Ah ! vous l'avez senti, si le monde croît en corruption et en perfidie, si les ennemis de la croix augmentent leur fureur, et pleins d'une rage aveugle redoublent leurs efforts pour ravager l'héritage du Seigneur, comme autrefois le prince des démons, ils s'écrient en lançant leurs traits contre le Tout-Puissant : *Non serviam*, oui, vous l'avez senti : les serviteurs du vrai Dieu, doivent redoubler de ferveur et d'amour : ils doivent se serrer autour de l'étendard sacré de la Croix, non pas pour la défendre, elle n'en a pas besoin, mais au contraire pour trouver à son ombre tutélaire, un abri assuré contre la contagion. Ils doivent redoubler leurs prières, multiplier leurs bonnes œuvres pour arrêter le bras du Tout-Puissant, prêt à frapper une terre déjà souillée de trop de crimes. Ils doivent au milieu de l'orage et de la tempête ne pas détourner les yeux un seul instant de l'étoile du salut, de Marie, de peur que leur frêle esquif ne soit englouti. Enfin, puisque le cri de fureur, signal de la révolte de l'ange des ténèbres, est de nouveau sorti de l'enfer, ils doivent de leur côté avoir le nom de leur Dieu, dans la bouche et dans leur cœur, et le confesser avec d'autant plus de fermeté, qu'on le blasphème avec plus d'audace.

Oui, cher et bon Victor, attachez-vous de plus en plus à Jésus-Christ. Mettez courageusement son fardeau sur vos épaules; plus on le porte, plus il est cher, plus il est doux. Déjà vous l'avez senti, déjà mille fois vous me l'avez dit, que vous avez trouvé dans le sein de la religion, dans les pratiques même qui vous paraissaient les plus dures et les plus difficiles, des consolations et des charmes inconcevables ! Courage donc, cher ami, plus vous marcherez, plus vous verrez que les trésors que Dieu ouvre à ceux qu'il aime, sont inépuisables !... Mais, cher Victor, où me laisserai-je entraîner?.. qui suis-je moi-même, pour vous parler de l'amour de Jésus? Ah ! j'ai beau chercher à m'animer, mon cœur est froid et glacé, et les phrases insipides que j'en arrache ne décèlent que trop ce qu'il est.

Adieu cher ami, priez le bon Dieu, pour moi. Dites-moi surtout les progrès que fait cette maladie chez ceux que vous m'avez désignés. Quand vous verrez Terret, dites-lui que j'attends avec impatience sa réponse.

La nouvelle de l'assassinat du duc de Berry a porté la douleur et l'effroi dans le séminaire. On redoute qu'elle n'ait des suites fâcheuses, et qu'elle ne soit que le commencement d'une révolution. Si vous pouviez m'écrire toutes les semaines pour me dire où en sont les affaires, vous me feriez le plus grand plaisir.

Adieu encore une fois, embrassez tous les amis pour moi, surtout le bon Terret, Trapadoux, Desgeorges, Ravaud, de Gessé, Perret, Roche, etc., etc.

Philéas JARICOT.

A M. Victor Girodon.

L'Argentière, le 1er avril 1820.
Laudetur Jesus Christus.

CHER AMI,

J'ai reçu vos deux aimables lettres. Les nouvelles que vous m'y donnez de nos bons amis, et surtout de l'excellent Terret, m'ont fait le plus grand plaisir.

Dites-leur à tous, de se souvenir du pauvre solitaire, et exprimez à ce dernier les regrets que j'ai eus, de ne pas le trouver à mon voyage de Lyon. J'espère me dédommager amplement, aux vacances prochaines, à moins que, par un sort malencontreux, il n'aille décamper encore à la veille de mon arrivée.

Mais, cher Ami, quelle joie surtout j'ai ressentie en apprenant les changements qui s'étaient opérés dans la conduite de X..., et qui semblaient n'être que le prélude d'autres plus grands et plus décisifs. Ah ! si ce bon ami pouvait, une fois, sentir combien il est doux d'appartenir au Seigneur, et quels sont les biens que Dieu dispense à ceux qui le servent ! Oh ! comme il briserait avec énergie les liens honteux de sa captivité, pour suivre le plus généreux des Seigneurs ! Comme il secouerait le joug tyrannique du monde, pour embrasser avec transport les aimables contraintes de la piété ! comme il fuirait l'empire dur et pesant des passions inquiètes et tumultueuses, pour se ranger sous l'empire de la paix et de l'équité. Oui, il comprendrait que toutes les vaines promesses du bonheur, que le monde nous offre, ne sont qu'une illusion des sens, une écorce trompeuse, une ombre fugitive, que le moindre souffle dissipe, le plus léger accident détruit. En s'éloignant de Dieu, son âme est devenue semblable, suivant l'expression de l'Evangile, à une branche séparée du tronc, qui lui a donné la vie, et qui se dessèche et périt. En se rattachant à lui, elle reprendrait une heureuse fécondité, elle recevrait de ce tronc divin, de Jésus-Christ cette sève divine qui en sort avec tant d'abondance, et qui germe bientôt dans le sein de celui à qui elle se communique.

Courage donc, cher Victor, courage, poursuivez avec le même zèle, la même confiance en Dieu, ce que vous avez si heureusement commencé. Quelle brillante conquête, si vous le rameniez à Jésus-Christ ! Quel sujet de joie pour l'Eglise ! Quel sujet de bonheur pour vous ! Combien votre union serait plus intime et plus douce ! enfin quel heureux présage pour votre salut ! Celui qui sauve l'âme de son frère, nous dit notre Sauveur, sauve la sienne. Et puis, comment votre père, environné d'enfants, tous chrétiens, pourrait-il résister ! Oh, oui, sans doute, le même coup de la grâce le ramènerait.

Je m'unis, cher Victor, à vous de toutes mes forces, pour conjurer le Maître des cœurs et des volontés, de réaliser de si belles espérances. Pour vous, cher ami, restez à jamais dans l'asile que vous avez trouvé et où vous goûtez un si doux repos. Cependant, toutefois, que l'abondance des consolations ne vous fasse pas oublier, que vous portez le trésor de la grâce dans un vase fragile, qui peut se briser au moindre choc. Rappelez-vous sans cesse, que celui qui marche sans précaution, n'est pas éloigné de sa chute, et que comme un faible roseau, le moindre vent l'agite et le renverse. Qu'une humble et sage méfiance marche toujours devant vous, et vous découvre les dangers, dont à chaque instant, vous êtes environné.

Adieu, cher ami, excusez mon radotage, et croyez-moi toujours à la vie et à la mort, dans les sacrés cœurs de Jésus et Marie,

Votre fidèle ami.

Philéas JARICOT.

Dans cette lettre, nous commençons à retrouver l'âme apostolique de Philéas. Son exemple a touché son ami, ou pour mieux dire, son frère, et les voilà presque à l'unisson. Encore quelques battements d'ailes, et ils commenceront à atteindre les premières cimes de l'union avec Dieu, qui les appelle et les attend.

En lisant les premières lettres de Philéas, on le voit entouré d'amis vertueux, dont les noms reviennent sans cesse de son cœur à sa plume : Terret, de Jessé, Trapadoux, etc. *Presque tous* lui ont été fidèles. Mais aucun d'eux ne semble revenir aussi souvent à sa pensée, que celui de Victor Girodon, avec lequel il pense tout haut, le beau langage de l'âme.

Ayant l'un et l'autre embrassé la même carrière, celle du commerce, Victor dans la maison de M. Terret, et Philéas dans celle de son père, ces deux amis s'occupèrent, ensemble, toujours, des mêmes œuvres de charité, et pénétrèrent dans la multitude des classes ouvrières, où ils firent tout le le bien possible. Plus tard encore, les voilà devenus des auxiliaires pour la *grande œuvre*, alors toute petite et toute humble — la Propagation de la Foi — dont Philéas, devenu séminariste à St-Sulpice, ne pouvait s'occuper directement. C'est pourquoi il avait chargé son ami de propager cette œuvre parmi les ateliers où, Pauline-Marie, trop jeune encore, trop remarquable par sa beauté, ne pouvait aller elle-même. Cela explique en partie la présence de Victor Girodon à la première assemblée d'hommes catholiques, cherchant encore le secours demandé. Cette réunion eut lieu le 3 mai 1822. L'envoyé de Pauline, M. Girodon, exposa comment ce secours avait été trouvé depuis deux ans au moins. Cette œuvre, au berceau, ne faisait alors aucun bruit, sauf dans le monde ouvrier, qui eut

l'honneur d'en fournir les prémices à la bénédiction de Dieu et à celle de l'Eglise.

C'est à cet ami de Philéas, M. Victor Girodon,
qu'est dû le plus solennel et le plus beau témoignage
de la vérité, sur cette incomparable fondation. Il y
nomme celle que Dieu avait choisie, pour en trouver le secret, si simple et si beau, qui en fait la vie,
aujourd'hui, comme il l'avait faite dès son *berceau*. C'est sa lettre datée d'Anty, du 22 juillet
1858, qu'il faudra lire, quand on devra raconter
l'origine vraie de l'œuvre catholique, tracée par la
l'ami de Philéas.

Malgré ses aspirations ardentes pour la vie apostolique, Victor Girodon fut obligé de demeurer dans
un milieu où les soins assidus et presque continus
de sa famille, pouvaient alléger les souffrances de sa
poitrine épuisée déjà, et que rien ne ranimait. Il
avait un besoin incessant de l'air pur et vif des
hauteurs, si bien que sa vie fut une croix prolongée... »

Dans une dernière lettre datée encore de l'Argentière et toute de commissions à faire, Philéas
ajoute ces lignes à son ami Girodon :

Adieu, cher ami. Je compte sur votre obligeance et
votre promptitude à me faire une réponse. Je vous embrasse de tout mon cœur. Allons toujours en avant, jusqu'au ciel ; animons-nous, excitons-nous à la vue des
grands et généreux efforts, que font les hommes plus
jeunes que nous, plus faibles que nous, pour l'enlever
comme d'assaut. Si nous ne pouvons nous trouver les

premiers à la brèche avec eux, ah ! du moins combattons avec force, avec constance, avec fidélité dans le rang que le Seigneur nous a assigné.

Adieu, à la vie, à la mort. Je suis à vous dans les Sacrés Cœurs de Jésus et de Marie.

Philéas JARICOT.

CHAPITRE VII

Saint-Vallier (1820).

Mes joies et mon bonheur ont
passées comme une ombre...

Une année passe vite. Nous arrivons aux vacances de 1820. Philéas revint à Lyon, dans sa famille.
Ses amis, ses frères de cœur l'attendaient avec
impatience depuis longtemps. Ils le reçurent avec
cette bonne et franche amitié, qui rend toute réunion délicieuse. Tous désiraient utiliser ce temps
de liberté, les étudiants surtout, et Philéas le premier voulait donner un peu de repos à sa tête fati-
guée, d'une longue bourrade philosophique. Il pro-
posa à son monde d'aller tous ensemble voir madame Chartron (Marie-Laurette Jaricot), à Saint-
Vallier (Drôme), et de se servir de leurs deux
jambes comme véhicule. Seize ou dix-huit lieues,
ne sont pas merveille, quand on a les environs de
vingt ans !... Tous les intimes, — une quinzaine à
peu près — votèrent *pour*. Philéas commandera,
sera le chef absolu du matériel et même aussi du
spirituel... On voulait que tout marchât de front.

Dans l'immense établissement de Mme Chartron, on trouverait bien moyen d'installer une quinzaine de lits de plus. Il faut dire que Mme Perrin et Pauline étaient chez leur sœur, et qu'elles arrangeaient toutes choses elles-mêmes. La route devait se faire en dix ou douze heures de marche. Cela paraissait aisé, de Lyon : « Nous resterons trois ou quatre jours à Saint-Vallier, puis nous reviendrons ici, pour nous remettre au sérieux. Cet arrangement vous va-t-il, mes amis...? »

Un *oui, oui* général suivit. Tout le monde était d'accord.

Le jour venu, on fut fidèle à l'envolée. Avant le lever du soleil, Philéas commença la prière du matin, et, sur la route, on entendit la messe, après laquelle chacun fit un petit déjeuner excellent : l'air était pur et les consciences aussi... Le conducteur, le joyeux philosophe de l'Argentière, égayait toute sa bande, par des réflexions que le vieux Socrate n'aurait pas désapprouvées. Seulement, vers onze heures du matin, on commençait un peu à penser à la *pauvre bête*, qui avait, un peu, oublié qu'on l'avait pourvue le matin. On s'arrête aux bords charmants du Rhône, et chacun prit ce qu'il trouva dans sa poche, car on était parti tout simplement, sans sac de voyage. Mais le *chef* vigilant avait tout prévu, même la soif de ses gens, après une marche de cinq ou six heures, sous un soleil d'automne, tant soit peu tropical.

Plusieurs paysans passèrent à ce moment :

« Sommes-nous à moitié chemin de Saint-Vallier, demande-t-on ? »

« Pas encore, fut-il répondu, vous devez marcher trois ou quatre heures et vous arriverez à la moitié de votre route. »

Philéas, comme un chef d'armée qui veut remonter ses soldats, cria en chantant : « Nous arriverons bientôt ; ce soir ou demain, peut-être. Qu'importe, nous arriverons... »

Et l'on marcha de nouveau, mais d'un pas plus mesuré que le matin. Les lieues pesaient, et la fatigue aussi. Philéas fit réciter le chapelet et la prière du soir, dans quelque vieille église de campagne. On ne s'y arrêta pas longtemps, dans la crainte d'y être saisi par un visiteur qui ne pardonne pas les résistances : le sommeil. Il gagnait tout le monde : le chef s'était bien chargé de tout, sauf de la veillée, après une marche de douze heures.

Il y a de braves gens en tout lieu, même au bord du Rhône. Philéas demanda à un paysan, de lui donner de bonne paille, une grange, du pain noir et du lait, pour tout son monde. Il répondit : oui. Alors en moins d'une heure, réfectoire et dortoir furent installés. On dîna sans qu'un seul invité fît défaut. Le repas valut mille fois mieux que celui de n'importe quel roi dans son palais. Chacun portait dix ou douze lieues dans ses talons. Oh ! que le lit de paille fraîche est bon, excellent, dans cette aventure, et quel coup de tonnerre il aurait fallu pour réveiller à minuit ces dormeurs.

Philéas les laissa dormir, et s'agenouillant, il adressa à son Maître Jésus cette prière : « Bénissez tous vos enfants et que leurs âmes soient vôtres... aujourd'hui et toujours !... je vous les donne. »

Il fait le tour du dortoir et arrive jusqu'à son ami Victor Girodon. Là, il s'agenouille de nouveau, et le considère avec une complaisante tendresse. C'était David et Jonathas : leurs cœurs s'étaient tellement unis, qu'il n'y avait plus qu'un seul cœur en eux.

Le réveil fut donné à cinq heures du matin. Un « ah ! » général de soulagement répondit. Après l'audition de la messe dans l'église la plus voisine, on déjeuna de lait frais, de gros pain de seigle et de raisins fraîchement cueillis. C'était parfait ! On se remit en marche avec la certitude, cette fois, d'arriver à Saint-Vallier le soir, par des routes charmantes et presque désertes à cette époque, et par des sentiers pris afin d'abréger les distances. On n'avait pas semé de sable fin, sur les cailloux et les grosses pierres qui formaient le fond de ces routes, mais ânes et gens qui passaient par là, avaient de bons jarrets, et l'on s'en tirait plus joyeusement que des fameux autos, qui crient à chaque pas, et qui tuent raides leur monde, si ravi de les posséder.

Enfin, enfin, voilà ce Saint-Vallier tant désiré !

Avec quelle cordiale et franche amitié, le bataillon des voyageurs fut reçu par la famille Chartron. Mme Perrin et Pauline en faisaient momentanément partie.

La première visite fut pour l'hôte adorable du tabernacle, que Philéas n'oubliait jamais. Là, ses compagnons et lui remercièrent Notre-Seigneur Jésus-Christ de leur avoir accordé le bonheur de se réunir, comme des frères, qui vivent dans la même foi et dans le même amour.

Ensuite, on régla toute chose, afin que la maison toute entière s'unît à la fête ; si bien que des maîtres à la plus petite des ouvrières, tout le monde pût garder un joyeux souvenir de ce passage.

Philéas qui, depuis longtemps, s'occupait avec Pauline-Marie, de la transformation de cet établissement, voulut en relire de nouveau les règles, auxquelles il ajouta des considérations particulières, qui devaient faciliter les rapports entre les maîtres et les ouvriers. Victor Girodon et les autres visiteurs admirèrent le bien qui s'était produit depuis deux ou trois ans, dans cette fabrique, où les anciennes coureuses de nuit, qui vagabondaient et travaillaient peu le jour, s'étaient transformées en filles vertueuses. D'une commune voix, elles avaient accepté un règlement sévère, presque semblable à celui d'une communauté (1).

Ces jours de réunion familiale passèrent comme

(1) La reconnaissance des habitants de Saint-Vallier garde le souvenir des premiers essais apostoliques de Philéas, en 1818. On y rappelle de petits détails touchants de sa bonté envers la classe ouvrière, égarée par de mauvais conseils, et de son zèle pour les ramener au bien. Cette excellente petite ville se fait gloire aussi d'avoir été choisie pour fournir les premières aumônes de la Propagation de la Foi, alors que la fondatrice commençait à demander aux ouvrières leur sou du vendredi.

une ombre... Nous nous y sommes arrêtés, parce que, dans la courte vie de Philéas, nous aurons peu de ces moments heureux.

Le retour fut plus facile que l'aller, et, quand à Lyon, on se sépara, après s'être donné un embrassement fraternel, Philéas dit d'une voix émue, ces paroles d'adieu : « Soyons UN, pour aimer et servir Jésus-Christ ! UN pour lui gagner des âmes et nous sanctifier nous-mêmes, jusqu'à ce que nous nous retrouvions pour jamais UN en Lui seul, au séjour des joies éternelles ! »

CHAPITRE VIII

Saint-Sulpice (1820-1824).

Et nous, Seigneur, nous sommes
votre petit troupeau ! Nous voilà !
Prenez votre houlette ! Étendez
vos ailes sur nous ! Que leur
ombre soit notre asile. » (Saint
Augustin, *Conf.*, XXXIII.)

Philéas partit pour Saint-Sulpice, au mois d'octobre 1820. Ce départ fut impressionnant pour sa famille, surtout pour Pauline-Marie, qui voyait son frère s'élancer intrépide, vers le détachement absolu de tout. Elle le connaissait trop bien, pour ne pas comprendre, que, dans cette voie de sacrifices, il ne reculerait jamais. « L'avenir est à Dieu, se disait-elle, je lui donne l'âme de mon frère, pour qu'il le rende digne de le représenter ici-bas. Mais je le conjure de m'accorder une parfaite résignation, pour tout ce qui brisera les liens du passé. »

Durant les derniers jours accordés aux siens, Philéas, tout en restant bon, aimable et même gai, avait semblé vivre d'une autre vie. Il allait enfin se mettre sérieusement à l'œuvre, et devenir avec la grâce d'en-haut, l'image du Sauveur, auprès des âmes des pauvres et des affligés... Ses pensées les plus élevées venaient de sa sainte mère : se dévouer sans mesure, était le fruit de ses enseignements.

Il entra à Saint-Sulpice le cœur plein d'amour pour Jésus-Christ, et n'ayant en vue que son règne dans les âmes. Personne ne le remarqua, et lui ne remarqua personne, ravi qu'il était de se plonger dans l'humilité, sous le regard de son Maître !

Nous n'avons que peu de lettres de lui, mais en les lisant, on sent qu'il élève sa pensée, et on le voit lui, s'élever de plus en plus vers l'idéal du prêtre, *tel que Dieu l'a choisi*, pour le représenter ici-bas.

A peine arrivé, il se mit de tout son cœur à l'œuvre divine de la transformation de l'homme en Sauveur... Pour cela, comme sa sainte mère, il s'oubliait lui-même, pour ne penser qu'aux autres. C'est un genre à part de perfection qui pourrait aller à toutes les âmes, mais que beaucoup ne comprennent pas. Il était étonnant de naturel, dans ce qu'il pouvait faire de plus méritoire, pour vaincre sa nature, presque indomptable, et toujours pleine de l'entrain que nous lui avons vu, dans son enfance. Il ne donnait à personne le droit de soupçonner les violences qu'il se faisait, pour se vaincre lui-même. C'était son secret, et il le gardait avec jalousie.

Un de ses condisciples disait à Pauline-Marie : « Philéas travaille *en dedans*, vous verrez ce qui en résultera ! Et lui, répétait avec une conviction profonde cette élévation de saint Augustin : « Je vous aime, ô mon Dieu, mais mon amour est encore trop faible, rendez-le plus fort ! J'ignore le degré qu'il lui faut atteindre, pour que ma vie se perde dans vos embrassements sacrés, et que je ne m'en sépare plus, afin qu'elle se perde dans la lumière de votre visage. Ce que je sais, ô mon Sauveur, c'est que rien, sans vous, en moi et hors de moi, ne m'est quelque chose, et que toute richesse qui n'est pas Vous, m'est une véritable indigence. »

Il voulait disparaître lui-même et laisser la place à son adorable Modèle. On lui entendait dire souvent : « O Jésus-Christ, quand donc serai-je perdu en vous, et quand donc serez-vous en moi, de telle sorte, que seul vous apparaissiez aux âmes qui s'approcheront de moi. »

Il demanda à ses Supérieurs de lui donner quelque emploi auprès des pauvres, qu'il aimait à la façon de sa mère, de ses sœurs et surtout de Pauline-Marie. L'année suivante, on lui confia alors les enfants du peuple, pour qu'il leur fît le catéchisme. Il en fut ravi ! C'était pour lui un honneur, un bonheur et une mission angélique. Il avait même *peur*, — une de ses lettres le dit, — d'avoir de l'orgueil d'une telle fonction, tant son âme envisageait le côté divin des choses.

Il commença donc son cours d'instruction familière, aux trois ou quatre cents enfants, accourus de tous les points de Paris, et parmi lesquels on remarquait des *visages* plus âgés, dont les possesseurs se glissaient parmi les jeunes enfants auxquels la parole était adressée. Tous étaient malheureux, tous avaient faim de Dieu, et aucune autre voix ne le leur avait révélé comme le *consolateur, le soutien et l'ami de ce pauvre peuple*, vivant comme des brebis sans bercail ni pasteur. Philéas s'attacha à rendre sa morale douce et saisissante, afin d'imprimer pour jamais dans ces ignorants, le souvenir de Jésus-Christ, dont, probablement, ils n'entendraient plus parler qu'avec des blasphèmes. Son auditoire était si joyeux de l'écouter, que l'heure expirée, il entendait murmurer : « Encore un moment, Monsieur l'abbé ! » Ce petit moment était accordé, selon le possible, et l'orateur jouissait beaucoup de l'air content de tout le monde. Quand il trouvait une plus grande difficulté à saisir ses explications, dans certains esprits plus lourds, il disait : « J'aurai un petit moment, demain ; venez me trouver, je vous ferai mieux comprendre. » Il revenait sur ce qu'il avait dit, et cela, avec des images charmantes et toutes simples, qui ouvraient l'esprit et le cœur.

Il écrivait à sa sœur Pauline-Marie :

Paris, 7 novembre 1820.

Ma chère Sœur,

J'ai reçu ton aimable lettre et les bonnes nouvelles que tu m'y donnes m'ont bien fait plaisir. Je profite de l'adresse que tu m'as donnée pour faire parvenir mes lettres que je ne voudrais pas être lues, pour te faire parvenir celle-ci, parce que celle qu'elle renferme est extrêmement pressée et renferme plusieurs choses dont je suis bien aise que la connaissance reste entre moi et celui à qui elle s'adresse. Je te prie, aussitôt ma lettre reçue, de la mettre à la poste.

Quatre missionnaires sont partis aujourd'hui de Paris pour aller porter la foi en Cochinchine et en Chine. De leur nombre est un prêtre lyonnais, Monsieur Tabert (1) qui a été vicaire à Saint-Irénée l'année dernière. J'ai eu le plaisir de faire sa connaissance ici, et de me lier avec lui. Hier je lui ai fait mes adieux pour la dernière fois peut-être... Ils doivent s'embarquer avant la fin du mois, sur un vaisseau français, qui fait voile pour ces parages. Ils doivent trouver à bord un évêque espagnol, qui a sa destination pour Manille, ville près de Chine ; et ils ont pour compagnon de voyage et pour sauvegarde à leur entrée en Cochinchine, un mandarin cochinchinois, qui monte le même vaisseau qu'eux. Je les recommande à tes prières, à celles de la société ainsi qu'à tous les couvents que tu connais, afin que leur traversée soit heureuse, et que Dieu leur donne un zèle et des forces égales à l'abondance de la *moisson* qui attend depuis si longtemps des *moissonneurs.*

Ah ! ma chère Pauline, qu'elle est grande cette *moisson*, et qu'il est nécessaire que le Seigneur soutienne et

(1) M. Tabert, devenu évêque, s'était mis en relation avec Pauline-Marie Jaricot. Nous avons trouvé la lettre suivante écrite de sa main, jointe à la mitre blanche, dont il y est fait mention : A M. Bétemps, chanoine de la métropole Saint-Jean de Lyon. « Monsieur, j'ai eu l'honneur de vous écrire vers le 15 de février 1835, et j'ai inclus dans votre lettre une épître à Mlle Jaricot, parce que j'ignorais son adresse. Je prends aussi la liberté et pour la même raison, de vous adresser cette petite caisse, qui renferme une mitre dont je fais cadeau à cette demoiselle comme un souvenir de l'ami de son cher frère, et en la remerciant de la belle mitre qu'elle a eu la charité de m'envoyer en août 1831, et que j'ai reçue le 13 ou 14 février 1835. ✝ Jean-Louis, évêque d'Isauropolis, vic. apostolique de Cochinchine. Pinang, 11 mars 1835. »

multiplie les bras, qu'il y emploie ! Que d'âmes à sauver dans ces vastes contrées, assises dans les ombres de la mort ! que d'enfants meurent tous les jours sans baptême, et qui par conséquent ne verront jamais Dieu ! Que d'adultes vivent et meurent sans connaître Celui qui les a créés, et sans savoir à quel prix ils ont été rachetés ! Hélas ! ils prostituent à des idoles muettes, des cœurs qui eussent aimé le vrai Dieu, s'il se fut trouvé des âmes assez généreuses, pour leur porter le céleste flambeau, qu'elles n'ont reçu elles-mêmes que par un semblable bienfait. Qu'elles leur reprocheront un jour leur lâcheté, et aux mauvais chrétiens l'abus des grâces, qu'ils foulent aux pieds et dont une faible partie eût suffi pour les sauver ! Oui une seule de ces instructions que l'on méprise, en eût sauvé peut-être plusieurs milliers ! Ce n'est point une conjecture, c'est un fait. M. Alary, supérieur des Missions Étrangères, et qui y avait travaillé longtemps dans ces pays-là, en avait bien vu des exemples. Une fois entre autres dans une seule instruction, il convertit douze cents idôlatres.

Adieu, tout à toi.

Philéas JARICOT.

J. M. J.

CHAPITRE IX

Premier pas vers le sanctuaire.

> « Vous m'avez inspiré votre
> crainte, qui éteint l'orgueil et
> apprivoise ma tête à votre joug.
> Je le porte aujourd'hui, et ce far-
> deau m'est doux. » Saint Augus-
> tin, *Conf.*, XXXVI.

Philéas entre pour ainsi dire dans la vie ecclésiastique, en prenant la tonsure, le 24 novembre, il
en profite pour se détacher des choses de la terre.
Il écrit à Pauline-Marie :

J. M. J.

Paris, 20 novembre 1820.

Ma chère Sœur,

J'ai reçu la lettre que tu m'as adressée par M. Sor-
chau, que je n'ai pas eu le plaisir de voir, parce que
j'étais en retraite, pour me préparer à la tonsure, lorsqu'il me l'a apportée. J'ai vu avec bien de la peine
que la goutte affligeait notre bon père, et le tourmentait
même, plus qu'à l'ordinaire. Comme Celui qui envoie
la maladie peut aussi la retirer, *quand il lui plaît*, je me

suis adressé à Lui avec confiance. Toute la communauté
a joint ses prières aux miennes, et si mes prières ont été
trop faibles pour arriver jusqu'à Lui, j'espère du moins
que celles de mes fervents supérieurs et confrères auront obtenu quelques soulagements à ses vives souffrances, ou du moins si Dieu qui juge des choses différemment que nous, sait qu'elles nous soient plus utiles
pour notre salut, j'espère que ces bonnes prières auront
obtenu à notre bon père, une dose de patience et de
tous les autres biens spirituels nécessaires en sa situation, égale aux maux qu'il endure. Embrasse-le mille
fois pour moi.

J'ai pris la tonsure des mains de Mgr l'archevêque
coadjuteur du diocèse de Paris, le 24 de ce mois. Ainsi,
ma chère Pauline, me voilà de la *maison* du Roi des
rois, et revêtu de ses glorieuses livrées. Oui, *glorieuses*,
non pas aux yeux du monde, dont elle condamne les
maximes et auxquelles elle crie sans cesse *malheur !*
non pas aux yeux de la chair, dont elles annoncent le
crucifiement et la mort, mais glorieuses aux yeux de la
foi, qui seule peut en connaître la grandeur et les admirables effets. Oui, ma chère Pauline, je les ai prises,
ces admirables livrées, je l'ai reçue cette sainte couronne d'épines des mains de mon Sauveur. En même
temps que son pontife en traçait la forme sur ma tête,
j'en ai entouré mon esprit et mon cœur. Si elle les blesse
ah ! ce sont les blessures de l'amour, et tout ce qui vient
de l'amour, et surtout de *l'amour d'un Dieu*, n'est-il
pas doux et plein de charmes. Mais que je rougis, quand
je pense quel misérable, Dieu est allé chercher pour
l'élever à ce haut rang. Les rois de la terre vont-ils
donc chercher sous les haillons obscurs de la mendicité
ceux qu'ils veulent placer auprès de leur personne, et
employer à leur défense ? Vont-ils prendre de vils trans-
fuges pour les placer à la tête de leur garde ?

Oh ! non, c'est à des noms distingués, à des services

éclatants, à une fidélité éprouvée, que de semblables emplois sont accordés... Et voilà que le Roi des rois m'est allé déterrer, moi malheureux, encore tout souillé du fumier de mes péchés, vil transfuge, pour me placer parmi les princes de son peuple. Ah! prie-Le bien de me donner l'humilité, afin que, tout fier de ma nouvelle fortune, nouveau parvenu, je n'aille pas me croire *quelque chose de grand en sa présence*, et faire l'arrogant devant Lui, parce que, je le pressens, je serais chassé ignominieusement de devant Lui, parce que dit Salomon, il a en horreur l'orgueil du *pauvre*.

Maintenant je crois que le jour de l'an revient tous les 15 jours, tant le temps s'écoule avec rapidité. Il me semble que c'est hier que je t'ai fait mes souhaits ! Et puis, cette année qui semblait ne devoir jamais finir, a passé je ne sais où, et ne reviendra plus, et je dois redire de nouveaux souhaits !... Mais ce sera d'abord fait, parce que je ne m'arrêterai pas à toutes les *babioles* d'ici-bas. Tu as le cœur trop grand, pour qu'elles puissent le remplir. Je te souhaiterai une *seule chose*, qui les renferme toutes, et dans leur perfection ; un trésor que la rouille et les vers ne rongent point ; que les vents ne renversent point et que les siècles n'usent point. — *Dieu* — est tout cela et mille fois plus encore. Possède-le donc ici-bas, autant que le permet le lieu de notre exil, et possède-le, dis-je, sans voile, sans nuage, sans interruption, sans crainte, dans la patrie ! Fais pour moi les mêmes souhaits et embrassons-nous dans les Sacrés-Cœurs de Jésus et de Marie, où je suis sûr que tu es. Adieu (1).

Philéas JARICOT.

(1) Il y aurait à reproduire les lettres que Philéas écrivait à sa sœur, pour la soutenir au milieu de ses épreuves, — car elle en avait déjà beaucoup, — et pour soulever, pour ainsi dire, son âme jusqu'au cœur de Jésus, dont la charité débordait dans leurs deux âmes. Ces lettres ont dû être détruites.

Les petits Savoyards l'occupent et l'intéressent.
Ces âmes sont simples et chrétiennes, et leurs familles aussi. Mais elles sont au « pays », et le
prêtre est là pour les remplacer. Leur apôtre les
aime paternellement ; leurs âmes lui sont précieuses. Il écrit à son ami Victor Girodon :

Paris, le 3 décembre 1820.

CHER AMI,

Je suis arrivé hier. Vite aujourd'hui, je m'empresse
de payer à l'amitié son juste tribut et je vais me délasser, dans son sein, des fatigues du voyage. Hier ? dites-
vous, vous rêvez !... Non, je ne rêve pas. N'était-ce
pas hier le 20 *octobre ?* Vous riez... Ah ! je comprends...
c'est que vous ne vivez pas au séminaire de Saint-
Sulpice... Eh bien pour moi c'était *hier,* le 20 *octobre,*
et si vous avez compté un mois et demi, depuis cette
époque, à peine, moi y ai-je trouvé un jour, et encore
un jour d'hiver, où le soir et le matin se touchent. Oui,
notre temps est si bien employé, que les semaines pa-
raissent des heures et les mois des jours. Oh ! le bon
remède contre l'ennui, que le séminaire ! Qu'on devrait
donc y envoyer tous ces misanthropes, ces hypocon-
driaques, enfin tous ces gens à humeur noire, dont le
désœuvrement est la maladie, qui ne sachant que
faire du temps, se *tuent* à le tuer, pour s'en débarrasser.
Ici ils apprendraient à l'employer, et si bien, que je suis
sûr que, comme moi, ils voudraient arrêter les heures,
qui nous échappent et s'enfuient pour ne plus revenir.

Avant-hier, j'ai vu le Père Royer, le saint homme
non plus ne perd pas son temps. Ses pauvres du
faubourg Saint-Marceau lui en ôtent bien la peine.

Au commencement, c'est-à-dire il y a deux ou trois ans, il les visitait chez eux, en voyait un petit nombre et les amenait difficilement. Mais ce grain de senevé est devenu un grand arbre. Ces pauvres qu'un petit réduit contenait lorsqu'il les réunissait pour leur faire l'instruction, ont bientôt rempli l'église d'un couvent et, maintenant, c'est une église tout entière qui va les recevoir. Dieu veuille qu'elle devienne encore trop petite, et que la bourse du bon père devienne plus grande, car il m'a avoué qu'il ne savait plus où prendre, pour leur faire une petite distribution de pain, seulement une fois par mois. La santé n'est guère meilleure que par le passé, ce n'est que son zèle qui le soutient, mais tout fait craindre, que ses forces ne se consument et ne lui manquent bientôt.

La congrégation de Paris ne se ralentit pas non plus et tous les jours elle s'accroît et en nombre et en œuvres. Elle fait à peu près les mêmes œuvres que nous, mais, de plus, elle en a une bien excellente, que nous n'avons pas : c'est celle des petits Savoyards. Tous les dimanches, ils les réunissent au nombre de trois ou quatre cents, pour entendre la messe et assister au catéchisme, qu'ils leur font eux-mêmes. La piété et l'attention de ces enfants parmi lesquels on trouve pourtant des jeunes gens de 20, 30, et même 40 ans, est quelque chose de bien édifiant, et en même temps de bien consolant, lorsqu'on songe à ce qu'ils étaient ou à ce qu'ils seraient devenus sans ce secours. Oh ! qu'elle est belle cette œuvre et combien de bénédictions, elle attirera sur la société qui s'en est chargée ! Puisque si comme nous le dit Notre-Seigneur, le scandale donné au moindre de ces petits enfants, dont les anges sont sans cesse au pied du trône de Dieu, dans le ciel, est le mal le plus horrible ! Par contre, le bien qu'on leur fait, l'édification qu'on leur donne, est le bien le plus grand. C'est ainsi que pensait saint François Xavier, qui regardait

⁊ous les grands fruits que produisaient ses prédications,
⁊comme *rien*, auprès du baptême d'un petit enfant.

⁊ Toutes les années, il y a une première communion
⁊e ces enfants. Elle est ordinairement très nombreuse
⁊t bien édifiante. Ces messieurs leur donnent ensuite un
⁊banquet où ils les servent de leurs propres mains, et c'est
⁊ordinairement les personnages les plus distingués qui
se réservent ce pieux office. La dernière fois ce fut Mgr
l'évêque de Soissons, vieillard respectable, qui s'en ac-
quitta. Dites-le-moi, tout cela n'a-t-il pas quelque chose
qui rappelle les temps apostoliques? C'est ainsi que Dieu,
au milieu de la corruption du siècle le plus pervers, fait
briller au milieu du monde, à peu près comme ces fa-
naux, qu'on élève pendant les tempêtes au bord de la
mer, pour indiquer aux malheureux matelots, le rivage!

Vous en avez aussi au milieu de vous, mon cher Girodon, de ces âmes privilégiées, et si vous les connaissez,
Dieu, le témoin de leurs gémissements et de leurs
larmes, les connaît bien mieux encore. Oh ! combien il
les aime ! Restez unis étroitement à eux, afin qu'il
coule aussi, un peu, sur vous, de ce fleuve de grâces
qu'il répand sur eux.

Voilà une bien belle fête qui s'approche. J'espère que
vous ne m'y oublierez pas, et que vous m'enverrez un
peu de ce feu brûlant, que vous allez y puiser.

Recommandez aux prières de la congrégation
M. Rondot, qui sera prêtre à Noël. Je suis appelé à la
tonsure ; aussi, même recommandation pour moi.

Mille choses à Terret, Sandier, Trapadoux, Ravaud,
Devilliers, Ampère, Roche, Adam, etc., etc., etc.

Je vous embrasse en Notre-Seigneur et suis pour la
vie, votre ami sincère.

Philéas JARICOT (1).

(1) Nous continuerons de reproduire ici les lettres de Philéas
qui diront sa vie à Saint-Sulpice et les souvenirs qu'il y garda

Philéas n'attend pas d'avoir été revêtu du caractère sacré du sacerdoce, pour se dessaisir de tout en faveur des pauvres. Ici, c'est un petit meuble de luxe, une boîte de toilette qu'il désigne à cette fin, et que son amour pour la pauvreté repousse. Il écrit à sa sœur Pauline-Marie qui le comprend toujours :

J. M. J.

Paris, 19 janvier 1821.

Ma chère Sœur,

J'espère que tu auras reçu ma dernière lettre, datée du 14, et que tu te seras acquittée aussi fidèlement qu'à l'ordinaire de mes commissions. Il me vient en mémoire, que tu n'as pas fait *argent* de ce *nécessaire* dont je t'avais parlé. Je te renouvelle la prière de ne pas tarder davantage. Je le donne aux pauvres, et je crois que tu n'as pas le droit de refuser pour eux. Jésus-Christ est nu et souffre la faim dans ses membres, et je garderais un meuble de luxe, qui me sera toujours inutile ! Oui, inutile, parce que 1º l'on porte la barbe longue, en Chine, et 2º parce que je n'aurai pas le front d'annoncer Celui qui n'avait pas où reposer sa tête, et de succéder à ceux qui ont évangélisé les nations n'ayant pas même un bâton en leur possession, *avec de semblables bijoux*. J'espère que c'est fini, que je n'en entendrai plus parler.

de sa famille et de ses amis. Nous supprimerons trois ou quatre de ces lettres très longues, et dans lesquelles il raconte ce qui se passait alors dans les Missions. Comme elles datent de 1820 ou 21, elles manqueraient de l'actualité qui les rendait alors très intéressantes. Les autres lettres seront textuelles.

Nous retrouvons, en 1821, dans Philéas, élève
de Saint-Sulpice, les mêmes attraits pour la pauvreté de Jésus-Christ. Il les avait exprimés en 1806,
quand, à peine âgé de huit ans, il s'était écrié, avec
un élan de cœur incroyable : « Pauline, je veux
être apôtre, parce qu'ils sont *pauvres* comme Notre-Seigneur l'a été toute sa vie, et que je veux sauver les pauvres... Ils me croiront quand je leur
prouverai que je suis pauvre comme Lui, et que
je les aime comme Il les a aimés. » Maintenant
que la grâce et les années lui ont révélé les
mystères d'amour de cette divine pauvreté, il
l'adore, il l'aime, il y abrite son âme, comme sous
le *manteau* céleste, qui, durant trente-trois années
a dérobé aux yeux des hommes, les splendides
rayonnements de sa divinité. Il ambitionne, lui,
l'humble Philéas, choisi entre des milliers d'âmes
que la fortune scelle aux choses de la terre, il ambitionne de se faire pauvre lui-même, afin de
pouvoir se dévouer aux plus délaissés, aux plus irrités de ceux qui souffrent, les *pauvres*, que l'oubli
et l'indifférence enveloppent, et arriver à leur faire
bénir et aimer leur pauvreté, en souvenir de celle
du Sauveur. La *pauvreté chrétienne*, le rêve du
jeune lévite, a sauvé le monde, alors que les Césars y répandaient à flots pressés, l'or et le vice...
Il la voulait pour sa part, elle est toute-puissante
sur les *petits* ses bien-aimés.

Pendant qu'il se dévouait aux petits pauvres de
Paris, Philéas ne se doutait pas que deux personnes

en dehors de sa famille le suivaient attentivement d'un regard attendri, l'une était l'abbé Clément Villecourt, alors Maître Spirituel de la Charité. Sa vertu, sa science et sa parfaite connaissance de la vie sacerdotale, le firent appeler comme grand vicaire de l'archevêque de Sens, Mgr de Cosnac. Il devint en 1835, évêque de La Rochelle, et en 1843, cardinal à Rome, où Pie IX l'attendait comme l'un des amis de son cœur.

La seconde personne était Mgr de Pins, qui désirait l'avoir plus tard parmi son clergé. Sa Grandeur avait dit à Antoine Jaricot : Votre fils appartient à mon diocèse, qu'il y choisisse le poste qu'il voudra, je le lui donnerai » Mais Philéas ne demandait rien, sinon de se préparer le mieux possible à recevoir les ordres sacrés.

De sa solitude de Saint-Sulpice, Philéas suivait du regard de son âme, les épreuves de sa sœur, dans les premières années de l'immortelle fondation de la Propagation de la Foi. Ces épreuves lui firent tracer une lettre si touchante et si profonde de pensées, que nous l'offrons avec l'espoir qu'elle soutiendra et consolera ceux qui souffrent pour Dieu et pour sa gloire.

A Pauline-M. Jaricot.

J. M. J.

Paris, le 1er février 1821.

Ma chère Sœur,

Je bénis Dieu de la bonne visite qu'il a voulu te faire en t'éprouvant par la souffrance, et je remercie notre cher Sauveur de ce qu'il a daigné détacher une petite épine de sa couronne, pour la donner à sa petite amante, en récompense d'un peu d'amour et de bonne volonté qu'il a trouvé dans son cœur. Mets-la donc vite à la tienne, qu'elle en devienne le plus bel ornement, cette épine plus précieuse que les plus beaux diamants de la couronne des rois! Oh! avec quelle tendresse, avec quelle complaisance, le divin Époux va voir son épouse parée de ce gage de son amour! Combien il va lui prodiguer de nouveau ses dons : ce ne sera plus une seule épine, mais ce sera la couronne tout entière, qu'il mettra sur son front et sur son cœur, ce seront ses clous et sa croix. Et puis? que donnera-t-il encore notre grand Roi? Ne sont-ce pas là toutes ses richesses, son trône, son diadème, son sceptre et son règne? Oui, c'est tout ce qu'il a possédé, hors de lui. Mais *en lui* que de richesses encore!

Fidélité, fidélité, constance, et il te les donnera, il te couvrira de son sang, comme d'une pourpre éclatante, il te donnera ses plaies, puis son Cœur, puis c'est tout! Je ne vois plus rien après, parce qu'en te donnant son Cœur, il te donne tout ce que ce Cœur a aimé! Et ton pauvre frère, n'aura-t-il rien? Non, tant qu'il ne sera

7

pas vide de lui-même et de ses créatures, il ne recevra rien... Prie donc pour lui, afin qu'il meure une bonne fois à *tout ce qui n'est pas Dieu*, pour ne plus vivre que pour Lui seul.

Tu trouveras encore sous ce pli une lettre d'un des directeurs du séminaire des Missions. Il n'a pu l'écrire lui-même, car il est aveugle, par suite des souffrances, des fatigues du ministère apostolique. Il a été 18 ans dans les missions de la Chine, pendant longtemps obligé de fuir et de se cacher ; souvent d'aller demander aux oiseaux de partager leur couche, au haut des arbres et d'autres fois de se retirer avec les poissons et les grenouilles dans les marais. Quoique accablé d'infirmités, il est d'une gaieté inaltérable, et d'une simplicité d'enfant, il fait souvent rire aux larmes ses jeunes élèves quand il leur raconte ses aventures, qui n'étaient rien moins que *risibles*, quand il les éprouvait, comme par exemple d'être mangé tout vif, par les fourmis, etc. Mais le temps ne me permet pas de t'en dire plus long, j'espère que tu réussiras dans ta nouvelle entreprise (1). Prends garde seulement qu'on ne soupçonne rien de mon projet... Tu me donneras avis du progrès qu'aura fait cette société, et des recettes que tu en auras eues.

Adieu, je t'embrasse et te laisse dans les SS. Cœurs de Jésus et de Marie.

Philéas JARICOT.

(1) La Propagation de la Foi.

A M. Victor Girodon.

Paris, le 20 avril 1821.

Jésus s'est fait pour nous, obéissant jusqu'à la mort et à la mort de la croix.

CHER AMI,

Depuis longtemps, j'attendais que mes occupations me laissassent libre quelques instants, pour payer à l'amitié une dette, si vieille, que j'en rougis. Aujourd'hui, vendredi saint, tout chrétien et surtout les ecclésiastiques, doivent occuper le pied de la croix, pour y recueillir avec Marie, saint Jean et sainte Magdeleine, le sang précieux qui en découle, et les dernières paroles d'un Dieu mourant d'amour pour les hommes. O mon Jésus, pardonnez donc si je détache un instant mes yeux de ce bois sacré, où est attaché tout mon amour, toutes mes espérances, pour m'entretenir un instant avec mon ami et le vôtre, que tout ce que ma plume lui tracera parle de votre amour et n'ait d'autre fin que votre gloire.

O mon cher, que Jésus nous a aimés ! O mon Dieu vous nous avez aimés jusqu'à l'*excès* ! Mais qu'y a-t-il donc en nous, qui pût attirer votre amour ?... Heureux par vous-même, ne trouvez-vous pas en vous, toutes les perfections ? et s'il y a quelque chose de bon qui ne soit pas vous, n'est-ce pas de vous, qu'il tient l'être ?... O grand Dieu, vous nous avez aimés ! Quoi, des enfants de colère, nés d'un père prévaricateur, dont tout le partage est l'ignorance, le péché, la mort et l'enfer, ô mon Dieu, c'est l'excès de notre misère, qui a attiré l'excès de votre miséricorde ! et la grandeur de nos maux, la profondeur de nos blessures, a percé votre Cœur ! Vous nous avez aimés, ô bon pasteur ; et votre amour vous a fait chercher votre *brebis égarée*, au milieu des précipices, à travers les vallées et les montagnes !... Vous l'avez trouvée entre les mains d'un ravisseur cruel, prêt à l'égorger... Ah ! arrêtez, qu'allez-vous faire ! quoi ! donner votre vie pour sauver cette *brebis ingrate et infidèle?* Vous livrer vous-même entre les mains de son ravisseur, pour qu'il la laisse aller !... Non, mon Seigneur, cette misérable ne mérite pas tant d'amour. Vous mourez pour elle, et elle oubliera vos bienfaits, elle méprisera votre mort, elle tombera de nouveau entre les mains de son ennemi et vous la verrez périr !...

Mais non, rien n'a pu arrêter votre amour, et le sacrifice est consommé. Jésus est mort ! ô mon âme ! et tu vis ! Jésus est mort et comment? Ah ! lève les yeux et vois.

Que vois-je, Seigneur. O le plus beau des enfants des hommes, est-ce vous? Est-ce vous que je vois mutilé depuis les pieds jusqu'à la tête ! Vous que je vois cloué à un gibet, entre deux voleurs ! Vous, que je vois entouré d'une populace immense, qui insulte à vos douleurs ! Où est ce regard divin, qu'inspirait l'amour? ce front majestueux, où était empreint un rayon de la gloire divine?

C'est en vain que je prête l'oreille, pour entendre du moins ce doux son de votre voix et recevoir votre divine parole... Votre bouche est muette, votre langue est glacée !... Mon Bien-Aimé, quel est le sujet d'une si grande affliction?... Ah, je vois votre Cœur ouvert,... j'entre par cette ouverture,... peut-être me dira-t-il pourquoi vous êtes livré à l'humiliation et à la douleur ! Quel a été votre crime, tendre agneau, pour être ainsi jugé?... quels ont été vos forfaits, pour être livré, Vous l'amour de mon âme, à de si cruels tourments? Quelle est donc la cause de votre mort ?

Ah ! je vous entends ; c'est moi qui suis la cause de vos souffrances et le principe de votre mort. C'est moi qui ai livré votre chair innocente, aux fouets et aux tortures. Je suis moi-même le fardeau de votre croix et les langueurs de votre agonie. Quoi donc ! le méchant *pèche*, et c'est le juste qui est puni ; l'impie se révolte, et le saint est condamné !... l'innocent paye pour le coupable ! le maître se charge des chaines de son esclave !... le roi de celles de son sujet!... le Créateur se met à la place de la créature! *Dieu meurt pour l'homme!*

O Fils de Dieu, où vous a conduit votre charité ! où sont descendus votre amour et votre compassion !...

Ah ! mon frère que rendrons-nous à notre roi et notre Dieu, pour de si grands bienfaits ! et le cœur de l'homme, ce méchant cœur, peut-il fournir quelque chose de capable de payer un si grand amour ! Que donner à Dieu, qui soit aussi grand que Lui? Nous n'avons, hélas ! que notre misérable être ! dont nous puissions disposer ; et nous hésitons pour le donner à Jésus? ou après l'avoir donné, nous le reprenons, trouvant que c'est trop pour Lui, qui s'est donné tout entier...Que c'est trop, dis-je,de nous donner tout entier, et nous nous réservons la meilleure partie de nous-mêmes !

Prenons, prenons, ô mon ami, les ailes de l'aigle, pour aller à notre Bien-Aimé. Que sont les *petits* intérêts, pour lesquels nous disputons, en comparaison du grand intérêt de sa gloire et de notre éternité. Crucifions notre chair et ses concupiscences ; que l'homme intérieur terrasse l'extérieur, qu'il s'arme de son glaive, et que ce glaive sépare la chair de l'esprit. Que rien ne nous séduise ! Laissons au monde ce qui est à lui ; sa *figure* passe, ceux qui s'y attachent périssent avec lui, et leur espérance s'évanouit. Il nous méprise, mais ses mépris nous élèvent, parce qu'ils nous mettent avec Jésus-Christ, qu'il a méprisé ! Il nous assimile à notre Dieu. Or notre Dieu a vaincu le monde ; il l'a vaincu et il le jugera !...

Il le jugera, et nous triompherons, car comme nous le dit l'apôtre saint Paul, si nous souffrons avec Jésus-Christ, nous régnerons avec Jésus-Christ ! Si nous sommes dans les larmes nous récolterons dans la joie Nos cris de tristesse seront changés en cris d'allégresse !

O portes éternelles, quand vous ouvrirez-vous pour moi? quand pourrai-je contempler le Roi de gloire, assis sur son trône? voir ses plaies devenues glorieuses ! Ah ! je le sens, c'est ma chair qui me retient. Qui me délivrera donc de ce corps de mort! O monde, n'as-tu donc plus de croix pour m'y attacher, et me faire entrer par le même supplice que tu as fait souffrir à mon Sauveur. Je ne veux point une meilleure part que la sienne : il a fallu qu'il souffrît et je sais que le disciple n'est pas plus grand que le maître. Je sais aussi que ta puissance n'est rien, et que ce que tu appelles souffrances, me sera, avec la grâce de mon Dieu, plus doux que le miel et plus précieux que l'or, puisque c'est à leur prix, que j'achèterai la gloire éternelle.

Fiat ! Fiat !

Adieu, cher Ami, mille choses à tous nos chers frères en Jésus-Christ, qu'ils prient pour moi.

Philéas JARICOT.

A sa Sœur.

(Il ne reste que la moitié de cette lettre).

Paris, 5 juin 1821.

. . . .

On a reçu, il a quelques semaines, une lettre d'un
bon vieux prêtre de l'Ile de France. Ce saint et respectable ministre de Jésus-Christ fait le tableau de la
situation de l'île de Madagascar, qui est assez près
de l'Ile de France. Madagascar, longtemps arrosé des
sueurs et du sang des enfants de saint Vincent de
Paul, semble maintenant mûr et prêt à la moisson, il
n'y a pas un seul prêtre dans cette île plus vaste que
la France et très peuplée. Les habitants désirent tant
le christianisme, qu'ils vont jusqu'à l'Ile de France,
qui est à plusieurs cents lieues, pour faire baptiser
leurs enfants ; un insulaire de l'Ile de France, qui est à
notre séminaire, nous l'a dit. Ce bon vieillard est si
touché de cet abandon que, malgré son grand âge, il
veut y aller consumer le peu de forces qui lui restent
Hélas ! quel *secours* pour un *tel* besoin. Si le sang glacé
d'un vieillard a été agité, par la seule idée de l'abandon
de ces malheureux, n'en sentirons-nous pas nos reins
frémir, et nos cœurs s'agiter au dedans de nous ! O mon
Sauveur, c'est votre sang qui coule, et personne ne le
ramassera ! C'est l'image du Père Céleste qui s'agite
et cherche à secouer les fers du démon, dont elle est
l'esclave et l'adoratrice, et personne ne le brisera !
O Seigneur, votre prophète nous dit que du haut des
cieux, vous avez abaissé vos regards sur ce lieu
d'exil, que vous avez été touché des cris des captifs,
et que vous avez brisé les fers de ceux dont les pères

avaient été mis à mort..... Grand Dieu, en voilà des captifs !... Leurs voix, ou du moins, celles plus déchirante de leur misère ! Que dis-je, de votre propre gloire, puisque c'est votre image, c'est le sang de votre Fils qui s'agenouille et adore le démon, votre ennemi, vous crie miséricorde, vous demande du secours. Ah ! ne méprisez pas l'ouvrage de vos mains, ne le laissez pas périr. Voilà mes bras ; dressez-les au combat, armez-les, suscitez pour votre peuple des guerriers plus généreux et plus vaillants que moi, et nous irons, nous planterons votre étendard dans la capitale de l'empire de votre ennemi, nous l'arborerons, sur le pinacle de ses temples ; les peuples et les rois se rangeront sous votre empire, ils annonceront votre nom dans Sion, ils publieront vos louanges dans Jérusalem! Amen! amen!

Prie, prie, ma bonne sœur, qu'il arme mon bras et qu'il forme mon cœur au combat. Jusqu'à présent je n'ai été qu'un malheureux qui, loin de le faire aimer, n'ai cessé de l'outrager. Mais voici le moment, où il faut devenir un *saint*, et qui les fait les saints, sinon le Seigneur? Adieu, je suis plus misérable que jamais, prie pour moi, prie aussi pour M. Rondot, il en a le plus grand besoin, dans ce moment. C'est toujours un bien saint prêtre et je crois que tu as le bonheur d'être mise tous les jours sur la patène à son sacrifice. Adieu, aimons Jésus-Christ, mourons pour Jésus-Christ.

Philéas JARICOT.

Dis-moi s'il n'y a pas danger en allant en vacances à Lyon, de trouver quelque *embargo* qui m'empêche de retourner à Saint-Sulpice.

Philéas, on l'a vu, n'était pas sans inquiétude au sujet des années qu'il devait passer à Saint-Sulpice. Les prévenances de Mgr de Pins l'effrayaient, et de plus, il redoutait les attentions de sa famille. C'est pourquoi il souhaitait de ne pas avoir un poste à Lyon. Mais sa volonté demeurait soumise à celle de Dieu.

A..M. Victor Girodon.

Paris, 17 juin 1821.

Honneur au Sacré-Cœur de Jésus !

CHER AMI,

Les détails intéressants que vous me donnez des travaux de votre section, ainsi que les nouvelles de mes fervents amis, m'ont fait le plus sensible plaisir, et vous ne pourriez rien trouver, qui m'allât plus droit au cœur. Qu'elle mérite bien, mon cher Victor, cette œuvre intéressante, tout le zèle que je sais que vous y portez et toute la fermeté et la constance, que les obstacles et les dégoûts que l'on y rencontre quelquefois, ont trop souvent ébranlé votre cœur, mais pourtant sans lesquels on ne peut rien faire de solide. Oui, Dieu vous a choisi et vous a placé pour vous opposer, comme un rempart, au torrent des funestes doctrines, et de la dépravation, que des suppôts de Satan, des artisans de crime, répandent de tous côtés. *Quel rempart*, me direz-vous, ah ! si la place n'en a pas d'autre pour se garantir et se défendre, elle sera bientôt emportée d'assaut ? Oui, *si vous vous considérez, vous-même* voilà ce que vous devez dire, et même *plus encore*, puisque, sans un miracle continuel de sa miséricorde et de sa sagesse, non seulement vous ne pourriez arrêter le torrent de l'impiété, dans les autres, mais même vous ne pourriez résister au penchant de la concupiscence, à la loi du péché, que nous trouvons dans notre misérable chair, et qui obscurcit notre esprit, corrompt nos jugements et entraîne notre cœur. Mais... Si vous fixez vos regards sur la main qui vous a choisi, et si vous considérez sa sagesse et sa puissance, c'est elle qui tire le pauvre de son fumier, pour le placer parmi les princes de son peuple. C'est elle qui choisit ce qu'il y a de plus faible et de plus vil, pour confondre ce qu'il y a de plus élevé et de plus fort.

Élevons nos cœurs, et, forts de la force de notre Dieu, marchons courageusement contre ses ennemis. Ils sont nombreux et puissants, mais le Seigneur *soufflera* et ils seront dissipés... Que la grandeur du travail, loin de nous abattre, agrandisse notre zèle! Le vieillard Éléazar sentit autrefois ses reins frémir, ses cheveux se dresser et son sang bouillonner dans ses veines, à la vue de la prévarication du peuple de Dieu. Saint Paul à Athènes, sentit, à la vue des temples des idoles qui se présentaient de toute part à ses yeux, son cœur s'agiter au-dedans de lui, son courage s'enfler, et, ne pouvant contenir le feu qui le dévorait, il se jeta dans l'aréopage, pour apprendre à ces hommes voluptueux et désœuvrés *quel était ce Dieu inconnu*, auquel ils avaient élevé un temple... Voilà ce que produit sur un cœur qui aime, la vue du scandale et de l'impiété... Elle étouffe en lui tout autre sentiment, le zèle est le seul qui le domine et qui l'entraîne. Peu lui importe, que le monde le condamne! il le méprise ; qu'il le haïsse! il sait que, s'il lui plaisait, il ne serait pas serviteur de Jésus-Christ! qu'il le persécute et l'outrage; il s'en réjouit, à l'exemple des apôtres. Le monde n'a point d'armes capables de l'effrayer, point de tourments, capables de le faire trembler!... La seule chose qu'il craigne c'est son amitié, son approbation,... parce que Jésus-Christ, a haï le monde et en a été haï !

O amour tu es plus fort que la mort, plus puissant que l'enfer ! Tu nous élèves au-dessus de toutes les agitations et les convulsions de ce monde, qui fuit et qui passe...

Misérables mortels, tu nous ravis et nous transportes dans le sein de Dieu même, et là, comme une ancre forte et puissante, tu nous fixes dans le repos et dans la paix ! Comme l'arche au déluge, les eaux des tribulations peuvent tout submerger autour de toi, s'élever au-dessus des montagnes, même t'environner et te serrer, mais tu les surmontes toujours, et loin de t'engloutir, elles te servent de point d'appui, pour t'élever au-dessus de leurs flots, et assurer ton salut.

Aimons, mon cher Victor, aimons et rien ne nous arrêtera, rien ne nous coûtera. La grossièreté de nos prisonniers, la puanteur et l'infection de nos malades, seront pour nous, plus agréables que la politesse la plus recherchée, et les parfums les plus exquis? La philosophie pour arracher à son avarice ou à son luxe, quelques faibles secours, qu'elle jette au pauvre avec dédain, n'excite, dans les uns, que la crainte, que par l'excès de sa souffrance, ce pauvre ne s'arme contre le riche, et qu'il ne lui arrache de force, ce qu'il refuserait de lui donner de bon gré. Dans les cœurs les mieux faits, cette philosophie remue tout au plus quelque sentiment de pitié par la pensée que c'est son semblable, que c'est un homme...

Mais que le langage de l'amour est différent : il découvre sous ces haillons grossiers, sous ces plaies dégoûtantes, non pas son semblable, seulement, mais son *Sauveur* et son *Dieu*, qui s'y est caché, afin de recevoir aujourd'hui, de lui, ce qu'il lui donna autrefois sur l'arbre de la croix, c'est-à-dire le salut et la vie.

Avec quel respect l'amour les approche ! avec quelle charité, il les sert et les soulage ! avec quel zèle, il les instruit ! avec quelle tendresse il partage leurs afflictions et les console ! Il se plaignait, amoureusement à Jésus avec Augustin, de n'avoir pu baiser ses pieds avec Madeleine ; le consoler avec les saintes femmes ; se tenir au pied de la croix, étancher son sang, avec Marie ; le recevoir dans ses bras, baiser ses plaies, les arroser de ses larmes, embaumer et ensevelir son corps sacré, avec Joseph d'Arimathie... et voilà que cet amour a trouvé son Jésus souffrant ! qu'il l'a trouvé portant sa croix, qu'il l'a trouvé attaché et expirant enfin ! qu'il l'a trouvé mort et attendant de lui, la sépulture ! il l'a trouvé ! et plus heureux que ces témoins de la première passion du Sauveur, il peut, à lui seul, rendre à ce bon Maître, les soins dont ils n'avaient pu lui rendre, chacun, qu'une partie.

Oh ! mon Victor, si nous avions la foi, les exemples des Adélaïde, des Elisabeth, des saint Louis, qui abaissaient leurs têtes couronnées, devant les haillons de la misère ; qui se mettaient aux genoux des pauvres pour les servir, qui pansaient avec des mains habituées à porter le sceptre, les ulcères et les baisaient même avec tendresse, ces exemples ne seraient pas si rares de nos jours.

Et certes, nous adorons notre Sauveur, dans l'Eucharistie, parce qu'il nous a dit qu'il s'y était rendu présent, nous l'y recevons et nous faisons passer sa substance divine dans la nôtre, parce qu'il nous dit : « *Venez à moi.* » Mais n'est-ce pas lui encore, qui nous a dit : *Je tiens pour fait à moi-même*, ce que vous avez fait au *plus petit des miens?* n'est-ce pas lui qui nous a dit, qu'il viendrait sur les nuées du ciel et qu'il appellerait ainsi ses élus : « Venez à moi les bénis de mon Père, j'ai eu faim, etc., j'ai eu soif, etc., j'étais nu, etc., j'étais prisonnier etc. » La parole qui nous a révélé la présence réelle, qui nous annonce le jugement dernier, est-elle plus infaillible et plus véritable, que celle qui nous dit qu'*il est nu*, qu'*il est étranger*, qu'*il est prisonnier*, qu'*il est infirme*, dans ceux qui souffrent tous ces maux?... Si nous croyons les premières, pourquoi sommes-nous si inconséquents, que de refuser de croire celles qui les suivent, et que la même bouche a prononcées? Ou si nous les croyons, les unes et les autres, pourquoi agissons-nous conformément, *ici*, et pourquoi la contredisons-*nous là?*

C'est parce que dans ce dernier cas, notre foi contrarie la nature. Mais si nous écoutons la voix de la nature, avant celle de la foi, où en sommes-nous? où ne nous conduira pas cette nature corrompue, que nous devrions avoir fait mourir depuis longtemps, et qui, si nous avions eu cette générosité, ne serait plus notre tourment. Mais, mon cher Victor, je me laisse emporter et vous dis des choses, qui ne conviennent certainement pas à votre cœur sensible et généreux, mais seulement au mien dur et méchant. Aussi croyais-je le *gourmander*, quand je me suis aperçu de ce que je lui disais. Je vous l'adressais aussi, et je vous associais à sa correction. Vous me pardonnerez tout mon fatras, mon verbiage, et mes ratures, et vous me croirez comme je le suis à la vie et à la mort, votre ami dans les Cœurs de Jésus et de Marie.

Philéas JARICOT.

CHAPITRE X

Il approche en tremblant (1821).

> « Je ne suis qu'un petit enfant,
> mais j'ai un père qui vit toujours ;
> j'ai un tuteur puissant, et celui-là
> même m'a donné la vie, qui me
> prend sous sa tutelle... Et celui-
> là, c'est vous, ô mon bien-aimé. »
> S. Augustin, *Conf.*, l. X, c. iv.

Après cette première année passée à Saint-Sulpice, Philéas revint à Lyon, pour les vacances. Il était si changé, si défait, que son père même, eut peine à le reconnaître, bien qu'il ne cessât de répéter qu'il avait un *corps de fer*, et que rien ne le fatiguait. Antoine s'empressa d'écrire au Supérieur de Saint-Sulpice, pour lui demander ce qu'il avait pu faire de son fils, devenu méconnaissable. Le Supérieur répondit qu'il comprenait l'étonnement de tout le monde, mais que l'austérité du saint jeune homme, et son amour excessif de l'étude, l'avaient emporté trop loin, et qu'on ne l'avait pas assez *surveillé*, que désormais on aurait *l'œil sur lui*, et qu'on mettrait obstacle à ses excès, etc. Mme Perrin, sans attendre les soins de l'infirmier du séminaire, prit en main la tutelle médicale du malade, et Philéas s'en trouva mieux, sans perdre de vue sa chère austérité, allant à « son corps de fer ». Cette sœur ainée était la protectrice de toute la famille, et ses conseils valaient des ordres pour toutes les personnes qui la composaient. Elle prit la bonne résolution de surveiller aussi son saint frère, pendant les différents séjours qu'elle faisait à Paris, chaque année pour sa maison de commerce, pour ses enfants, placés chez les Pères Jésuites, et pour ses œuvres. Elle abondait partout où il y avait quelque bien à faire.

De son côté, Philéas s'occupait avec amour de ses trois neveux : *Pierre*, le *petit saint*, y compris. Il allait les voir, s'informait de leur conduite et de leur santé, et cela avec une bonté parfaite. Leur mère absente, pouvait être tranquille, son frère la remplaçait avec un cœur et une intelligence rares. Nous supprimons quelques lettres de lui, où il entre dans des détails *maternels* et bien touchants, sur cette *petite famille*, orpheline parfois, et pour laquelle il remplaçait la meilleure et la plus vigilante des mères.

A Mademoiselle Pauline Jaricot.

Paris, le 10 novembre 1821.

MA CHÈRE SŒUR EN N.-S.

Je t'écris d'abord pour te reprocher l'oubli où tu mets ton pauvre frère le Sulpicien, et, ensuite, pour te faire part de mon appel aux ordres Mineurs. Ces ordres sont au nombre de quatre et n'engagent pas encore irrévocablement. Ce sont ceux qui précèdent immédiatement, le sous-diaconat. Ils sont : l'ordre de portier, de lecteur, d'exorciste, et d'acolythe. Le premier confère le droit d'ouvrir et de fermer l'église, et de veiller au bon ordre de cette église, le second confère le droit de lire les saintes Ecritures dans l'église, le troisième confère le pouvoir de chasser les démons des corps des possédés, et le quatrième, de servir le prêtre à l'autel dans le saint sacrifice de la messe. La plupart de ces fonctions, qui s'exercent aujourd'hui par des laïques, étaient, dans les premiers siècles de l'Eglise, des faveurs insignes, qui ne s'accordaient qu'à un mérite et à une innocence rares. Souvent même, de généreux confesseurs du nom de Jésus-Christ, après être sortis tout mutilés du fer des persécuteurs, ont trouvé qu'une seule de ces fonctions, était une récompense trop grande pour les généreux travaux et les souffrances qu'ils avaient endurés pour le nom de Jésus-Christ. Et puis ces ordres sont autant de degrés qui nous rapprochent de plus en plus du haut de cette *montagne sainte*, où nos mains, plus saintes encore que celles d'Abraham, doivent immoler l'Isaac de la nouvelle loi, notre voix, opérer plus de prodiges, qu'il ne s'en est opéré sur le Sinaï, puisque sur le Sinaï c'est Dieu qui dicte les lois à l'homme, et, que sur la *montagne de Sion*, c'est-à-dire, à l'autel, c'est l'homme, c'est le prêtre qui commande à son Dieu, et son Dieu lui obéit ! ! ! Je monte les degrés du sanctuaire, bientôt j'entrerai dans le Saint des Saints, bientôt je serai au sommet de la montagne du Seigneur.

Grand Dieu ! et qui suis-je? Votre prophète, en considérant la grandeur de votre nom, et combien le lieu que vous habitez est saint, s'écriait autrefois : « Qui pourra gravir la montagne du Seigneur? Qui osera arrêter ses pas dans le lieu qu'il habite? Ce sera celui dont les mains sont innocentes, dont le cœur est pur, celui qui n'a point reçu son âme en vain, et dont la langue n'a jamais nui au prochain ! Cette réponse, qu'il fait à sa demande, ne me condamne-t-elle pas ? et ne suis-je pas plus téméraire qu'Osée ? plus insensé que Corée, Dathan et Abiron, dont le premier fut frappé de mort, pour avoir porté la main à l'encensoir sans y être appelé de Dieu.

Ma sœur, prie pour moi, afin que je connaisse la volonté du Seigneur. Ce que je puis te donner pour certain et ce qui m'effraye, c'est qu'en toute vérité, je recule tous les jours ! jamais je n'ai été si dissipé, si peu en la présence de Dieu, si peu adonné à l'esprit de foi et d'oraison, si peu mortifié. Prie Dieu pour moi !

Je recommande aussi instamment à tes prières, les enfants de nos catéchismes de Saint-Sulpice. On m'a mis cette année au nombre des catéchistes. Je suis employé à celui des garçons de la première communion. Catéchisme que je regarde comme le plus important, parce que le salut de la plus grande partie des enfants en dépend, parce que aussi, la plus grande partie ne recevra jamais d'autre instruction que celle que nous lui donnerons pendant cette année. Ils sont nombreux déjà, je crois qu'on en compte plus de trois cents, et ils augmenteront encore. Je te prie de ne pas parler de cette affaire qui m'est confiée, et dont peut-être mon misérable amour-propre serait assez bête pour se nourrir quoiqu'il puisse être pour moi, le sujet d'une rigoureuse condamnation, si un seul de ces enfants, peut me reprocher un jour de l'avoir laissé dans son ignorance, ou de n'avoir pas touché son cœur, par les les moyens que Dieu me mettait entre les mains et d'être, par là, cause de sa perte. Tout cela m'occupe beaucoup, ainsi que quelques autres petites fonctions, dont j'espère pourtant me débarrasser. Je t'assure que je n'ai pas un moment à perdre, et que ma correspon-

dance court grand risque d'en souffrir. Cette année (1)
je n'ai pas encore écrit à Victor Girodon, je te prie
de lui en faire mes excuses. J'espère pouvoir le faire au
premier jour.

Tout à toi dans les Cœurs de Jésus et de Marie.

Philéas JARICOT.

Ici, Philéas décrit à son ami Victor, sa vie de
séminariste. Puis, incliné sur le cœur de ce frère,
il lui raconte toute son âme, comme à celui qui la
comprenait le mieux.

A. M. Victor Girodon, chez M. André Terret.

L. S. J.-C.

Paris, le 29 décembre 1821.

CHER AMI,

J'ai reçu votre lettre, et elle m'a causé le plus grand
plaisir, qui, pourtant, a été tempéré, par un peu de
honte de m'être laissé prévenir, et d'avoir manqué,
suivant mon habitude, à toutes mes promesses. Mais
que voulez-vous. J'ai affaire par dessus les yeux. On
rit dans le monde quand un séminariste parle de la
masse de ses affaires, et un négociant ne peut se figurer
qu'on soit si occupé au séminaire. Cependant *cinq
heures du matin* ne sont pas encore sonnées, marchands,
magasins et commis, tout dort encore, et déjà la
voix de la cloche s'est fait entendre au séminariste, et

(1) Sans doute année scolaire.

lui a dit de la part de Dieu : « *Surge velociter, tibi dico
surge !* » Les exercices ont commencé et pas une parole
ne doit en interrompre le sérieux, jusqu'à une heure
de l'après-midi, et, depuis deux heures jusqu'à huit ;
il rentre dans le silence et la retraite, se livre aux
études les plus graves, desquelles il ne se délasse,
qu'en jetant de temps en temps quelque coup d'œil
sur le Cœur de Jésus, ou en se donnant à Marie
pour être présenté au Cœur divin.

Quel est le marchand ou l'homme du monde quelconque que des occupations absorbent à un *tel* point ?

Pour moi qui *suis du métier, je ris* de les voir rire.
Appeler *oisifs* ceux qui ne s'occupent que des *affaires
éternelles,* et regarder comme *utilement* occupés ceux-là
seuls qui se donnent, tout entiers, aux niaiseries du
monde, sur lequel Dieu va souffler, et qui ne sera plus...

Mais ce n'est pas là ce que je veux dire, et je m'accuse
en voulant me disculper...

Toutefois ce n'est pas vous que j'accuse, parce que
soldat de Jésus, vous n'êtes au milieu du monde, que
pour étendre le règne de votre Maître, et condamner
les scandales. Vous ne vous occupez des affaires que
parce que telle est la volonté de Dieu sur vous ; elles
ne possèdent point vos affections. Vos pieds seuls
touchent la terre, mais votre cœur est dans le ciel.

Suivant le précepte du grand apôtre, vous êtes dans
les affaires, « *au milieu du monde, comme n'y étant pas.* »
Vous méprisez la vie comme une vapeur légère, qui
sera bientôt dissipée, et plein de l'espérance des biens
invisibles, vous tenez sans cesse les yeux fixés sur la
céleste couronne, et vous méprisez tout ce qui tombe
sous les sens comme frivole et passager.

Vous me demandez quelques mots d'édification. Ah !
cher ami, n'êtes-vous pas à la plus abondante de
toutes les sources ? Enfant chéri de Marie, que vous
manque-t-il ? Le Seigneur que vous venez de suivre

dans le désert, n'y a-t-il pas multiplié le pain mystérieux des âmes, afin de ne point vous laisser partir à
jeun, d'auprès de Lui? Et que pourrais-je vous dire
que son ministre n'ait fait retentir à vos oreilles, et
que Jésus n'ait dit à votre cœur ? Oui, vous l'avez entendue cette parole de vie, que Jésus dit au cœur de
ceux qu'Il aime, et que, par une prédilection spéciale,
Il veut séparer de la masse corrompue du reste des
hommes, pour se les attacher irrévocablement : « *Suivez-moi !* » Parole qui renferme tous les préceptes, tous
les conseils, en un mot, toute la perfection évangélique.
« *Sequere me* ». — Et *où*, Seigneur, vous suivre? —
Là où l'amour que j'ai eu pour toi, m'a conduit... —
Eh quoi, Seigneur, à la crèche ! au Calvaire ! c'est-à-
dire dans la voie de la pauvreté, des humiliations, et des
souffrances !... Ah ! je sens la nature frémir et reculer
d'horreur à cette pensée... Seigneur, que ce discours est
dur et qui pourra le supporter !... O âme lâche et tiède,
tu ne sais donc point aimer, puisque tu ne sais point
souffrir? Eh quoi, tu as pu approcher de la crèche, voir
le grand Dieu du ciel et de la terre, couché, transi de
froid, dans une misérable étable, sur une poignée de
paille, seul au milieu de vils animaux, tu as pu entendre
ses cris plaintifs, voir les torrents de larmes qu'il verse ;
tu as pu voir le *Grand Tout*, réduit au néant pour ton
amour, et ton cœur insensible n'a pas été touché?...
Les grands bienfaits comme les grands exemples inspirent les généreux efforts et les grands acrifices, et
moi je t'ai dit : Me voici, je viens me sacrifier pour toi.
Tu as accepté mon offre, mais tu ne m'as point dit :
Seigneur, je m'immole à vous! Oui, dès aujourd'hui je
donne la mort à cette attache, que vous condamnez ;
à ce penchant, qui vous déplaît, à cette condescendance
pour une chair, que vous venez immoler pour moi. —
Viens au Calvaire, contemple mes douleurs, vois couler mon **sang**, et ose, si tu le peux, flatter une nature

que je crucifie, un orgueil que je brise si violemment. Entends autour de ma croix les cris du monde, mon barbare et si injuste ennemi, et ose lui laisser encore quelque chose de tes affections ; ose t'incliner devant son idole, et te laisser entraîner par la multitude de ses adorateurs !

Tels sont les reproches que j'entends souvent Jésus me faire, au fond du cœur, et que j'exprime ici afin que vous connaissiez un peu celui auquel vous demandez des paroles d'édification.

O mon ami, qu'il m'arrive souvent de dire avec saint Paul, pressé par le combat de la matière et de l'esprit, créant sans cesse de nouveaux désirs et rarement les accomplissant.

Mais je vois, cher ami, qu'il me reste peu d'espace et il faudrait bien des volumes pour contenir tout ce qui reste au fond de mon cœur pour vous.

Voilà une année finie : la miséricorde de Dieu en fera, je l'espère, lever une nouvelle sur notre tête. Oh ! que de souhaits, je sens dans mon cœur pour mon bon, mon cher Victor ! Pour les exprimer en deux mots, je vous dirai qu'ils sont proportionnés à la vaste capacité de votre cœur, c'est-à-dire, qu'ils sont infinis. Ainsi portez les yeux autour de vous ; partout où vous trouverez quelque chose de fini et de borné, vous ne trouverez rien de ce que je vous souhaite. Partout où vous trouverez l'infini, vous pouvez penser que je l'ai désiré, que je l'ai demandé pour vous, car l'amour que j'ai pour vous, me commande de vous souhaiter ce que vous désirez, ou ce qui peut faire votre bonheur, et que vous ne désirez pas. Or je ne vous ferai pas l'injure de penser que vous désirez quelque chose de borné, et je sais que votre cœur est fait pour l'infini, et qu'il ne peut trouver son repos et se fixer qu'en lui.

Ainsi vous le voyez, si je voulais entrer dans les détails, il faudrait bien des volumes pour contenir un semblable souhait, et l'éternité ne suffirait pas pour l'exprimer.

Je voulais vous faire quelques réflexions sur l'année qui vient de s'écouler, qu'on nous a suggérées à nous-mêmes dans l'oraison de ce matin ; mais le temps et le papier me manquent.

Voici les principaux points, vous les développerez mieux que je ne pourrais le faire : 1º L'année qui vient de s'écouler doit nous faire faire de sérieuses réflexions sur la brièveté de la vie et la vanité des choses d'ici-bas ;

2º Les grâces que Dieu nous a accordées doivent exciter notre reconnaissance et, en même temps, la crainte que l'abus que nous en avons fait, n'attire la soustraction de ces grâces à l'avenir et ne soit la matière d'un terrible jugement après cette vie ;

3º Les péchés que nous avons commis doivent exciter en nous de grands sentiments de pénitence, etc.

M. Coste prendra, je l'espère, bientôt l'affaire des Missions étrangères, en main ; mais continuez avec la même ardeur. J'espère vous écrire bientôt pour cela.

Mille choses aux amis.

Philéas JARICOT.

A M. Victor Girodon.

Paris 1822 (janvier ou février)

CHER AMI,

Je vous prie de faire parvenir les imprimés ci-joints, à leur adresse. Je vous en envoie aussi un certain nombre pour vous, afin de les distribuer aux membres de l'Association (1). Si vous pouviez en faire parvenir ailleurs, comme à nos amis de Saint-Étienne, de Saint-Chamond, et pour y fonder la même société ou seulement pour y préparer les esprits et obtenir en attendant leurs prières, vous feriez une bonne œuvre. Pour cela vous n'avez qu'à les leur adresser tout simplement. Je n'ai pas le temps de vous en dire davantage. Je vous embrasse et je vous laisse dans les SS. Cœurs de Jésus et de Marie.

Philéas JARICOT.

P. S. — Qu'on ne sache pas, je vous prie, que c'est moi qui fais distribuer cela, c'est de la plus haute importance. D'ailleurs ce n'est pas moi, puisque je ne suis ici que l'agent des directeurs des Missions étrangères.

Vous pourrez faire, à l'occasion de ces imprimés, une petite quête auprès des amis et autres.

A M. Victor Girodon.

L. J.-C.

Paris..... (lettre sans date qui, par son contenu, paraît être de mars ou avril 1822. —Pâques était cette année le 7 avril — elle viendrait après la lettre du 11 mars 1822, omise ici).

CHER AMI,

Vous voilà donc à Lyon avec la chère et aimable famille, oh ! que j'en ai bon augure. Je vous promets de bien m'unir à vous pour faire violence au ciel. Si

(1) La Propagation de la Foi.

Pâques... mais laissons le Seigneur agir, j'ai bonne confiance.

Pour vous, mon ami, tâchez de remporter encore quelques victoires sur l'ennemi. Si Dieu ne vous veut pas encore dans la retraite, que le diable n'y gagne rien ; mais arrachez lui des âmes ! Oh ! à ce mot que de souvenirs se présentent ; le Calvaire et ses douleurs, l'Eucharistie et ses abaissements ; un Dieu, en un mot, s'employant tout entier pour opérer cette grande œuvre. Et vous, vous allez y coopérer. Courage !

Peut-être quitterez-vous plus tôt que je ne pense ce misérable monde. Je ne vous donne là-dessus aucun conseil. Suivez en tout ce que vous dira votre directeur, toujours ! Je vous assure que vous avez à Saint-Sulpice des amis qui vous recevront, quand vous viendrez, à cœur ouvert. Ils désireraient, s'ils savaient désirer autre chose que le bon plaisir de Dieu, que ce fût le plus tôt possible. Mais laissons agir la toute aimable Providence si une âme doit être le prix de ce retard, ce ne sera pas l'avoir payé trop cher.

Adieu, mon Victor, je vous embrasse, et vous laisse dans les Cœurs de Jésus et de Marie, dont je pense que vous ne sauriez sortir tant il y fait bon.

Adieu.

Ph. Jaricot.

Philéas écrit à sa sœur tout ce qui pouvait l'aider à supporter les épreuves qu'elle rencontrait sur ses pas. Ces lettres lui faisaient un bien immense et elle ouvrait son âme à ce frère si digne d'elle. Malheureusement, ces lettres se sont perdues.

A Mademoiselle Pauline Jaricot.

Paris, 15 avril 1822.

Ma chère Sœur,

Je comptais pouvoir t'envoyer quelques nouvelles des Missions par M. Drevet, mais les navires ne sont pas encore arrivés. Elles ont besoin, ces chères Missions, de prières bien ferventes, non jamais elles n'en ont eu autant besoin. Satan s'est irrité du bien qu'il a vu qu'elles produisaient, des conquêtes qu'elles faisaient à l'empire de Jésus-Christ, des âmes qu'elles enlevaient à ses exécrabels fureurs, et il emploie tous les moyens que son activité, et sa ruse, aidés de sa malice, et de son éternelle haine contre le Très-Haut, peuvent lui suggérer et dissoudre ce que Dieu a élevé et ce qu'il a uni. Il ne prévaudra pas. *Prions et faisons prier ceux qui sont plus fervents que nous.* Je ne puis t'en dire davantage sur cette matière. Ne fais aucune conjecture, parce qu'elles seraient toutes fausses. Seulement continue, ainsi que M. Girodon, de propager cette œuvre que Dieu a commencée par vos mains et qui est peut-être le grain de sénevé, qui doit produire un arbre dont les rameaux bienfaisants, couvriront de leur ombre toute la surface de la terre, et sur lesquels les oiseaux de proie, c'est-à-dire les nations barbares, viendront se reposer. Je me méfie des établissements qui ont de grands commencements et de grandes ressources dès le principe, c'est là l'ouvrage de l'homme et sa manière de procéder ordinaire, avec sa prudence toute charnelle et comme tout ce qui est humain est de sa nature corruptible et périssable, que d'ailleurs il est écrit

que quiconque s'appuie sur un bras de chair sera con-
fondu, le même siècle qui les voit naître, les voit s'éclipser et s'éteindre, mais il n'en est pas ainsi de Dieu. De
même que lorsqu'il a fait le monde, il l'a créé de rien ; il
veut que tout ce qu'il établit, sorte pour ainsi dire du
néant, afin que sa puissance en ressorte davantage
et que l'on puisse dire : le doigt de Dieu est ici... Marque
infaillible, et par cela, bien consolante, qui peut diriger les amis de Dieu et les aider à discerner son œuvre,
de celle des hommes. Réfléchis, en effet, sur tout ce que
Dieu a jamais fait, et vois s'il a suivi en aucune circonstance une autre marche. Veut-il tirer son peuple d'E-
gypte ? il choisit pour le conduire, un homme qui ne
sait pas même parler ; s'il sépare la mer et divise les
flots, pour ouvrir à son peuple une route dans le désert, c'est du plus faible de tous les instruments qu'il
se sert, etc., etc.

Tous ses prophètes qu'étaient-ils ? des hommes vils
selon le siècle. Et lorsque la sagesse éternelle apparut
dans le monde conversant avec les hommes, qui choi-
sit-elle, pour l'organe de sa puissance et les ministres
de ses volontés ? les plus vils des hommes. Comment
subjugue-t-il à son empire, les nations les plus dissolues
les hommes les plus savants, les grands et les puissants
de la terre ? par un gibet qu'il leur représente comme
signe de sa victoire, et de sa mission divine. Qu'était
l'Eglise dans son principe ? Voyons-la d'abord dans le
Cénacle. C'étaient quelques vils artisans, l'opprobre
des hommes et les disciples d'un crucifié. Regardons-la
dans son établissement. C'étaient des misérables voués
à la mort, traînés dans les prisons, sur les grils et sur
les échafauds... Quiconque les faisait mourir croyait
rendre gloire à Dieu et servir la société. Et pour prendre des exemples qui aient plus de rapports à notre
œuvre, qu'étaient ces vastes établissements où la
vieillesse décrépite, l'enfance abandonnée, la douleur,

et les souffrances délaissées trouvent un asile ? Qu'é-
taient-ils il y a un siècle ? Lorsque saint Vincent de
Paul parut, rien de semblable n'existait. Qu'était saint
Vincent de Paul ? le fils d'un gros fermier qui, dans son
enfance, gardait les bestiaux de son père. Qu'était
mademoiselle Legras ? une pauvre fille *que beaucoup
de gens regardaient sans doute comme une tête chaude,
une visionnaire.* Ainsi Dieu est constant dans sa manière d'agir : toujours il choisira ce qui est fou, aux yeux
du monde, pour abattre ce qui est sage ; ce qui n'est
pas, pour abattre ce qui est, afin que nul n'ose s'élever
en sa présence et dire : c'est moi qui ait fait ceci.

Je te prie de remettre à M., au séminaire de Saint-
Irénée, la narration du voyage de M. Taberd et de ses
compagnons, si tu ne l'as pas encore fait, avec la lettre
ci-incluse.

Je suis appelé au sous-diaconat, je ne sais si j'y irai ?
Prie le Seigneur que je cherche véritablement sa volonté, que je la trouve et que je la fasse, c'est là tout mon
désir.

Philéas Jaricot.

C'est encore à sa sœur, Pauline-Marie que Philéas confie, pour la seconde fois les cris de sa nature
aux abois, sous la main du sacrificateur, qui va
l'immoler complètement à Jésus-Christ, le Sauveur de tous, qu'il veut représenter auprès des
oubliés du monde. Il a prévu cent fois les conséquences de ce sacrifice, et l'a trouvé acceptable,
dans l'élan souverain de l'amour qui rend tout possible. Mais, à mesure que l'heure de cette immolation de tout lui-même approche, il ne sent plus cet
élan, il ne se reconnaît plus. Il lui semble impos-

sible de se dévouer ainsi, il doute de lui-même, mais non de la puissance de la grâce.

Aura-t-il le courage d'avancer?...

Oui, car il a jeté les yeux sur la croix, son oracle, sur le tabernacle où il trouve, chaque jour la manne de son désert. Puis il est enfant de Marie, il s'en est glorifié bien des fois et Marie lui dit au cœur que plus on se rapproche de Jésus, plus on reçoit de lui le courage de ne pas compter les sacrifices, mais de les accepter pour l'amour de Celui qui les a tous acceptés pour nous.

Voici sa lettre à sa sœur :

CHAPITRE XI

Le sous-diaconat (1822, 1ᵉʳ juin).

A Mademoiselle Pauline Jaricot.

L. J.-C.

Paris, 10 mai 1822

Ma chère Sœur,

Victor (1) m'a appris ta maladie, ainsi que l'enflure
de ton pouce, qui lui a succédé et qui t'a empêchée de
me répondre. Tu sais toute la part que je prends à ce
qui te touche. Ces petites infirmités me deviennent
propres, par cela qu'elles t'attaquent... Mais pourquoi te
plaindre des richesses et des mérites que le bon Dieu
t'envoie? Oh combien l'âme se fortifie et s'élève, par les
souffrances du corps et son affaiblissement ! Combien
elle trouve, dans les révolutions et les ébranlements
de ce corps, un témoignage perpétuel et sans cesse re-
naissant, de son néant et de sa fragilité ! Elle apprend
donc par là qu'elle ne mérite que du mépris, que ce

(1) Victor Chartron, son beau-frère.

n'est qu'une prison obscure et infecte, qui menace ruine... Cependant, ma bonne sœur, souviens-toi que cette prison, toute prison qu'elle est, tu es obligée de la restaurer et de l'entretenir de ton mieux. On m'a dit que c'était le Carême qui t'avait réduite dans cet état, et que tu avais voulu, à toute force, jeûner. Dans ce cas, je te dirai que tu avais mal entendu la loi de l'Eglise, et que tu avais eu grand tort d'en croire plutôt à ta volonté propre, ou à ton jugement, qu'à ton directeur, que tu aurais dû consulter, et auquel tu aurais dû obéir en toute simplicité. Dès que tu doutes raisonnablement, si une chose peut être notablement nuisible à ta santé, tu dois consulter le médecin, puis soumettre sa décision à celle de ton directeur. Mais c'est assez sur cela. Je te dirai, du reste, que j'accomplis *à la lettre*, mais, plutôt, par goût, que par devoir, le conseil que je te donne, et Victor en rendra témoignage. Je me porte à merveille et j'ai un soin tout particulier de ma personne. Malheureusement, et c'est le pire, il n'y a que l'âme de maigre et de malade chez moi.

Oui, c'est une victime *boiteuse* et *infirme*, que je traîne aux pieds des autels, pour qu'elle y tombe immolée, par le glaive du pontife. O Dieu Saint, ne connais-je donc pas votre grandeur, ne sais-je pas votre loi? Vous maudissez le profanateur sacrilège, qui ose vous présenter une victime immonde ou infirme, et vous lui renvoyez honteusement à lui-même, l'ignominie de son sacrifice. La victime qu'il vous faut doit être choisie entre *les premiers-nés du troupeau ;* elle doit être sans tache et sans infirmité... Et *quelle est la victime que je traîne au pied de votre sanctuaire?*... Hélas c'est la dernière de votre troupeau, c'est une brebis infidèle, languissante, souillée de crimes, immolée mille fois à des dieux étrangers... Et j'ose vous la présenter ! Ma sœur prie, et conjure le ciel de ne pas rejeter mon offrande...

Je vais me donner à Dieu de la manière la plus solennelle et la plus irrévocable. O Dieu, je tremble !... J'ai si souvent dit : je *donne*... et, misérable parjure, je retenais, par un secret larcin, la meilleure part de la victime que je vouais... Qui m'assurera donc maintenant, que j'aurai la force de *donner véritablement et irrévocablement?*... Qui armera mon bras du glaive de votre justice... Qui l'affermira, pour qu'il porte un coup sûr et mortel au cœur de la victime. Mon Dieu, il faut mourir, *mourir à tout...* et rester au milieu de tous les objets auxquels je meurs !... Il faut mourir à mes sens et les traîner sans cesse après moi ! mourir à mes désirs, à mes penchants, à mes affections, et les sentir sans cesse renaître et se soulever contre moi !... O mort plus cruelle mille fois que la mort naturelle ! Celle-ci n'exerce son empire qu'une seule fois. Mais cette mort spirituelle et mystique, à laquelle je vais me vouer, est de chaque instant et se répète mille fois le jour.

Il faut mourir ! Oh ! que cette parole a quelque chose de terrible et de sombre ! Que de craintes m'environnent !

O mon âme pourquoi es-tu triste? et pourquoi me troubles-tu? Espère en ton Seigneur.

Mais d'où viennent tant d'angoisses? serais-je incertain sur ma vocation?... Non, au contraire, je brûle d'être à Dieu, et l'héritage qu'Il m'a donné est trop glorieux, pour que je regrette le monde et ses vains plaisirs, les honneurs, les richesses, et tous ces tyrans du cœur, qui le partagent et le déchirent, le trompent et le perdent, sans jamais le satisfaire... Mais ce qui me fait trembler, c'est mon inconstance et ma faiblesse... J'ai peur de lui faire une offrande qui ne lui agrée pas... J'ai peur de retenir ou de reprendre dans la suite, quelque chose de ce que je vais donner...

Mais, non, le Seigneur est ma force ! Il me dépouillera de mes craintes, Il me soutiendra, Il me défendra.

Je serai à lui et il saura défendre sa propriété. Je laisserai dans la poussière du sanctuaire, — où je vais tracer la mesure de ma tombe, — la poussière de mes iniquités et de mes défauts. Je me dépouillerai du vieil homme et de ses attaches. Je vais mourir, ô mon père, ô mes frères et mes sœurs, votre fils, votre frère vous quitte, il meurt... Vous m'avez donné au Seigneur,... Il m'ordonne de mourir...

Mon Dieu ! mais la mort n'a-t-elle pas déjà commandé assez de durs et pénibles sacrifices ?... Non, il lui faut encore une victime le Seigneur l'a dit : Adieu donc... que ce mot est déchirant quand on aime encore... Mais le Seigneur l'a dit... Adieu... Ce mot excite vos craintes et vos alarmes... Serait-ce un éternel adieu ? Je n'en sais rien. Mais ce que je sais, c'est que je meurs au monde, à la chair et au sang, à mes affections et à mes volontés ; ce que je sais, c'est que *je me donne* à Celui qui a franchi l'immensité des Cieux, pour venir chercher mon âme ; à Celui qui a donné sa vie, versé son sang pour moi. Ah ! quand il m'enverrait aux extrémités de la terre pour lui sauver une de ces âmes qui lui ont coûté si cher, pourrais-je le lui refuser ?

Je ne sais qu'elle est sa volonté. Elle pourra me ramener au milieu de vous. Mais ce que je sais, c'est qu'en quelque lieu que je sois, je me sacrifierai pour étendre son règne et procurer sa gloire. Ce que je sais, c'est que la soif qui dévorait mon Jésus sur la Croix, va passer dans mes entrailles, elle me dévorera !... Son sang appelle le mien. Je le sens bouillonner et s'agiter dans mes veines, il veut se répandre pour Lui ; mais je sens qu'il est trop impur, pour un si grand honneur... Du moins, si je ne verse pas mon sang... il ne rejettera pas mes sueurs. Ah ! tant d'hommes les sacrifient pour des honneurs frivoles, des richesses frappées de l'anathème d'un Dieu ! Et je les épargnerais pour le salut des âmes? ah! non seulement toutes mes sœurs, mais tous mes soupirs, toutes les palpitations de mon cœur, mes larmes, et *des larmes de sang*, seront pour les âmes...

Dieu m'a choisi, moi le dernier d'entre mes frères, pour des choses si grandes ! La reconnaissance toute seule, ne me ferait-elle pas un devoir de m'immoler pour Lui? Et si à ce motif se joint celui de la charité et de la compassion pour les âmes? Que l'abîme ouvert sous leurs pas est profond ! Que la pente qui y entraîne est glissante ! que les ennemis qui y poussent sont forts et nombreux ! Oh ! que le nombre de ceux qui s'y précipitent est grand et effrayant ! Réellement, quand j'y pense, je sens mes reins frémir et je ne puis que m'écrier tout tremblant avec les Apôtres : Seigneur qui sera donc sauvé, et où sont vos élus?...

O hommes, vous êtes faits pour une éternité de bonheur ou de supplices ; le temps vous entraîne et vous pousse continuellement à ce terme... Et *de quoi* vous occupez-vous ? Où sont vos désirs ?... Ah ! la pensée de votre malheur me déchire ! J'irai, j'irai sur vos places publiques ; je ferai retentir vos carrefours de cette grande vérité de l'éternité, et il faudra que vous compreniez que c'est *là, l'unique, le grand tout* et que *tout* le reste n'est rien que fumée, néant et vanité !

Mes frères et mes sœurs, ma lettre vous semblera le délire d'une imagination fougeuse. Mais, non, je n'ai rien dit, et je vois que je suis infiniment au-dessous des grandes choses que je sais et que je ne peux exprimer. Une vérité universellement reconnue et admirée de tous les siècles et de tous les hommes, c'est que l'on ne juge sainement des choses de ce monde et de leur valeur, que des portes de la mort, parce qu'alors seulement, on est dégagé de tout préjugé et de toute passion. Eh bien ! c'est là où je suis placé, où la grâce et la miséricorde de mon Dieu m'ont conduit... Vous me comprenez parfaitement. Vous penserez alors et vous raisonnerez comme moi.

Mais j'accuse votre bon sens et votre piété. Ne le sais-je pas, et ne m'en avez-vous pas donné mille preuves. Vous ne vivez point pour le monde ; vous, n'y êtes que comme n'y étant pas ; tous vos désirs et toutes vos actions sont dans l'ordre de la divine Providence, réglés par sa volonté sainte. Ces désirs et ces actions sont animés par la vue de sa plus grande gloire, et trouveront leur récompense dans la grande éternité. Je le sais ; et c'est pour cela que je vous demande instamment de lever vos mains au ciel, afin qu'il agrée mon sacrifice.

C'est le samedi des Quatre-Temps, la veille du dimanche de la Trinité, qui se trouvera cette année le 1er juin, que je serai ordonné sous-diacre. Si vous pouviez ce jour-là, faire la Sainte Communion pour votre pauvre frère, il en aurait une bien grande reconnaissance, ou si vous ne le pouviez, il y a d'ici là tant de bonnes fêtes, que je suis bien persuadé que vous ne lui refuserez pas une part à toutes celles que vous ferez dans ces grands jours.

Je vous embrasse tous en N.-S., et je vous prie de me croire pour la vie votre

Philéas Jaricot.

Cette émouvante ouverture d'âme adressée à une sœur capable de la comprendre, fut lue en famille et y raviva bien des souvenirs touchants, sur celui qui allait s'arracher à l'affection de tous les siens, pour se sacrifier à la cause du Christ, son bien-aimé. La pensée ne vint à personne de rabaisser son vol sublime, pour le retenir dans les marais du monde. Mais, chacun aurait voulu le suivre dans les célestes profondeurs de l'amour divin ! Et son père, son vénérable père, déjà incliné sous le poids des années, du travail et des épreuves, articula ces mots d'une voix altérée par l'émotion :

« Pauvre cher enfant, sois béni dans ton sacrifice ! Si ta mère était là, elle serait la première à t'offrir à Jésus-Christ comme son apôtre. »

La sœur, confidente de telles pensées, dut répondre à son frère sur le même ton angélique de l'amour divin. Mais cette réponse n'existe plus, ou elle est comme tant d'autres, en des mains inconnues. Les quelques pages tracées péniblement sur le jeune serviteur de Dieu, sont mêlées de tant d'ombres impénétrables et de lumières éblouissantes, qu'on éprouve en les écrivant, un amer regret de ne pas pouvoir écrire toute la vérité.

A M. Victor Girodon.

Paris, 23 juin 1822.

Cher Ami,

M. Perrin m'a remis votre lettre. La nouvelle organisation que vous m'annoncez de la *Société de la Propagation de la foi* m'a fait le plus vif plaisir. Oui, vous êtes vraiment, *catholiques, vraiment universels* et votre charité comme la nôtre, s'étend à tous sans distinction, sans acception de personne. Je l'ai communiquée à M. le Supérieur, qui approuve cette organisation, et m'a promis des relations fréquentes et intéressantes, pour maintenir le zèle. Il n'a pu m'entretenir long-temps sur ce sujet, car je l'ai pris à l'improviste, au moment de son départ pour Chartres, où il fait son séjour, depuis quelques mois, avec Monseigneur. Ayant été grand vicaire de ce diocèse, avant la Révolution, et ayant, par conséquent, des connaissances précieuses pour son administration. Monseigneur a cru avoir un besoin indispensable de son secours, pour la réorganisation de ce diocèse. Mais dès que tout sera en train, il reviendra se mettre à la tête de ses missions.

J'ai reçu une lettre de M. Tabert, vicaire ci-devant de Saint-Irénée, et qui m'a écrit de la Chine où il évangélise. Déjà il parlait la langue du pays assez pour prêcher quoiqu'il y eût à peine quatre mois qu'il y fût arrivé.

M. Pupier, lyonnais, a écrit de Calcutta, il donne plusieurs nouvelles intéressantes de la situation des Grandes Indes dans ce moment, de l'invasion universelle des Anglais dans ces contrées ; de leur opulence et en même temps de la déchéance et du dépérissement des colonies françaises de Chandernagor. La religion, là, comme partout ailleurs, s'affaiblit et est près de s'éteindre, faute d'ouvriers évangéliques. A Chandernagor il n'y a plus qu'un vieux prêtre italien, que ses infirmités rendront désormais incapable d'exercer ses fonctions. Il voulait absolument retenir M. Pupier pour lui remettre cette ville entre les mains, mais la palme du martyre avait plus d'attrait pour ce dernier. Il ne s'est pourtant tiré de leurs mains, qu'après leur avoir promis d'écrire en France, pour solliciter du secours en leur faveur. Il dit que l'île de Madagascar est toujours dans les meilleures dispositions. Cette île, plus vaste que la France, depuis *plus de trente ans, n'a pas vu un prêtre ;* ses habitants quoique idolâtres, poussés intérieurement par la voix de leur conscience, demandent à grands cris des ouvriers évangéliques. Il paraît qu'ils sont las de leurs idoles et que le sang et les sueurs des enfants de Vincent de Paul, qui il y a un siècle, a arrosé leur sol, fermente et commence à germer une riche moisson de chrétiens.

Mais hélas ! *Filii petierunt panem, et nonerat qui frangeret eis.* Personne ne se présente. Tous les jours la mort frappe quelqu'un de ces malheureux, avant que la lumière qu'il appelle soit venue éclairer ses yeux. Or s'il y avait autant de *livres* d'or, ou seulement d'*onces* à gagner, qu'il y a d'âmes à sauver dans cette île, il y a longtemps que les hommes se seraient jetés sur cette terre, les dangers fussent-ils mille fois plus grands, pour se disputer cette proie. Mais *des âmes !* personne n'en veut. Oui, la foi est morte et le sang de Jésus-Christ, ne parle plus au cœur de personne.

Qui soufflera dans le sanctuaire, pour ranimer les ossements arides? Priez, priez le Maître de la moisson, qu'il envoie des serviteurs. Priez ! Si les hommes savaient la force de la prière ils ne pourraient se lasser de prier. Oui, l'aumône est quelque chose, et c'est contribuer bien efficacement au salut des idolâtres, que d'aider de son or, ceux qui payent de leur personne *dans cette œuvre admirable.* Oui, c'est quelque chose, que de renoncer aux douceurs de la patrie, et de la famille et de fouler aux pieds son père et sa mère, ses frères et ses sœurs, et de se vouer à la pauvreté, pour aller chercher, au delà des mers, la brebis effarouchée qui erre dans le désert, sans pasteur et sans bergerie... Le martyre est quelque chose, et le sang répandu pour Dieu est la semence des chrétiens!... Mais la prière ! qui pourra en dire le prix ! *La prière est l'âme de toutes ces œuvres ;* elle est la vertu sainte, qui leur donne la vie ! Ah ! c'est elle, qui obtient tout ; qui triomphe de tout, qui renverse tous les obstacles.

Qu'Israël combatte dans la plaine, que Juda et ses chefs fassent des prodiges de valeur, contre les Amalécites, tous leurs efforts seront vains, leurs glaives sans tranchant, leurs traits sans force, si Moïse n'élève ses bras sur la montagne.

Il faut prier, et quel chrétien pourra le refuser, si on lui dit que les peuples idolâtres attendent ses prières avec autant d'ardeur qu'une famille surprise par les flammes, au milieu de sa demeure, attend un libérateur, assez généreux pour la retirer.

Chaque prière, chaque *Pater*, chaque *Ave Maria* récité dans le silence et l'obscurité d'un humble réduit, auront peut-être pour prix, la conversion d'un idolâtre, le salut d'une âme !... Cette prière sera ignorée, il est vrai, l'homme pourra attribuer cette conversion à la vivacité de son zèle, à la chaleur de son éloquence ; à mille autres circonstances extérieures, dont il croira voir la relation avec cet effet. Mais au grand jour de la manifestation, il verra qu'il n'y avait pas plus de relation entre cette cause et cet effet, entre ses efforts et ces conversions, qu'entre le bruit des trompettes et la chute des murs de Jéricho. Il verra, et tout l'univers le verra avec lui, que c'est dans cette humble prière, faite à plus de six mille lieues de là, dans le secret, que cette âme a trouvé son salut. Il la verra, cette âme appeler son libérateur, non point parmi les ouvriers évangéliques, ils n'ont été que l'occasion ou l'instrument de son salut, mais, parmi ces simples fidèles, ces pauvres femmes, ces petits enfants, qui priaient pour la conversion des idolâtres, chanter ses louanges et proclamer à la face du ciel et de la terre, que c'est à celui qui a prié pour lui, qu'il doit son éternité de bonheur. Les hommes n'aiment et n'estiment que ce qui paraît à leurs yeux ; toute œuvre dont le succès ne peut être connu que de Dieu seul, et qui ne doit trouver qu'en lui seul, sa récompense, est sans attrait pour lui, et il la croit inutile, parce qu'elle n'offre aucune prise à son amour-propre.

Mais celui qui a médité l'Evangile et ce qui y est dit

de la prière, en juge bien différemment ! Il sait que *c'est là* l'œuvre la plus utile, parce qu'elle peut tout. Elle a la puissance de Dieu même, qui s'est mis à la disposition de celui *qui demande ;* tandis que toutes nos autres œuvres n'ont que la puissance de l'homme. Elle est en même temps la moins dangereuse, pour nous, puisque Dieu seul la connaît, ainsi que son fruit et son mérite ; tandis que toutes nos autres œuvres extérieures, les hommes en ont souvent la meilleure part, et le succès, *que nous voyons*, nous dédommage souvent de tout ce que nous avons fait pour le procurer et sera aussi peut-être toute la récompense, à cause de la vanité que nous en avons conçue. Voilà ce qui couvre la multitude des péchés.

Adieu, je suis si pressé, que je ne sais pas ce que je dis ; et vous, peut-être encore moins le saurez-vous ?

Je vous écrirai dans la quinzaine au sujet de l'argent en caisse, et j'espère vous envoyer des nouvelles.

Philéas JARICOT.

Le séminariste écrit à cœur ouvert à son ami. Il est pressé, on le voit, en exprimant sa pensée, qu'il laisse à la méditation de son frère ; aussi ne s'attarde-t-il pas à la forme, mais uniquement à l'esprit. Il veut que l'humilité et la foi conduisent la prière jusqu'au cœur de Dieu qui écoute les humbles, et leur laisse le mérite des grâces qu'ils obtiennent, par leur humilité même. La pauvre femme devient grande avec ses *Pater* et ses *Ave*, dits avec l'amour et la foi, *qui font une grande âme devant Dieu...*

A M. Victor Girodon.

Paris, novembre 1822.

Mon Cher et Bon Victor,

Je suis toujours si occupé au séminaire, que je n'ai pas une minute dont je puisse faire un petit larcin en faveur de l'amitié, et c'est pour cela que vous n'avez pas encore reçu de mes lettres. J'attendais de jour en jour d'apprendre votre prise de possession de la sainte soutane, mais je ne sais si votre maladie s'est prolongée, ou si vous attendiez vous-même ma réponse. Toutefois je suis resté dans mon impatiente ignorance et comme je n'y puis plus tenir, il faut absolument, que j'ai le temps ou non, que j'aille à l'enquête.

Où êtes-vous? Que faites-vous? Comment vos parents ont-ils fini par prendre cela? le frère, les sœurs, la chère, et qui mérite de l'être, maman? le pauvre papa? toutes personnes qui me sont chères, parce qu'elles vous touchent, et aussi parce que je les connais. Que sont devenus les petits frères? Où en est Albin? etc., etc., autant de questions sur lesquelles vous aurez à me satisfaire.

La sainte volonté de Dieu en tout, mon cher et bon Victor. Laissons-nous aller au gré des *vents de son aimable Providence*; que la sainte indifférence, la confiance aveugle, l'abandon absolu soient les agrès et les voiles de notre frêle esquif. Ne veuillons rien pas plus qu'un petit enfant qui dort entre les bras de sa mère. Seulement, tenons-nous fortement ainsi au sein de cette tendre mère, la sainte et aimable Providence, par l'oraison habituelle, ou le repos de l'esprit en Dieu.

Puis, par les saintes aspirations, qui sont semblables au sourire de l'enfant à sa mère, lorsqu'il s'éveille et se voit entre ses bras. Pensons peu au passé, jamais à l'avenir, mais recueillons toutes nos forces, pour employer parfaitement le moment présent, *le seul qui soit à nous, le seul dont nous puissions disposer*, le seul où nous puissions mériter. Que toute notre sollicitude se concentre et se borne à l'instant présent, et que cette sollicitude soit d'écarter et de chasser toute volonté, *nôtre*, pour ne regarder et n'agir que par la volonté suprême, la volonté seule raisonnable de notre Dieu. Tout esprit ne vient pas de Dieu ; aussi ne consultons jamais notre esprit propre, mais que notre Directeur soit notre oracle. A sa voix, marchons, volons, sans hésiter, fussions-nous sur les eaux, elles s'affermiraient sous nos pas.

Mais, cher Victor, je fais le bon sermonneur, et je vois qu'en vous écrivant ainsi je me condamne. Hélas ! jusqu'à présent qu'ai-je été? le jouet d'une imagination orgueilleuse et volage, qui court sans cesse du passé à l'avenir, pour chercher partout quelque aliment à l'amour-propre, et se repaître de chimères et de fantômes. Et le temps qui ne sait s'arrêter, n'en coule pas moins, et entraîne mes instants dans son rapide cours. Les heures s'écoulent, les jours se forment, les années s'accumulent et je reste avec la malédiction du paresseux. Ne croyez pas que ce soient là de ces plaintes banales qu'arrachent l'humilité ou quelquefois l'orgueil déguisé, ou bien l'usage et l'habitude. Ce que je dis, je l'ai vu hier, clair comme deux et deux font quatre, dans le miroir de la retraite. Et que ne dirais-je pas s'il fallait dire tout ce que j'y ai vu et encore, je sais que l'amour-propre, et peut-être aussi le bon Dieu, me cache le plus gros de ma misère, de peur que je n'en meure de honte et que je ne me laisse aller au désespoir.

Qu'il vous suffise d'apprendre qu'il y a trois ans que je suis au séminaire, et que je suis plus mauvais, que lorsque j'y suis entré : c'est tout dire ! Si vous avez un peu de charité vous prierez pour moi sans répit.

Adieu, je vous embrasse *in osculo sancto* et je vous laisse dans la fournaise d'amour du Sacré-Cœur de Jésus, où je pense que vous avez choisi votre demeure. Oh ! la bonne habitation, puissions-nous nous écrier : *Hæc requies mea in sæculum sæculi : Hic habitabo quoniam elegi eam !*

Philéas Jaricot,
Sous-diacre.

A Mademoiselle Pauline Jaricot.

Paris, le 1er décembre 1822.

Ma Chère Sœur en N.-S.

J'ai reçu votre lettre et, qui plus est, le même jour, j'ai reçu les fonds qu'elle m'annonçait. Vous recevrez dans le courant de la semaine, et peut-être avant, par l'entremise de M. Colin, prêtre du diocèse de Lyon, une cassette contenant un calice et des burettes pour M. Galtier. Les 48 fr. de Madame Perrin ont fait tous les frais de mes largesses, et je fais le généreux à ses dépens. Ma chère et bonne sœur, vous me demandez en toute vérité, si j'ai été fâché de votre première lettre, n'était-ce pas cette demande, qui aurait dû me fâcher ? Eh bien en vérité je suis un si bon homme, que ni l'une ni l'autre n'ont pu en venir à bout. Votre première lettre, ah ! vive Dieu, en présence de qui je suis, ce n'était point vous qui l'écriviez mais vous n'étiez qu'une simple machine, qu'un esprit plus grand que vous faisait mouvoir. Car Dieu seul connaît le cœur des hommes et leurs dispositions ; aussi lui seul sait le secret de les émouvoir et de les attendrir.

Oui, ma bonne sœur, Jésus est aussi puissant qu'il est bon, et il a placé le salut des prêtres dans son Cœur Insensé ! je me regardais moi-même, là où je ne suis plus rien, et où Jésus seul est tout. Je comparais mes forces aux dangers, et ce n'était point mes forces qu'il fallait comparer, mais celles de Celui qui a dit : « Ayez confiance, j'ai vaincu le monde. » J'oubliais cette prière du Cœur de Jésus à la Cène : « Mon Père, je « prie pour ceux que vous m'avez donnés, pour les « miens, afin qu'aucun d'eux ne périsse. Mon Père, « ils sont imparfaits et faibles ; mais c'est pour eux « que je me sanctifie, afin que la sainteté sortant de « mon sein, comme la lumière de son foyer, se répande « sur eux, et qu'ils participent à ma sainteté. Mon « Père, je ne vous demande point que vous les enleviez « du monde, mais seulement, qu'ils y restent et que « vous les préserviez du mal. »

Je ne puis donc douter, que Jésus n'ait voulu et n'ait sollicité mon salut, et mon salut opéré *au milieu du monde et de ses dangers*. Or pourrai-je douter qu'une telle prière sortie d'un tel cœur n'ait été exaucée? Lui dont il est écrit : Notre Pontife a été exaucé, à cause de son obéissance profonde et de sa dignité suréminente. Ainsi, ma sœur, vous voyez que vous n'êtes pas la seule à me gourmander, et que je me mets aussi de la partie.

Pour votre lettre, si vous voulez que j'y revienne, je vous dirai que je l'ai relue, depuis, et que je la relirai encore... Enfin, que je voudrais la lire sur les toits, parce que le manque de confiance est le défaut de plus d'un cœur !

A propos de lettres, j'en lis maintenant qui me font

le plus grand plaisir et dont, avec la grâce, je tirerai
peut-être quelque chose de plus. Ce sont celles du R. P.
Roy, jésuite, lettres familières écrites soit de France,
soit de Chine, à sa famille et à d'autres personnes, sans
dessein de les voir imprimées dans la suite. Ces lettres
contiennent les conseils et les moyens les plus propres,
les plus faciles pour faire arriver en peu de temps à la
perfection, surtout à l'entier acquiescement au bon
plaisir de Dieu, qui paraît avoir été la vertu favorite
de ce saint homme. Elles sont écrites avec une gaieté et
une simplicité charmantes, on croirait retrouver saint
François de Sales. Elles ont été imprimées par les soins
de M. Dufêtre et autres ecclésiastiques. On les trouve
chez Périsse. Je t'engage autant que je puis à les lire,
ainsi que Madame Perrin, et à les répandre. Dieu en
tirera certainement sa gloire. Il est à noter qu'il ne
faut pas toutes les juger sur les cinq à six premières
qui n'offrent pas le même intérêt que les autres.

Adieu, ma très chère sœur, je compte sur votre complaisance pour faire parvenir mes petits paquets à
leur destination.

Aimons Jésus et Marie notre Mère.

Philéas Jaricot,
Sous-diacre.

Il *avance* vers le sanctuaire, et n'oublie pas, qu'à
mesure qu'il avance, son âme doit s'élever et grandir. Le 24 mai 1823, il est ordonné Diacre. Il y
aurait, ici, d'autres lettres écrites avec abandon,
soit à sa sœur, soit à ses amis Victor Girodon et
Claude Ruffin. Elles manquent à cette collection,
où l'on sent le doux et fraternel épanchement de
l'âme unie à son Maître Jésus-Christ.

Réflexion charmante de Philéas à son vénérable
père, et dans laquelle se trouve l'éloge de Pauline-
Marie, qu'il appelle « le bâton de vieillesse » de ce
père si riche devant Dieu, du côté de ses enfants.
Il manque à ce *portrait* tracé par le frère, celui de
Philéas *tracé par sa sœur.*

A M. Antoine Jaricot.

J. M. J.

Paris. (Lettre non datée, de 1823.)

Cher Papa,

Enfin me voilà un peu plus libre, un peu moins
chargé d'études et d'autres occupations et je puis me
délasser en m'entretenant quelques instants avec le
bon, l'excellent père que mon Père qui est dans les
Cieux, m'a donné pour tenir sa place et m'être son
représentant ici-bas, fonction que vous avez si bien
remplie, cher Papa, à l'égard de tous vos enfants et
surtout au mien. Car n'est ce pas en vous que j'ai trouvé un mentor, un conseiller, un modèle, un soutien.
Dans votre bonté pour prévoir tous mes besoins, cette
attention tendre de la Providence sur ses enfants, et
dans cet écoulement de votre bourse dans la mienne
qui arrive tous les trois mois si régulièrement et si à
propos pour M. l'Econome du Séminaire, mon catéchisme et mes pauvres, n'y ai-je pas trouvé cette libéralité du Maître de tous les biens, qui les distribue avec
sagesse à toute créature, qui ouvre *sa main et répand
sur la terre l'abondance de ses bénédictions et de ses largesses.*

Aussi je sens toute mon impuissance pour reconnaître tant de bienfaits. Du moins devrais-je vous écrire un peu plus souvent. Mais que voulez-vous, cher Papa, le Bon Dieu nous refuse à vous et à moi cette consolation et ce dédommagement de l'absence.

C'est un si grand ouvrage que de faire un bon prêtre, et il y a si peu d'étoffe dans le pauvre Philéas, que vraiment ce serait quelque chose d'admirable, si le temps du séminaire pouvait y suffire. J'attends tous les jours quelque miracle qui me convertisse enfin une bonne fois, mais ne le voyant pas venir, il me semble en deviner la cause... pardon, Papa, mais je crois que vous ne priez pas assez pour moi. Je crains d'être comme ces gueux de bonne famille, à qui on fait de grands saluts et de grands compliments, mais à qui personne ne donne rien parce qu'on les voit vêtus d'un habit cossu et qu'ils portent un grand nom. De même, mon abbé, dites-vous, et peut-être beaucoup d'autres, disent-ils avec vous, mon abbé c'est un *saint*, il prie le Bon Dieu une bonne partie du jour, prêche les dimanches et entend encore plus souvent prêcher les autres, et puis c'est tout dire, il est au *Séminaire* et bientôt, il va nous dire la messe... Et puis tout en disant cela on se fie là-dessus, on s'imagine que ce serait offenser le Bon Dieu que de prier pour *un si grand saint*, et on me laisse là...

Oui, le beau saint vraiment !.. écoutez, Papa, je vais vous dire mon secret : vous ne voyez que ma soutane, c'est-à-dire mon habit de dessus, ma vocation, mais attendez ! je vais vous montrer *celui de dessous*, c'est-à-dire ma fidélité à correspondre à ma vocation, — mais non, je rougis et ne puis me résoudre à montrer de semblables guenilles, même à mon père. Croyez-moi, Papa, laissez-là *votre* saint *abbé* et priez pour un misérable pécheur, afin qu'il devienne ce que vous imaginez qu'il était et ce qu'il devrait être en effet. Si vous êtes exaucé, je puis vous assurer que vous aurez fait une *bonne affaire*, pour vous et pour beaucoup d'autres, car qui ignore le pouvoir d'*un prêtre* auprès de Dieu, et quel est celui qui doit en ressentir le premier l'influence, si ce n'est le *meilleur et le plus tendre des pères?* Et puis, papa, par là vous deviendrez *missionnaire* vous-même. Qui sait de combien de milliers d'âmes le salut est attaché au ministère que Dieu va bientôt me confier ! Et ce sera vous, qui serez la cause de tout ce bien si vous êtes celle de ma conversion.

En voilà bien assez sur mon compte ; et vraiment il faut que vous ayez bien de la patience pour entendre parler si longtemps de si peu de chose.

Madame Perrin, le petit Perrin et M. Victor se portent à merveille : l'air de Paris est excellent pour leur santé. Je désirerais apprendre que celui de Lyon est aussi favorable à ma bonne sœur Pauline. Mais il faut savoir se contenter de ce que le Bon Dieu donne, et toujours bénir son saint nom. On m'a dit que cela allait un brin mieux et j'en ai eu grande joie, parce que quand le soleil commence à poindre, il y a espoir qu'il grossira et s'élèvera sur l'horizon, mais, quand il s'abaisse, descend et commence à se faire mâcher par les montagnes, il n'y a rien à attendre, que la nuit. — Or ma sœur est jeune et la santé qui commence à prendre le dessus c'est le premier rayon qui perce le nuage.

Tenez, papa, que je vous fasse mon compliment : vous êtes l'enfant gâté de la Providence, car je gage que dans tous les papas de l'univers, fussent-ils rois ou empereurs, il n'y en a pas un qui ait un bâton de vieillesse comme le vôtre. Vous en connaissez beaucoup à Lyon? Eh bien ! dites vrai, y en a-t-il *un seul*, dont vous puissiez envier le sort? Moi, j'en connais beaucoup à Paris, et je vous assure que parmi ceux que je connais et parmi ceux que je ne connais pas, *il n'y a pas un père qui ait un si beau, si*

bon, et si solide bâton de vieillesse que vous ! Que
Dieu soit loué en toutes choses ! Il a permis que plusieurs de vos enfants fussent éloignés de vous, que les
autres fussent bien absorbés par les soins de leur famille
et de leur commerce. Mais en compensation, il a mis
dans le cœur de votre fille, de votre aimable bâton de
vieillesse (1), l'amour de tous les autres, afin que vous
les retrouviez tous en elle ; il a mis dans son esprit tout
l'agrément possible, et puis tant de vertus dans son
âme ! Papa, veuillez donc bien que je lui passe procura-
ration, et que je la charge d'acquitter toutes les marques de reconnaissance et d'amour, que je ne puis vous
donner moi-même, c'est pour cela que je vais lui donner une commission qui lui fera bien plaisir, et qui,
à moi, me donnera bien de l'envie ; c'est de vous embrasser au moins trois fois par jour, pour mon compte seulement *et à perpétuité*, savoir : le matin, à midi et le soir.

Adieu, Papa, bénissez votre fils (2).

Philéas JARICOT.

A M. Victor Girodon.

(Lettre non datée, qui est de la fin août 1823).

J. M. J. Lyon.

CHER AMI,

Le plaisir de vous voir, de m'entretenir avec vous,
de partager vos travaux n'était pas, vous l'imaginez

(1) Pauline-Marie.

(2) A partir du jour où Philéas entra dans les ordres sacrés,
personne de sa famille ne le tutoya plus, et lui ne tutoya plus
personne. C'était son vénérable père qui avait voulu cette marque de respect, à laquelle il fut fidèle et ses enfants aussi ; seulement, on oubliait quelquefois le vous, et l'on revenait à la
douce formule de l'enfance et de la jeunesse.

bien, le plus petit de ceux que je m'attendais de retirer
de mes vacances. Aussi, est-ce sans doute pour cela
que vous avez déniché précisément le lendemain de
mon arrivée ! J'en étais si courroucé, que, sans débri-
der, j'aurais couru à votre poursuite, si ma sœur, le
papa, etc., etc. ne m'eussent retenu par le pan de ma
soutane. Mais pour cela, je ne suis pas désarmé, et si
vous voulez que je vous pardonne, je vous somme, au
nom de la Sainte Vierge et de ses enfants, de venir
célébrer avec eux le jour de sa Naissance, libre à vous
de repartir après quand il vous plaira. Que ferez-vous,
que direz-vous, non pas en attendant la récolte nouvelle, mais après les vacances? Par quelle route vous
acheminerez-vous au sacerdoce? Vous devez être
décidé, maintenant, et je pense que, semblable au
généreux coursier, vous mesurez, déjà de l'œil la carrière, vous frappez du pied, vous vous irritez contre
tout ce qui peut vous arrêter, dans cette noble course,
que vous avez à fournir. Allons, mon cher Victor,
*nemo accipiat coronam tuam, sed sic curre ut compre
hendas.* Un jour prêtre de Jésus-Christ ! Quelle dignité !
que de choses dans ce peu de mots ! que de grandeur !
que d'obligations ! mais aussi que de bienfaits et que
de grâces ! Prêtre de Jésus-Christ ! A ce nom la terre
tressaille de joie ; l'enfer frémit et le ciel envie son
bonheur. « Que les cieux s'abaissent, s'écriait un prophète, dans l'ardeur de ses désirs, que les cieux s'abaissent, que les nuées fassent pleuvoir le juste ! que la
terre s'ouvre et qu'elle germe son Sauveur ! »

O prophète, tes désirs sont accomplis ! Viens étancher ta soif aux eaux de ton Sauveur : il y *a un prêtre
de Jésus-Christ* et c'est en lui, que repose comme autrefois sur l'Arche d'Israël cette nuée féconde, d'où le
saint, le *juste*, fait entendre sa voix... Il y a un prêtre
sur la terre? Ah ! c'est à sa bouche maintenant, que
tu peux demander ton Sauveur, c'est sur sa langue, que

repose le germe précieux. Qu'il parle ! et Il sera dans ses mains et Il reposera dans son cœur !

Je termine là brusquement mon sermon, sans péroraison, ni *vie éternelle*, parce qu'il me faut de la place, pour quelques lignes. J'ai vu aujourd'hui notre pauvre Roche, je le crois bien près du grand moment où il paraîtra devant Dieu. Sa maladie de poitrine a pris, depuis deux ou trois jours, un caractère qui annonce que le mal est sans espoir et que ses derniers développements ne peuvent être bien retardés. Prions pour ce cher ami, afin de lui aider l'entrée de la belle patrie, et profitons pour nous de ces avertissements fréquents que Dieu nous donne. J'ai eu beaucoup de peine à parvenir auprès de lui, j'y retournerai pourtant et me ferai mettre à la porte plusieurs fois avant de cesser d'y aller. Ces derniers moments sont si importants et les parents, quelque chrétiens qu'ils soient, savent si peu en profiter, soit parce qu'ils se bernent d'un vain espoir, soit parce qu'ils sont tellement effrayés, qu'ils perdent la carte et ne voient plus que le corps, que la douleur, que la terre, en un mot, et ses affections. Priez que j'y puisse faire quelque bien, parce que *nisi Dominus ædificaverit domum*, etc.

Je viens de faire un petit voyage avant de me rendre à Lyon. J'ai été à Amiens, où j'ai vu notre bon Père Rondot et un escadron de robes noires *ejusdem farinæ*. J'ai été voir les Trappistes qui étaient à trois lieues de là, et j'y ai demeuré huit jours. Que de choses admirables m'y ont frappé ! Mais j'en réserve le récit pour le temps où je vous verrai, *os ad os*, nez à nez.

Vale. Amicus in Christo.

Philéas Jaricot.

(Sur la même lettre, écriture de M. Ruffin).

N. B. — Répondez de suite : si vous venez nous re-

partirons ensemble, le lendemain de la fête. Si vous ne
venez pas, je partirais jeudi ou vendredi. Dans ce cas,
je vous manderai sûrement, le jour auquel je serai à
Annonay.

L. J. C.   C. RUFFIN.

Le nom de Claude Ruffin se trouve ici pour la
première fois, quand nous aurions pu l'écrire bien
souvent à côté de celui de Victor Girodon, car l'un
et l'autre ne faisaient qu'*un* pour Philéas, qui connaissait leur vertu et leur dévouement à tout bien.
Tous les trois s'étaient unis d'une étroite amitié. La
différence de vocation les avait séparés durant leurs
études sacerdotales : Philéas songeait aux missions
lointaines, et Claude Ruffin se destinait à son diocèse. Par ces quelques lignes, on voit que les trois
amis passaient ordinairement leurs vacances ensemble, mettant en commun leurs trésors d'âme,
d'intelligence et de gaité, de manière à reprendre
avec entrain leurs travaux les plus sérieux.

Un peu plus tard, Philéas pensera à son second
frère, son ami Claude Ruffin, et il l'appellera
auprès de lui, pour être le témoin de ses derniers
combats pour la cause de Dieu. Mais n'anticipons
pas sur les secrets de l'avenir, dont le Seigneur est
le dépositaire.

A. M. Victor Girodon, étudiant en philosophie au Petit Séminaire de l'Argentière (Rhône).

Paris, 20 novembre 1823.

Mon Cher Victor,

Vous voilà sans doute à l'Argentière tout enfoncé dans l'ergotisme. Je sais que vous avez perdu l'*aimable* Denavit (1), et j'en ai eu autant de regret que vous. Cependant j'espère que ça n'en va pas moins bien. Vous savez que j'ai conduit mes deux neveux à Amiens. Ils ont eu aussi un petit mécompte : M. Rondot et M. Desplaces viennent d'être transférés à Dôle, où les Pères Jésuites fondent un collège. Ici je viens de perdre l'aimable M. Crétin, que son évêque vient de rappeler. Ainsi sous le firmament tout n'est que changement, tout passe. Eh bien, mon cher, laissons passer, et passons aussi ; hâtons-nous d'arriver à cet état immuable de bonheur et de gloire, où nous tendons. Comptons pour peu ou même pour rien, d'habiter ici-bas, dans un coin de terre ou dans l'autre, avec celui-ci ou avec celui-là, un peu mieux ou un peu plus mal logé. Ce n'est qu'un pied-à-terre, on n'y couche qu'une nuit, demain matin nous lèverons le camp pour la patrie.

Si vous voulez savoir ce que je deviens, le voilà. J'ose à peine le dire. Les hommes veulent que je sois prêtre à Noël et ils ne savent peut-être ce qu'ils veulent. Dieu le veut-il? grande question, que j'étudie, mais que je n'approfondirai point, si un rayon de lumière ne descend de Celui qui est le père de ma pauvre âme, toute gelée, toute enveloppée de ténèbres.

Mon cher et bon Victor, c'est pour le coup que je

(1) Allusion à son prénom : Amable Denavit.

compte sur vos prières. Nous ne nous serions jamais connus, que j'y aurais des droits à cause de l'intérêt général de l'Eglise, des âmes, de Dieu même qui se trouve étroitement lié au mien. Car un prêtre est nécessairement *in salutem aut in ruinam multorum positus*, nécessairement il faut qu'il rende à Dieu un honneur infini, ou qu'il l'outrage par le plus abominable des sacrilèges répété chaque jour.

Mon cher ami, ne croyez pas que ce soit une chose facile que d'être un *saint prêtre*. Vraiment toutes les fois que je médite combien peu se sauvent dans ce saint état, je tremble d'effroi ! Il n'y a pas de milieu, pour un prêtre, entre le sommet pour ainsi dire de la sainteté et le plus profond des enfers. Il est aussi difficile qu'un prêtre soit un *saint médiocre*, que d'être un damné ordinaire. Or il est impossible qu'un prêtre soit damné comme les autres ; une fois en état de péché, les sacrilèges se multiplient, nécessairement, sous sa main presque à chaque mouvement qu'il fait ; et la science qu'il a, le caractère qu'il porte, ajoutent à chacune de ses fautes un caractère de malice, qui ne peut se rencontrer dans aucun autre. Ah ! mon frère bien-aimé, priez pour moi ! car comment supporter seul, un fardeau qui écraserait les puissances des cieux.

Adieu.

Mes respects à Messieurs les Directeurs qui y étaient de mon temps.

Philéas JARICOT,

Diacre.

Mille amitiés à Dutel, recommandez-moi à ses prières ainsi qu'à celle de Chiron, de Gros, de Tarare.

A Mademoiselle Pauline Jaricot.

(Lettre non datée par Philéas, mais qui est du commencement de décembre 1823 peu avant sa prêtrise).

MA CHÈRE SŒUR,

J'ai reçu les magnifiques cadeaux que mon papa a bien voulu m'envoyer. Tu l'en remercieras ainsi que Mme Perrin et tous ceux qui ont bien voulu y contribuer. J'ai reconnu là, combien j'étais encore enfant : la vue de toutes ces belles choses m'a causé au moins autant de joie, et une joie aussi folle, que celle du *petit Philéas* au jour de l'an ! mais elle s'est bientôt changée en tristesse, lorsque cette réflexion, aussi triste que vraie, s'est présentée à mon esprit : Que le prêtre de Jésus-Christ serait bien couvert d'or et de riches broderies, au dehors, au jour où il monterait sur la sainte montagne, où il pénètrerait dans le saint des saints, ce ne serait rien, car, ce n'est point au dehors que doit être l'*or*, mais au *dedans*. Toute la gloire de la fille de Sion vient du dedans, de son intérieur... Où en sommes-nous, ma pauvre sœur !..

J'ai donné toutefois tous ces ornements à broder et à achever.....

Au fond je suis fort étranger à toutes ces affaires ; mais enfin je pense que je vais m'en débarrasser au plus vite et me jeter tout entier dans la retraite, dans le cœur de la Sainte Vierge, afin de penser à orner un peu le prêtre de Jésus-Christ *à l'intérieur*. Remercie mille et mille fois le papa. de toutes ses bontés, ce bon père ! oh ! que je me réjouis de pouvoir lui rendre bientôt, ce que j'ai reçu de lui, suivant l'étendue de ma reconnaissance et *au delà;* non par moi, car que suis-je? qu'ai-je? et que puis-je? mais par Celui qui va bientôt s'immoler par mes mains. Oh ! que de fois je vous placerai tous, autour de l'Hostie Sainte, afin que vous soyez tout embrasés des traits divins de la charité, qui partent de ce foyer, de ce centre de toute charité. Afin que, aussi vous soyez bénis et consolés de ce Dieu de toute consolation. Bien souvent je me plairai à contempler toute ma famille, et moi avec elle, au pied de ce nouveau Calvaire, entre Marie, ma mère, Madeleine mon modèle et saint Jean l'apôtre bien-aimé, embrasser avec eux la croix et recevoir par eux les gouttes précieuses du Sang adorable qui en découle.

Adieu, chère sœur, quant à notre petit frère de la Doctrine chrétienne, tu ne m'as pas dit si tu avais vu le frère Supérieur du noviciat de Lyon. Il serait bien plus avantageux qu'il y entre puisqu'il éviterait les dangers du voyage et que l'Ordre en gagnerait les frais qu'on pourrait lui donner. Mais si ce moyen-là est impraticable, attends une occasion sûre. Il ne faut pas risquer l'innocence de ce jeune homme. Les conducteurs sont fidèles, mais ont ordinairement peu de religion. Les propos, les conversations, les exemples pourraient lui faire commettre bien des fautes. Que Terret ait la charité de s'en occuper un peu plus. Parles-en aussi à mon frère qui parmi ses amis trouvera quelqu'un. Tu pourras aussi envoyer de temps en temps au bureau de la diligence pour savoir le nom des voyageurs qui partent : souvent il pourrait s'en trouver de ta connaissance. Si ce jeune homme arrivait du 13 au 20 il ne me trouverait pas, parce qu'alors je serai en retraite.

J'oublie une chose, ma première messe. Je ne puis la dire à Lyon, c'est évident, puisqu'il faudrait, outre l'interruption de mes études, etc., me priver, ou plutôt priver l'Eglise et Dieu lui-même de l'offrande de ce divin Sacrifice, qui lui rend une gloire infinie pendant, 3 ou 4 jours. Quel que soit l'amour que je porte à ma chère famille, l'honneur de Dieu et de la sainte Eglise qui me fait *son prêtre* doit passer avant. Mais quelque part que je célèbre, vous y serez. Je vous le promets et vous y aurez une bonne part.

Je crois que ce sera parmi mes chers enfants du catéchisme que je célébrerai ma première messe. Il aimait tant les enfants mon Sauveur ! Je crois ne pouvoir rien faire de plus agréable à son Cœur, que de les placer autour de lui, afin qu'il les bénisse. D'ailleurs ce sont les petites brebis, les petits agneaux, qu'il m'a donnés à paître ; il est juste que je les aime et que je leur donne des marques de cet amour. Ainsi le dimanche 21 *courant*, de 9 h. ½ à 10 h. ½, je serai à l'autel !..

Philéas Jaricot.

Cet amant *extraordinaire* des *petits*, des *pauvres*, du *peuple*, en un mot, qui a débordé du cœur sacerdotal de Philéas et du cœur virginal de Pauline-Marie, quelle main l'a donc pour ainsi dire *semé* dans leur âme, à la façon de Jésus-Christ, le divin *semeur de l'amour ?* Les exemples d'un père et d'une mère qui le mettaient, chaque jour, en pratique sous leurs yeux.

CHAPITRE XII

Prêtre de Jésus-Christ.

(20 décembre 1823)

> Je ne suis plus qu'une chose :
> Jésus, et Jésus crucifié.
>
> S. Paul.

Paris, quelques jours après son ordination.

Gloire à Dieu au plus haut des Cieux !

Ma Chère Sœur,

Il faut bien que tu reçoives une lettre de *ton frère prêtre*, puisque tu as tant prié, et fait prier pour qu'il le fût suivant le cœur de Dieu. Ma bonne sœur, me voilà donc revêtu de ce caractère redoutable aux anges mêmes, et capable de les écraser de son énorme poids ! Je suis *prêtre* !... Que de grandeurs m'environnent !... Quelle puissance m'est confiée !... Ambassadeur de Dieu auprès des peuples, je puis dire aux nations, avec saint Paul : « c'est de la part de Jésus-Christ que je viens à vous, et c'est Dieu lui-même, qui va vous parler par ma bouche ! » Député de la terre, et de toutes les créatures, à Dieu, elles gémissent dans l'impuissance où elles sont, de rien faire, qui soit digne de sa grandeur ; et je supplée à leur indigence, en offrant au Seigneur un sacrifice dont le mérite est égal à sa Majesté, et où il peut mettre toutes ses complaisances, quelque infinies qu'elles soient.

Le peuple de Dieu a rompu l'alliance ; il a violé le traité sacré, et, à cette vue, le Seigneur est entré dans sa grande colère ; il a tiré l'épée de ses vengeances, et a dit : « Je la rassasierai du sang de mes ennemis... » Je l'ai su, et moi, *prêtre*, j'ai répondu : « Esaü s'est laissé désarmer par les présents de son frère Jacob... David n'a pu résister aux prières d'Abigaïl. » Et mon Seigneur et mon Dieu, serait implacable dans sa colère ? ... O Tout puissant, contre qui vous armez-vous ?... contre un ver de terre, un insecte, enfoui dans la poussière... Est-ce donc là un objet digne de votre colère, et dans quelque abîme que vous le précipitiez, ses abaissements pourront-ils jamais réparer l'honneur qu'il vous a ravi ??... Dieu, *voilà votre Fils ! ! !*

J'ai dit. Et mon cri a pénétré les cieux ! il a traversé les redoutables hiérarchies des anges, des archanges... il a dépassé tous les ordres des principautés célestes ; il est allé dans le sein de Dieu, il a pris le Verbe de Dieu, caché dans les splendeurs éternelles du sein du Père... Le voilà dans mes mains ! Seigneur, regardez la face de votre Christ !... Votre honneur vous a été ravi... Et par mes mains, votre Fils vous en rend mille fois plus, que toutes les créatures et tous les crimes ne sauraient vous en ôter... Votre bras levé cherche-t-il encore une victime ?...Voilà ! celle qui est digne et capable d'en porter les coups terribles. Il les a portés... et *les marques de sa profonde obéissance*, restent encore empreintes, dans ses pieds et ses mains. Vous l'avez frappé au cœur, et ce Cœur blessé est resté ouvert, en votre présence, pour vous prier et nous soustraire à vos vengeances.

Je vous l'offre, ce parfait adorateur, le seul Réparateur de votre gloire infinie !... Gloire à Dieu au plus haut des cieux ! Mon Dieu, que vous me paraissez grand, quand je vois la grandeur même anéantie devant Vous, et dans *quel abîme !*

Seigneur, que vous m'avez élevé !... Maître du ciel et de la terre, je commande à Dieu et aux hommes, et les anges ne m'approchent qu'en tremblant ! Une si grande élévation ne me fera-t-elle pas tourner la tête, et pourrai-je m'y soutenir ?... Hélas ! si je tombe, quelle chute épouvantable !...

Mais, que dis-je ? Est-ce donc moi qui suis *prêtre ?*... Non, non, je ne suis que l'instrument du sacrifice... C'est Jésus-Christ qui est le *véritable sacrificateur... C'est lui qui est prêtre, en moi...* Je ne fais que lui prêter mes mains et ma voix. Mais que dis-je ? n'est-ce pas ma volonté, qui décide uniquement de son sort !... N'est-ce pas à moi, à décider si Jésus sera immolé demain, ou s'il ne le sera pas ?...

Oh ! oui, mon Sauveur, vous le serez : Vos autels ont trop de charmes pour mon cœur... Votre présence m'est trop douce ! Vos anéantissements sont trop glorieux à votre Père ! Vos supplications et vos prières, trop utiles à l'Eglise pour que je prive jamais le ciel et la terre d'un si grand bien. Seigneur, je vous rends grâce, à cause de votre grande gloire, car maintenant, chaque jour je vous rendrai plus d'honneur que tous les anges, tous les saints, que Marie elle-même, ne peuvent vous en rendre pendant l'éternité !

Mon Dieu, et que suis-je au milieu de tant de grandeurs ? Je me perds dans cet infini d'abîmes. Je m'y perds et comment me retrouver entre *un Dieu prêtre* et *un Dieu victime*, et l'infinie Majesté de Celui auquel je l'offre !

O Jésus où avez-vous été chercher votre *autel* et votre *prêtre ?*... Dans le fumier et dans la corruption. Ah ! je le comprends... Plus vos abaissements sont pro-

fonds, plus il relèvent l'infinie Majesté de Dieu. Et c'est
pour cela, que dans la soif qui vous presse, il n'y a point
d'excès où vous ne veuillez descendre, ... C'est pour cela
que vous voulez bien obéir au plus indigne et au plus
méchant de tous les hommes, comme vous obéîtes autrefois à vos bourreaux et aux juifs... C'est pour cela
que vous vous arrêtez dans le plus misérable de tous les
cœurs, comme vous vous attachâtes autrefois au bois
infâme de la croix ! O Jésus soyez aimé ! ! !

P. S. — J'ai écrit au papa, je désire que ma lettre
lui soit fort agréable. Le jour de Noël, j'ai dit une messe
pour lui et la famille, une autre pour Mme Perrin et
ses enfants, le jour de saint Jean je l'ai dite pour mon
frère et sa famille, et aujourd'hui, pour la famille Chartron... — Et votre sœur Pauline ? — Elle sera tous les
jours sur la patène, tant que je vivrai. Adieu, je voudrais pouvoir vous donner des étrennes, suivant vos
désirs. Mais je vous dirai comme les apôtres : « Je
n'ai ni or, ni argent, mais ce que j'ai, je vous le donne. »
J'ai Jésus, je vous l'offrirai pour vos étrennes. Elles
seront assez riches, je l'espère. Je vous le donnerai peut-
être un jour... Je ne sais si le ciel me réserve tant de
joie. Ce que je dis pour vous, je le dis aussi pour une
bonne mère, que vous connaissez (Mme Perrin), pour
mon bon frère et pour tous les amis du Seigneur qui
sont aussi les miens.

Papa m'a écrit deux mots. Il désire que j'aille à Lyon,
que je loge chez lui, que je m'occupe d'œuvres brisées.
Cette dernière partie correspondrait assez à mon caractère. Les autres ne sont pas sans inconvénient : pen-
sez-y devant le Seigneur. Je ne désire rien, *sinon d'être
impitoyablement sacrifié à sa plus grande gloire*. Je me
sens porté, par un grand attrait, à travailler au salut
des petits et des pauvres, dans les campagnes, dans les
hôpitaux, les prisons, les greniers. Peu importe ! La

France, la Chine ou l'Amérique, peu importe ! Là où il
y aura plus d'ouvrage et de fatigue, c'est ce qu'il me
faut ; *parce que je suis un grand pêcheur et que j'ai un
corps de fer.*

Jacquand (domestique de Mme Perrin), a assisté à ma
messe de minuit. C'est un très brave garçon et il a
dignement représenté la famille.

Philéas JARICOT,
prêtre.

Mgr de Pins, archevêque de Lyon, avait suivi de
loin Philéas. Maintenant que ce dernier est *prêtre,* il le réclame pour son diocèse, en assurant
encore à sa famille qu'il aura toute liberté de
choisir le poste qui lui plaira. Philéas supplie de le
laisser encore une année à Saint-Sulpice. Il l'obtient, à sa consolation, et à celle de ses pauvres
élèves du catéchisme. Il poursuit sa vocation qui
l'attache aux infortunés.

Cette lettre, adressée à Mme Perrin, a dû être
écrite après l'ordination de Philéas, car il dit *vous*
et *tu* à sa sœur et se trompe souvent, les vieilles
habitudes prennent souvent le dessus...

La sainte volonté de Dieu.

MA CHÈRE ET BONNE SŒUR,

J'ai prévenu vos désirs, j'ai été à Amiens, et Anto-
nin a dû vous écrire que je l'avais ramené à Paris. Sa

santé moins que sa tête exigeait cette mesure. On était content de lui lorsqu'il travaillait ; depuis son mal d'yeux il ne pouvait plus rien faire, et, obligé de rester à l'infirmerie, s'y ennuyait beaucoup et son caractère qui n'est pas la meilleure pièce de son ménage y eût perdu si cet état eut duré plus longtemps ; d'ailleurs une infirmerie de collège n'est point un lieu fort propre pour rétablir sa santé, et en guérissant ses yeux, il aurait fort bien pu altérer son estomac, qui s'accommodait peu du bouillon ou de la demi-portion des malades. Du reste, il se plaît à Saint-Acheul et à ce qu'il me paraît et qu'il dit lui-même, il y est devenu meilleur pour le fond. Son frère (1) a tous les éloges de tous, pour lui. Il avait besoin de chocolat pour son petit estomac, et nous en avons trouvé à Amiens. Tout va à merveille ; Jacquand ne le laisse jamais sortir seul, et la journée commence par la sainte messe. Ton Jacquand est une perle, mais *fine* et sur la terre il n'a pas son semblable pour la tête et pour le cœur. Ta maison va bien, mais je reviens à mon ancienne habitude.

Je vous demande pardon, ma chère sœur, vraiment vous êtes pressante et il faut que je m'arme de toute ma logique pour vous résister. En deux mots, comme en cent, je ne puis entrer dans le ministère encore... Je suis un âne ! — Bon ! dites-vous, il vaut mieux que la vigne du Seigneur soit labourée par des ânes, que de rester en friche... — Doucement, notre sœur, reste-t-elle en friche ? à Lyon? Mon Dieu ! où il y a assez de prêtres s'ils étaient des saints pour convertir et changer l'univers? Attendons, du moins, que la poire soit mûre pour la cueillir. Je suis un vaurien? je tremble quand je pense que je suis prêtre et que je vois ma lâcheté, ma tiédeur, mon amour-propre. Cependant, si Dieu le

____

(1) Pierre, l'aîné des fils de Mme Perrin.

voulait et que j'en eusse la preuve dans la décision de Celui qu'il m'a donné pour guide, je n'hésiterais pas. Adieu, je reconnais là ton bon cœur; ton empressement te fait passer par dessus tout; ton amitié te fait croire que ton frère est un phénix !

Adieu, prie pour ma conversion.

Philéas JARICOT,
prêtre.

Toi, vous, ma sœur, notre sœur, notre mère, quel barbouillage ! Je ne sais vraiment plus ce que je dis.

A M. Victor Girodon, à l'Argentière.

Paris, 15 avril 1824

Cher Ami,

C'est donc à votre tour de faire le paresseux et d'être *in morâ.* J'étais fort en peine de savoir si je devais vous mettre au *memento* des vivants ou à celui des morts, quand Ozanam, qui vient d'arriver ici, après avoir été expulsé du Séminaire de Lyon, par son père qui le *veut médecin malgré lui.* — Mais le diable n'y gagnera rien : cet excellent enfant est toujours le même. — Allons, je vous perds de vue dans ma phrase incidente. Bref, il m'a dit que vous étiez encore des *vivants* et même des bons. J'ai su que Mgr de Pins était allé à L'Argentière, et vos glorieux travaux en sa présence. Vous êtes maitre de conférences ! tant mieux, cela vous sera très utile pour les séances. Prenez garde ; Satan est si fin, que depuis longtemps il était peut-être à l'affût, pour vous prendre par là aux lacets de l'orgueil et de la vaine gloire... Ce qui vous ferait perdre tout le fruit de votre séjour au Séminaire : *experto crede Roberto*. La musique, la balle, vont leur train, tant mieux ! vous en **gagnerez** par là, plus d'un, et vous empêcherez beaucoup de mal. Vos frères, où en sont-ils? Qu'allez-vous devenir l'an prochain? Vous me dites peut-être aussi : Qu'allez-vous devenir vous-même? Pour le moment je suis à Saint-Sulpice, et voilà tout ce que j'en sais. Après, dans quel genre de ministère, dans quelle province, dans quelle partie du monde? je n'en sais rien. Serais-je religieux ou séculier, missionnaire ou vicaire? Je n'en sais rien. Tout ce que je sais, c'est que : *Dominus regit me, et nihil mihi deerit. In loco pascuæ ejus ibi me collocavit.* Cependant la fin de l'année approche ; et, d'ici à deux mois, il faut que l'affaire se débrouille. Il est très possible que Lyon me revoie. Ni je n'y répugne, ni je le désire : *Fiat, laudetur amabilissima voluntas Dei in omnibus.*

Les catéchismes vont leur train et j'en ai jusqu'à cinq par semaine. J'ai une centaine et demie d'enfants sur le point de faire leur première communion, veuillez prier pour eux et les recommander aux prières.

Vous devez avoir autour de vous beaucoup de mes anciens condisciples, *de mes anciens directeurs. Salutate omnes in osculo sancto.*

Comment va votre famille et votre père?

Voilà le mois de Marie qui approche, je sais avec quelle solennité il se célèbre à l'Argentière. Faisons-le en union l'un et l'autre. — Les santés sont rétablies maintenant au séminaire et le Seigneur nous console de notre longue affliction : il se remplit de nouveau, et tout reprend son ancienne tournure.

Adieu, cher Victor, j'aurais bien des choses à vous

dire un Jeudi-Saint, mais vous les trouverez toutes dans le Cœur de Celui que vous allez visiter, et aux pieds duquel vous aller vous tenir tout le jour et une partie de la nuit.

Adieu, à Dieu pour toujours.

Philéas JANICOT,

prêtre.

Philéas parle souvent de la *belle* musique qu'il aimait avec passion et que son ami Victor aimait aussi. Il parait que ce dernier avait si souvent cédé aux instances qu'on lui faisait de faire entendre sa magnifique voix dans les églises, où la foule venait l'écouter, qu'il en contracta, un peu plus tard, l'altération chronique du larynx dont il souffrit toute sa vie.

Quant à son ami, il est certain que le sacrifice qu'il fit de cette *belle* musique, et celui de l'équitation, dans laquelle il excellait, furent comptés pour beaucoup dans ceux qu'il offrit à Notre-Seigneur pour être tout à Lui.

En 1814, pendant le séjour de la duchesse d'Angoulême à Lyon, Philéas, déjà bon écuyer, dut accompagner sa sœur Pauline, appelée à faire partie de la suite de la princesse, qu'elle accompagna partout, en voiture, en bateau, à cheval. Elle rappelle ce souvenir dans ses mémoires et s'accuse d'avoir été là, enivrée des louanges qu'on lui prodiguait. Elle avait alors quinze ans.

Aux vacances de 1824, Philéas revint à Lyon, où sa famille, son archevêque et bien d'autres l'attendaient avec impatience, car on ne l'avait pas revu depuis son ordination. Mais, au lieu de prendre la route directe, il prit celle d'Annecy et s'y arrêta une journée tout entière sur la tombe de saint François de Sales, pour s'y pénétrer de cette réalité qui l'épouvante : qu'il est *prêtre de Jésus-Christ*. C'est là qu'il entend la voix de son Maître, le *Prêtre* par excellence, l'appeler dans la solitude pour y méditer à loisir, *ce qu'est cette divine figure qu'il veut représenter ici-bas*.

Il écrit à la chère confidente de ses pensées Pauline-Marie qui le comprend toujours et qui l'attend comme son oracle :

Chambéry, 24 septembre 1824.

Chère Sœur en N.-S

C'est assez de vacances ! — J'entends la voix, de mon Maître qui me dit : « Levez-vous, sortez de votre repos, et suivez-moi dans la solitude, c'est là que je vous parlerai au cœur. » C'est à Genève vraiment que par un trait de la Providence, j'ai pris cette résolution. C'est à Annecy sur le tombeau de saint François de Sales, où j'ai passé un jour, que je l'ai confirmée et c'est à Chambéry que je la consomme.

Je vous vois déjà tout étonnés, me croire *chartreux*, ou capucin ! — Rassurez-vous : je ne veux qu'être *prêtre*, mais *l'être véritablement, dans toute l'acception du terme... Je veux savoir enfin, ce que c'est qu'un prêtre, ce que je suis. — et l'être tout de bon.* — En un mot, je fais ici, une retraite de huit jours, et pour que vous ne soyez pas en peine jusqu'à mon retour, je vous préviens que je ne mettrai en route que samedi, 2 octobre, à six heures du matin. Les chers neveux pourront bien m'attendre jusque-là.

Bien des choses à papa et à toute la famille.

Adieu, priez, *suppliez pour moi !..* Que de grâces j'ai dû fouler aux pieds !... Que de pertes pour moi et pour les autres, si je perds cette dernière !...

Adieu !

Philéas JARICOT,

prêtre.

Laissons-le dans le silence et la retraite, étudier de plus près tous les traits de la divine physionomie de Jésus-Christ qu'il veut reproduire pour sauver les plus abandonnés. C'est à ce travail mystérieux, qu'il consacre ses jours de retraite.

Il examine son âme, et il y retrouve encore, au moins en partie, cette ardeur de volonté qui, dans son enfance et les débuts de sa jeunesse, lui faisait tout briser, pour arriver plus vite à ses fins... Eh bien ! il achèvera de devenir *doux* et de savoir *attendre*, comme son Sauveur.

Après ce regard prolongé et interrogateur, jeté sur le *vrai Prêtre*, Jésus-Christ, son modèle, qu'il veut suivre pas à pas, il retourne à Lyon où son vénérable père qui le reçoit comme l'élu de Dieu, s'agenouille à ses pieds, en lui demandant de le bénir. Toute sa famille en fait autant.

Le respect qu'il inspirait à chacun le pénétra profondément. Il comprit que la présence du Sauveur l'enveloppait et que c'était cette présence divine qu'on vénérait en ce pauvre Philéas, l'enfant bien-aimé d'Antoine et de Jeanne. Ces réflexions le suivirent et complétèrent celles de sa retraite de Chambéry.

Et il se prépara à exercer son ministère à Lyon ou ailleurs, selon la volonté qu'exprimera son archevêque.

Que d'appréhensions pour son humilité!

Il est probable que ce fut dans ce temps que Mme Perrin et Pauline-Marie qui désiraient ardemment que leur frère exerçât son ministère à Lyon, firent vœu que si Mgr de Pins l'y retenait malgré le désir de Philéas de partir pour les Missions, elles donneraient une sépulture particulière au R. P. Vallet, mort récemment à Saint-Nizier, où il prêchait le Carême, et que l'on avait placé dans une sépulture ordinaire. C'était le premier Jésuite qui eût osé revenir dans une ville, où ce nom même était à peine prononcé sans éveiller des soupçons. Le P. Vallet avait laissé une mémoire vénérée de tous ceux qui l'avaient connu.

Elles tinrent parole plus tard.

CHAPITRE XIII

L'Hospice de la Charité

Lyon 1825

> « J'y viens pour guérir ceux qui
> ont le cœur brisé. » Luc IV. 18.

Le retour définitif de l'abbé Philéas à Lyon, émut
la population chrétienne de cette ville : on connaissait sa famille, par les bienfaits qu'elle y répandait
depuis longtemps et l'on avait eu l'occasion d'apprécier les qualités de l'esprit et du cœur, la belle
éducation du saint jeune homme, qui soupirait dès
son enfance pour se consacrer aux missions lointaines. Pour le moment il croyait mieux faire
d'obéir à son archevêque, en se consacrant pour un
temps, — il le croyait ainsi, — au ministère de son
propre diocèse.

Mgr de Pins, Antoine Jaricot, Paul, son frère
aîné et les deux sœurs aînées de Philéas, auraient
voulu le décider à suivre la voie qui s'ouvrait si
largement devant lui, dans le clergé lyonnais, et
qui l'eût conduit aux premières places. Mais rien

n'avait pu effacer de son cœur l'ambition de ses premières années : se consacrer aux plus pauvres, aux plus malheureux du troupeau de Jésus-Christ, pour leur apprendre à le connaître et à l'aimer.

Aussi, chaque fois que Mgr de Pins lui présentait quelque poste nouveau, répondait-il : Monseigneur je ne vous demande que des pauvres, des malheureux à consoler, et vous n'en manquez pas dans cette cité !

Comme rien ne le tentait, on lui offrit l'aumônerie de la Charité. Quand il y fut installé, il dit : « A la bonne heure ! je me sens *chez moi*, le *chez moi* de mon âme, de mon cœur, et j'y respire. »

Il avait alors vingt-sept ans, mais il paraissait un peu plus âgé. Son air était affable et distingué; et malgré ses jeûnes, ses veilles et ses autres austérités de Saint-Sulpice, qui l'avaient rendu méconnaissable aux yeux mêmes de son père, il avait encore quelque chose de la beauté physique des enfants d'Antoine et de Jeanne. Chacun se sentait attiré vers lui, par l'expression de bonté qui était répandue sur son visage, et qui rassurait tout le monde. Il était bon comme son divin Modèle Jésus-Christ, son bien-aimé, qu'il étudiait sans cesse.

Sorti victorieux des épreuves que l'affection de sa famille et l'estime de ses supérieurs avaient fait subir à son humilité, l'abbé Jaricot s'installa avec joie et sans retard à son *poste d'honneur*, à l'étonnement du monde, *renversé* de son choix, en murmurant avec un peu d'ironie : « Il a *choisi*, nous verrons ce qui lui en reviendra ! » Il aurait pu répondre : « C'est que là, j'aurai plus de bien à faire, et de larmes à essuyer ! »

Nous devons rappeler ici, les innombrables abus qui s'étaient glissés dans les hôpitaux de Lyon, à la terrible épreuve de 93. Comme dans la nature, la tempête avait d'abord atteint les plus hauts sommets et y avait tout brisé. Elle s'était ensuite abattue dans les vallées, où elle avait souillé ou détruit les plantes fragiles, qu'on y cultivait, si bien, que tiges, feuilles, fleurs et fruits, tout était anéanti, sauf quelques humbles petites végétations oubliées, par la tourmente. C'est-à-dire que les âmes, les esprits et les cœurs, tout avait été dénaturé par le souffle impur de la *tourmente d'impiété* qui avait ébranlé la France, et qui cherche à l'ébranler de nouveau, en éteignant pour jamais le flambeau de la foi !

La franc-maçonnerie était là, *grouillante* mais dissimulée comme les pattes de la pieuvre qui semblent disparaître à mesure que sa proie avance vers elle.

Quand Philéas se présenta à l'hospice de la Charité, la tempête infernale semblait apaisée, aux yeux peu observateurs des indifférents. *On vivait...* c'est-à-dire qu'on passait d'un jour à l'autre, sans réfléchir à ce qui s'était passé la veille, ni à ce qui pourrait survenir le lendemain... Et le *peuple de saint Louis*, qui avait tant souffert, tandis *qu'en son nom*, et même *par ses mains*, on avait abattu les autels qu'il avait jadis élevés avec tant d'amour et de respect, criait encore dans son ivresse : « *Marchons vers la liberté.* » Sans se préoccuper des innombrables reptiles, cachés et rampants, sous les ruines amoncelées, et qui allaient continuer leur œuvre de mort ! La négation de Dieu et l'impunité du crime, faisaient entrevoir les plus grands malheurs, et les excès les plus perfides, dans l'ordre moral. On s'attaquait aux pauvres, aux petits, on enlevait leur foi et leur espérance en une vie meilleure. Aussi, se cramponnaient-ils à tout, en ce monde, même au crime pour jouir.

Hélas ! les saints manquaient à notre terre de France, et sans les saints, elle n'est plus qu'un navire sans boussole et sans guide !...

Les abus dont nous venons de parler étaient moins grands à la Charité qu'à l'Hôtel-Dieu ; mais il y avait cependant bien des réformes à faire, et il fallait, pour les entreprendre sûrement, une sagesse et une prudence consommées, que Dieu donne à ses serviteurs... Philéas, comptant sur elles, sentit son âme apostolique assez forte, pour se dévouer à une telle œuvre. Il voulait, lui aussi, tout restaurer par Jésus-Christ, dont la bonté infinie opère des prodiges de miséricorde, en faveur des coupables, après les *gros temps*, dans la vie des nations... Aussi, dès le début de sa mission, pleine d'épines, répétait-il plus que jamais cette courte, mais éloquente supplique de son cœur, au Cœur de celui qui a racheté le monde par sa croix : « Mon Sauveur, Sauveur de *tous*, soyez avec votre serviteur, afin qu'il puisse donner aux âmes, *autre chose* que sa *misère* dont, seul, vous savez l'étendue, et que je puisse les faire vivre de Vous. »

Les premiers jours lui furent très pénibles, à cause de l'empressement des foules qui voulaient le voir et l'entendre. Mais une réflexion adoucit cette épreuve : il pensa que le plus grand nombre des curieux, se composait de gens qui n'abordaient guère les églises d'ordinaire, et qu'il pourrait peut-être déposer dans leurs cœurs quelques germes de la vie chrétienne. Aussi, se laissant diriger par l'Esprit-Saint, qui se sert des moindres circonstances pour sauver le pécheur, il continua de parler avec une sainte liberté, de cette *vie d'en haut*, si oubliée du monde, et à laquelle il faut se préparer comme à la plus grande certitude qui soit pour l'homme, *voyageur* sur la terre... On était étonné de la simplicité et de la puissance de sa parole. Sa voix attira plus d'un grand pécheur, auxquels il eut la joie de leur révéler Dieu.

Il va sans dire que le nouvel apôtre réclamait les prières de sa sœur Pauline-Marie, apôtre elle-même de désir et de dévouement ; il réclamait aussi celles de toutes les âmes éprises de la cause catholique, pour laquelle on travaillait avec angoisse, sachant les menées, secrètes toujours, de la franc-maçonnerie, marquant de son sceau ses victimes.

Nous allons voir à l'œuvre le *vrai prêtre de Jé-*

sus-Christ en lisant des pages écrites par un témoin de ses débuts à la Charité. Le manuscrit qui les contient, a été trouvé chez Pauline-Marie, parmi les papiers sauvés, on ne sait comment, des flammes ou des saintes rapines qui ont anéanti tant de témoignages magnifiques, dont la plupart portaient des noms illustres dans l'Eglise et ailleurs.

CHAPITRE XIV

Hospice de la Charité 1825-1826 (1).

> « Soyez donc mes imitateurs, je
> vous en conjure, comme je le suis
> moi-même de Jésus-Christ. » I Cor.
> c. IV. 16.

« Il y avait un an que M. l'abbé Philéas Jaricot avait été promu aux saints Ordres, à Paris, chez les Sulpiciens, où il faisait la fonction de catéchiste, lorsqu'il fut rappelé à Lyon, par ses Supérieurs, pour être placé à l'Hospice de la Charité, en qualité d'aumônier. Il accepta cette humble charge, avec toute la soumission possible. La réputation que lui donnait sa vertu, y était arrivée avant lui; il y était attendu avec le plus vif empressement. Il se prépara à remplir ses nouvelles fonctions, par une retraite de dix jours. Dès le premier jour de sa réception il fut demandé au saint Tribunal et y passa près de quatre heures. (C'était pour la première fois qu'il entendait les confessions.)

---

(1) Copie textuelle. Ce mémoire a dû être écrit après la mort de Philéas.

Bientôt les deux tiers de la Maison lui sont réservés et le reconnaissent pour le Père de leur âme. Le zèle, la ferveur, l'amour dont il était embrasé se répandaient sur tous ceux qui avaient le bonheur d'être sous sa conduite, et l'on vit en peu de temps un changement subit dans cette Maison. Il avait le don de faire faire les plus grands sacrifices, et de rendre tout facile.

« M. l'abbé Jaricot avait reçu de Dieu une latitude et capacité de cœur, qui lui faisaient embrasser toutes les vertus chrétiennes ; et ce qui est merveilleux, c'est qu'on l'a vu exceller en même temps dans l'exercice de plusieurs vertus, dont la pratique était fort différente, et semblait même en quelque façon, opposée. Il avait une humilité profonde et un grand mépris de lui-même, et tout ensemble, une courageuse magnanimité, quand il était question de soutenir les intérêts de Dieu. On remarquait en lui une grande fermeté, une force d'esprit infatigable, pour s'appliquer aux plus grandes affaires, et une bonté et une condescendance extrême, pour s'accommoder aux faiblesses des plus simples. Il savait joindre admirablement l'office de Marthe et de Marie, s'adonner en même temps à l'action et à la contemplation, sans que l'une apportât empêchement à l'autre. On a souvent admiré la paix et la tranquillité de son esprit, la douceur et la sérénité de son visage, parmi les accablements d'une multitude innombrable d'affaires, et les pressantes importunités de toutes sor-

tes de personnes, auxquelles sa charité l'exposait.
Il ne se contentait pas d'être admirateur des vertus,
mais il s'appliquait continuellement à les mettre
en pratique, persuadé que le travail et la patience
sont les moyens les plus assurés pour les acquérir
et les affermir dans nos cœurs. Quoique ses vertus
fussent connues de tous ceux qui le fréquentaient,
lui seul ne les voyait pas, car il avait de bas sentiments de lui-même et se croyait capable de faire
bien peu de chose.

*
* *

« La foi était le fondement de toutes ses pratiques
vertueuses et sur laquelle il s'appuyait, en tout
ce qu'il entreprenait et faisait pour le service de
Dieu. On peut dire qu'il avait reçu de lui la plénitude de cette vertu, vu que sa foi éclairait non
seulement son esprit, mais aussi remplissait son
cœur et animait toutes ses actions, ses paroles, ses
affections et ses pensées, et le faisait agir en tout,
selon les vérités et les maximes de Jésus-Christ.
Sa foi était comme une lampe allumée, qu'il tenait
toujours à la main, pour se conduire et pour dresser tous ses pas dans les sentiers de la justice.
C'était sans doute un don bien particulier qu'il
avait reçu de Dieu, de savoir appliquer les lumières
de la foi, à toutes sortes d'occasions et de rencon-
tres et d'en faire d'excellentes pratiques dans les

affaires purement temporelles et séculières, ne les entreprenant que par des motifs qu'elle lui inspirait, ne s'y conduisant que par ses lumières, et les référant toujours à des fins surnaturelles.

« Non seulement il se conduisait lui-même par cet esprit de foi, en toutes ses entreprises, mais il l'inspirait autant qu'il le pouvait, aux personnes qui étaient sous sa conduite. Il répondit un jour à une de ses filles qui, en toute confiance, lui avait raconté ses inquiétudes spirituelles et qui se laissait aller à un grand découragement : « Je comprends,
« lui dit-il, que le surcroît d'occupations qui vous
« a été donné, doit vous absorber, et contribuer
« à vous ôter cette liberté d'esprit, nécessaire pour
« faire tout avec ordre et en la présence de Dieu.
« Cependant, je sais que si vous agissez en vertu de
« la sainte obéissance et avec un parfait renonce-
« ment intérieur et extérieur, Dieu vous donnera
« un surcroît de grâces, s'il est nécessaire. Il vous
« multipliera comme Il se multiplie lui-même
« pour votre amour. Fille de peu de foi! ne savez-
« vous pas que notre Père céleste a compté le
« nombre de vos cheveux et qu'un seul ne peut
« tomber sans qu'Il le permette?... Quoi! Il s'oc-
« cupe de ce qu'il y a de plus inutile, de moins im-
« portant à votre corps, Il s'y intéresse, et vous
« voulez que ce qu'il y a de plus important pour
« votre âme, lui soit indifférent !... Non, non, Il
« a ses desseins particuliers, et au lieu de chercher
« à vous en pénétrer, vous vous tournez d'ici et

« de là, et vous roulez dans un labyrinthe intermi-
« nable de vaines imaginations. »

« Le remède que vous me demandez, n'est point
« difficile ni loin de vous, disait-il à la même dans
« une autre circonstance, voyez ce que vous pres-
« crit la raison éclairée par la Foi. Voilà votre
« *Nord*. Or, dans la boussole, l'aiguille aimantée se
« tourne toujours au nord. Dans les tempêtes et
« au milieu des vagues mugissantes, elle montre
« ainsi au nautonier, emporté par la tempête, la
« route qu'il doit tenir et la manœuvre qu'il doit
« faire, pour se servir même des vents qui le contra-
« rient, pour avancer, ou, s'il ne le peut, s'arrêter
« en jetant l'ancre. De même, vous, soyez aussi
« indifférente à ces vents impétueux de votre ima-
« gination, que l'aiguille aimantée l'est, aux vents
« qui soufflent en haut, et si quelquefois on vous
« fait violence, on vous détourne de votre centre,
« faites comme elle, revenez-y aussitôt. En un
« mot, faites comme je vous le disais tout à l'heure ;
« conduisez-vous par la raison éclairée par la foi et
« aidée de la grâce, et laissez, laissez souffler le
« vent. Méprisez ces agitations de la nature ; ne
« les apercevez que pour les immoler sans cesse
« à Dieu ; et, si les flots s'élèvent avec trop de fu-
« reur, si vous vous sentez submergée, alors jetez
« l'ancre dans le Cœur de Jésus, ne dites plus que
« le *Fiat* du Jardin des Olives, jusqu'à ce que l'ange
« du Seigneur soit venu. »

« Il disait souvent que le peu d'avancement dans

la perfection, et le défaut des progrès dans les choses qu'on avait d'abord entreprises pour la gloire
de Dieu, provenait de ce qu'on ne s'établissait pas
assez sur les lumières de la Foi, et qu'on s'appuyait
trop sur des raisons humaines. C'est de là sans
doute, d'où venait le fruit qu'opéraient dans les
âmes ses prédications, qui étaient plus conformes
aux lumières de la foi, qu'aux raisonnements humains, appuyés simplement sur des raisons philoso-
phiques. Parce que les lumières de la foi sont toujours accompagnées d'une onction toute céleste,
qui se répand secrètement dans les cœurs de ceux
qui les écoutent. Il cherchait plus à parler au cœur
qu'à flatter les oreilles.

«C'était encore cet esprit de foi, qui lui faisait envi-
sager Dieu, dans la personne des pauvres et des malades les plus insupportables et les plus dégoûtants.
« La foi, disait-il, m'apprend que Jésus-Christ est
« là, caché sous ces haillons. Cette pensée m'encou-
« rage et m'anime chaque fois que ma nature se
« révolte. Oh ! si vous vous en laissiez bien péné-
« trer, pourriez-vous manquer de douceur, de pa-
« tience, et de charité, envers les malheureux?...
« Ne savez-vous pas que Jésus-Christ tient fait à
« lui-même, tout ce que l'on fait au moindre des
« siens?... » C'est ainsi que ce bon père encourageait les servantes des pauvres, à remplir toujours
avec ferveur des devoirs qui sont non seulement
très pénibles, mais encore dégoûtants et insupportables.

« Mais c'est surtout lorsqu'il approchait de l'autel pour célébrer les saints mystères que sa Foi paraissait plus vive. C'était toujours avec une ferveur et une piété angéliques. Il semblait plutôt un séraphin qu'un homme. Son recueillement, son air de modestie pénétraient les assistants et excitaient autant leur foi qu'ils augmentaient leur amour. J'entendis un jour, une personne qui ne vivait pas dans une habitude de piété, mais qui ayant entendu sa messe, fut tellement pénétrée de componction, qu'elle disait : « Il me semblait être sur le Calvaire présente à la mort du Sauveur, pendant qu'il célébrait les saints mystères. Je sentais dans mon cœur quelque chose que je ne pus définir.

« Il ne tarissait pas lorsqu'il parlait de la divine Eucharistie, plus il admirait l'humilité, l'anéantissement de Jésus-Christ, dans ce mystère, plus son amour s'enflammait. Il ne semblait point exister de *mystère* pour lui : sa foi perçait les nues et pénétrait jusqu'aux cieux. De là venait l'importance qu'il mettait à disposer les enfants à la Première Communion. Il n'y a point de jour plus heureux pour lui, que celui où il pouvait admettre les enfants à la Sainte Table. C'était la fête de son cœur, il ne pouvait s'empêcher de le dire.

« C'était bien encore la vivacité de sa foi qui lui fit dire en entrant au noviciat, un jour que les novices avaient toutes communié : « O mes enfants, « qu'il fait bon ici !... Je sens que Jésus-Christ est « présent dans vos cœurs ; je me sens porté à me

« prosterner devant vous, pour l'adorer !... Quel
« respect ne doit-on pas avoir pour vous ! Vous
« êtes d'autres tabernacles, d'autres vases sa-
« crés ! »

« Enfin, pour connaître combien grande et parfaite a été la foi de M. Jaricot, il faut jeter les yeux
sur toutes ses autres vertus, et l'on pourra juger
quelle a été la vigueur et la perfection de cette
mystique racine, en considérant la multitude et l'excellence des fruits qu'elle a produits.

*
* *

« Si la foi de M. Jaricot a été grande, son espérance en Dieu n'a pas été moins parfaite. Il a souvent espéré contre toute espérance. Quand il entreprenait quelque affaire pour le service de Dieu,
après avoir invoqué sa lumière et reconnu sa volonté, il en espérait tout le succès de *Dieu seul*, et
quoique pour suivre les ordres de la Providence, il
employât les moyens humains nécessaires et convenables, il n'y mettait pourtant pas son appui : il
n'attendait la réussite que de Dieu.

« Il disait à une personne qui s'inquiétait, se trou-
blait en craignant de ne point réussir dans l'emploi
important qui lui était confié : « Ayez bon courage,
« ma fille, et confiez-vous entièrement en Notre-
« Seigneur. C'est son œuvre que vous faites, ne sait-
« Il pas de quoi vous êtes capable ? Rappelez-

« vous que vous n'êtes rien et que tout ce que vous
« dites, ne peut rien opérer dans les âmes, et que
« c'est la bénédiction de Dieu qui opère tout. Ne
« cherchez donc pas à vouloir tout faire ; *mais*
« *laissez faire quelque chose à la grâce.* »

« Dans une autre circonstance, il disait à la même
personne : « Marthe, Marthe, jusques à quand se-
« rez-vous donc *Marthe?* Et quand commencerez-
« vous à devenir *Marie?* Vous êtes, ce me semble,
« toujours inquiète de beaucoup de choses. Je me
« trompe, je veux dire de peu, car c'est un grand
« nombre de petites choses, qui vous inquiètent
« jusqu'à vous faire perdre la paix. Il n'y a, rap-
« pelez-vous-en donc bien, *qu'une chose nécessaire...*
« Reposez-vous y donc pleinement, ne veuillez
« donc et ne désirez donc *que le bon plaisir de*
« Dieu, et réjouissez-vous quand ce bon plaisir
« s'accomplit d'une manière contraire à la vôtre.
« Déchargez votre esprit de tout ce qui vous fait
« de la peine. Dieu en aura soin. Vous ne sauriez
« vous empresser sans contrarier le Cœur de Dieu.
« Vous manquez en cela de confiance ; fiez-vous
« en Lui, je vous en supplie, et bientôt votre cœur
« aura l'accomplissement de ce qu'il désire. Re-
« grettez toutes ces pensées de défiance, que vous
« permettez à votre esprit et qui vous font tom-
« ber dans le découragement. Pourquoi, mon en-
« fant, ne seriez-vous pas pleine de confiance?...
« Notre-Seigneur ne connaît-il pas vos besoins ; ne
« sait-il pas tout ce qui vous manque?... »

« Il ne voulait pas qu'on se laissât trop abattre à la vue de ses imperfections : « Nous « avons en nous, disait-il, pour nous encourager, « le germe de la toute-puissance de Dieu. N'est-ce « pas un grand motif d'espérer et de mettre toute « notre confiance en Lui malgré toutes nos mi- « sères ?.

« Eh quoi! ma fille, disait-il un jour à une personne « qui éprouvait cette inquiétude, vous vous éton- « nez de voir en vous encore tant de faiblesse, tant « de pente vers le mal?... Chacun en a bien sa « bonne part : il est bon de les connaître, mais non « pas de s'en affliger d'une manière démesurée. Il « est bon même d'en détourner la pensée quand « elle nous porte au découragement : le bon Dieu « nous supporte avec patience, ayez-en donc aussi « avec vous-même. Allons, du courage, redoublez « de confiance en Dieu et abandonnez-vous entiè- « rement entre ses mains. »

« Lorsque M. Jaricot avait fait ce qu'il croyait que Dieu demandait de lui, il demeurait en paix pour la réussite, et s'en reposait entièrement sur la conduite de Dieu, quelque succès qu'il arrivât, bon ou mauvais, et ne s'inquiétait point de ce qu'il avait fait ni de ce qu'on en pouvait dire. Il se contentait du témoignage de sa conscience, qui lui faisait connaître, qu'ayant tâché de se conformer aux ordres de la volonté de Dieu, il n'avait pas lieu d'avoir aucun regret, mais plutôt, d'en bénir et remercier sa bonté.

* *
*

« Quoique l'amour de Dieu ait son siège dans le cœur, et que ses plus nobles et plus parfaites opérations ne soient bien connues que de celui qui les pratique, et de Dieu qui en est l'auteur par sa grâce, il est quelquefois si violent, dans certaines âmes privilégiées, qu'elles ne peuvent en contenir toutes les ardeurs : il faut que les effets se produisent nécessairement au dehors.

« Pour connaitre quel a été le *degré* d'amour que l'abbé Jaricot a eu pour Dieu, il faudrait que le Saint-Esprit nous découvrît ce que ses divines opérations ont opéré dans son cœur, et la fidèle coopération qu'il lui a rendue. Mais cette connaissance est réservée au dernier jour, auquel Dieu révélera les secrets des cœurs. Nous nous contenterons de remarquer seulement *quelques-unes des étincelles* de ce feu sacré, dont son cœur était embrasé et qui ont éclaté au dehors.

« On peut dire sans exagération, que c'est l'amour qu'il avait pour son Dieu, qui lui faisait tout entreprendre. Que c'est l'amour qui l'animait à tout continuer, en un mot que c'est l'amour qui lui faisait vaincre des obstacles, presque insurmontables. *Sa vie était un sacrifice continuel, qu'il faisait à Dieu,* non seulement des honneurs, commodités, plaisirs et autres biens du monde ; tout ce qu'il avait reçu de sa main libérale, de ses lumières, de ses affections, de sa liberté et de tout ce qui pouvait tomber en sa disposition.

« Ses plus ardents et continuels désirs étaient que Dieu fût de plus en plus connu, aimé, servi, obéi et glorifié en tous lieux, et par toutes les créatures. Tout ce qu'il disait et faisait ne tendait qu'à graver autant qu'il était en lui ce divin amour dans tous les cœurs. « Ici bas, disait-il, nous aimons Dieu, « mais d'une manière très imparfaite et toute hu- « maine, parce que nous ne concevons pas ce que « c'est que de l'aimer. Nous ne comprenons pas « le bonheur qu'il y a de l'aimer, mais dans le ciel, « ah ! oui, *c'est là* que nous le comprendrons ! C'est « là que nous goûterons le véritable bonheur d'ai- « mer Celui qui est seul aimable !... Que ne de- « vrions-nous pas faire pour jouir d'une félicité si « parfaite? Les plus grands sacrifices pourraient- « ils nous coûter quelque chose, si nous élevions « plus souvent nos yeux vers le ciel?... Et quoi, « ajoutait-il, la récompense ne vaut-elle pas le « combat... ? »

« Toutes les personnes qui l'ont approché de plus près pendant sa vie, ont admiré et éprouvé les effets de cette parfaite charité qui était en lui. C'est ce qui les portait toujours à exécuter avec une grande estime et même à recueillir avec dévotion, jusqu'à ses moindres paroles. On sentait que le même esprit qui animait son cœur, leur don- nait une vertu et une énergie particulières. En sorte qu'on pouvait dire que c'étaient des paroles de grâce, qui pénétraient jusqu'au cœur de ceux qui l'écoutaient. On ne se retirait guère de ses saints entretiens, sans qu'on pût dire à l'imitation des disciples d'Emmaüs : « N'est-il pas vrai que nos cœurs ressentaient les ardeurs de l'amour de Dieu lorsqu'il nous parlait? »

« A mon particulier, moi, qui écris ceci, quoique je sois fort peu sensible en toutes les choses qui regardent Dieu, j'avoue néanmoins que j'ai souvent eu le cœur tout embaumé de ce que ce saint homme me disait. Il portait sur ses lèvres, comme l'ange du Seigneur, les charbons ardents de l'amour divin qui brûlait dans son cœur. J'ajouterai même, que m'étant présentée plusieurs fois devant lui, avec l'âme troublée, agitée par de violentes peines intérieures, et désirant chercher en lui, avec autant d'avidité, des consolations que des éclaircissements, je m'étais sentie soulagée et éclairée avant même qu'il m'eût dit une seule parole. Il m'est arrivé d'oublier entièrement en sa présence, ce qui m'avait inquiétée auparavant, jusqu'à me faire perdre le repos et la paix intérieure.

« Le grand amour qu'avait l'abbé Jaricot pour son Dieu, s'est fait particulièrement connaître par la droiture et la pureté de ses intentions, qui tendaient uniquement et incessamment à la gloire de la divine Majesté. Il faisait chaque chose et même celles qui lui semblaient les plus petites, dans la vue de Dieu, pour lui plaire et pour accomplir ce qu'il reconnaissait lui être le plus agréable. Aussi disait-il souvent, que Dieu ne regardait pas tant l'extérieur de nos actions, que le degré d'amour et de pureté d'intention, dans lequel nous les faisons : que les petites actions faites pour plaire à Dieu, ne sont pas sujettes à la vaine gloire, comme les autres actions plus éclatantes qui, bien souvent, s'en vont en fumée ; et enfin que, si nous voulons plaire à Dieu dans les grandes actions, il faut nous habituer à lui plaire dans les petites.

* * *

Son zèle pour la gloire de Dieu et le salut des ames.

« Quoique l'abbé Jaricot se soit étudié d'imiter Jésus-Christ le plus *parfaitement possible*, en la pratique de toutes les vertus, c'est dans son zèle néanmoins qu'il a excellé d'une manière particulière. Il pouvait dire, à son exemple, que le zèle de la maison de Dieu le dévorait, et que sa vie se consumait dans les flammes de cet ardent désir de procurer la gloire de Dieu, puisqu'il l'excitait continuellement à entreprendre, à soutenir, à souffrir tout, soit pour empêcher que Dieu fût offensé, soit aussi pour réparer les offenses commises contre sa divine Majesté, ou enfin pour procurer l'avancement de son honneur et de son service. On peut dire avec vérité qu'il n'a pas vécu pour lui-même, mais uniquement pour Jésus-Christ. Son honneur et sa gloire lui étaient plus chers que sa propre vie. Et s'il est mort si jeune, on peut dire que son zèle l'a consumé. Ses œuvres, au reste, peuvent servir de preuves. Il ne fut pas plutôt à la Charité, qu'étendant ses regards sur cette vaste maison et voyant tout le bien qu'il y avait à faire, il entreprit d'y travailler, avec le premier Supérieur, avec une ardeur incroyable ! Bientôt tous les emplois sont organisés par de sages règlements.

« Ce fut dans la retraite encore qu'il alla puiser. C'est là qu'il se remplit l'esprit de bonnes et saintes pensées.

« Des noviciats sont rétablis pour former à la piété et à la pratique des vertus hospitalières, les jeunes gens et les jeunes personnes que Dieu appelle à une si belle et si noble vocation. Tout est employé de sa part pour maintenir la ferveur dans ces jeunes cœurs : prières, instructions, exhortations. Il était comme un père au milieu de sa famille ; sa bonté avait ravi tous leurs cœurs, aussi ils ne savaient rien lui refuser. La confiance qu'ils avaient en lui était entière, et leur respect si grand, que tout ce qu'il leur disait était reçu comme si Dieu même eût parlé. Dieu pour récompenser son zèle permit qu'il éprouvât de la satisfaction des deux noviciats auxquels il avait tant travaillé. La plus grande partie répondait aux soins spirituels qu'il leur prodiguait. Il les visitait souvent mais c'était toujours pour ranimer de plus en plus leur ferveur et leur courage, à remplir avec mérite les emplois les plus bas, les plus humiliants et les plus dégoûtants, qui sont inséparables de la vie hospitalière. Il avait su, ce bon Père, tellement leur en faire connaître le prix et y attacher du mérite que tous à l'envi s'en seraient emparés, si on n'avait arrêté leur zèle. C'est ainsi qu'il sanctifiait toutes ses visites ; on n'y remarquait ni perte de temps, ni paroles inutiles. Il leur disait quelquefois avec une aimable simplicité : « Je viens, mes enfants, me « ranimer auprès de vous ; je crois tellement que « tous vos cœurs appartiennent à JésusChrist que « je me trouve heureux de penser qu'Il est au « moins aimé parmi vous, et que vous faites tous « vos efforts pour le dédommager de l'ingratitude « des hommes. »

« Il disait un jour à une personne qui s'intéressait beaucoup à cette œuvre : « Je suis très content de « ces jeunes personnes — il parlait du noviciat de « filles — elles ont fait aujourd'hui la sainte com- « munion, hier je les y avais préparées par un ser- « mon qui ne m'a pas paru long, mais qui, sui- « vant la coutume, a été de trois quarts d'heure !... « Elles étaient si attentives et si touchées que cela « me faisait de la peine de finir ; mais elles ont si « bon appétit que la journée n'y suffirait pas. « Après l'instruction, l'une d'elles vint me dire en « grande confidence un secret qu'elle n'avait pu « dire à sa Maîtresse, parce qu'elle était absente. « Son amour pour Jésus-Christ l'avait portée à

« faire l'Heure Sainte pendant la neuvaine du Sa-
« cré Cœur de Jésus, avec une autre de ses com-
« pagnes. Cependant la conscience réclamait parce
« que l'obéissance n'était pour rien dans ce sacri-
« fice, elles auraient désiré la permission de leur
« Maîtresse et elle m'ont demandé la mienne.
« Que j'ai été heureux d'offrir à Jésus-Christ des
« cœurs si droits et si généreux ! Véritablement,
« elles m'ont fait le plus grand plaisir, quoiqu'elles
« soient loin de s'en douter ; cependant je ne les
« ai pas grondées ; bien mieux je leur dis : Vous
« pourrez le faire encore une fois sans désobéir.
« Jamais je n'en ai tant accordé quoiqu'on me
« l'ait peut-être bien demandé d'autres fois. Je
« croyais les contenter et de reste, mais pas du
« tout, elles ont bien fait plus d'attention à ce que
« je leur refusais qu'à ce que je leur accordais. »

« Ce fut à ce sujet qu'il crut devoir donner un petit avis à la Maîtresse des novices, que je ne crois
pas inutile de rapporter ici puisqu'il peut servir de
règle à ceux et celles que Dieu appelle à cet émi-
nent emploi : « Il est bon, lui dit-il, de retenir mo-
« dérément cette ferveur, qui emporterait à des
« imprudences, comme il faut modérer la fougue
« des jeunes chevaux fringants ; mais il faudrait
« pourtant y donner un peu de liberté, et pouvoir
« leur permettre, de temps en temps un petit galop
« dans le chemin de la mortification. On finit par
« lasser et décourager les jeunes chevaux quand
« on leur tient toujours la bride si court ; mais

« dans une communauté, il est bien difficile de
« rien permettre d'extraordinaire, même extraordi-
« dinairement, sans inconvénient, vous le voyez,
« sans doute, sachez leur permettre quelques pe-
« tites pratiques, et sachez aussi les retenir à pro-
« pos. Les âmes que Dieu appelle à une grande
« perfection, ont presque toutes un grand attrait
« pour la pénitence et la mortification ; et il n'est
« pour ainsi dire aucun saint dans le ciel, qui n'ait
« entrepris ce genre de combat contre lui-même.
« Cependant l'amour-propre est fin et rusé, et sou-
« vent il se cache sous ces beaux dehors de vertus,
« pour nous faire croire que nous y avons déjà fait
« beaucoup de chemin. Afin donc qu'elles ne soient
« pas trompées par les artifices du démon, il faut
« qu'elles fassent plus de cas, et dans la pratique
« et dans l'estime de la mortification intérieure, que
« de toutes les pénitences extérieures. Ce qui s'ac-
« corde très bien avec ces paroles que Dieu dit aux
« Juifs : « Déchirez vos cœurs et non vos vêtements. »

« Le zèle que l'abbé Jaricot avait ne se bornait
pas là. Tous étaient dignes de son attention : les
petits et les grands, les riches et les pauvres ; mais
il semblait que cette dernière classe faisait l'objet
de son affection particulière. Il pouvait certainement remplir dignement et avec autant de ferveur
son ministère dans un poste plus élevé ou, tout au
moins, moins répugnant à la nature ; mais non, il
était content de s'ensevelir avec les malheureux
dans l'asile de leur misère, et faisait ses délices

d'être au milieu des morts et des mourants. Il fallait pour ainsi dire l'en arracher si on voulait lui procurer quelques délassements.

« Un jour, une personne lui dit de la part de ses parents, qu'il y avait bien longtemps qu'il n'était allé voir son père. « Vous pouvez dire à mes pa-« rents que mon devoir passe avant tout; que je « suis *prêtre* et que je ne suis point pour eux, que « je ne connais ni père, ni frère, ni sœur lorsqu'ils'a-« git de remplir les devoirs de mon ministère. Si « mes parents étaient pour moi un obstacle j'irais « plutôt aux Indes et au Japon. » Une autre fois, en parlant des malades qui étaient en fort grand nombre, inquiet de ne pouvoir donner autant de monde pour les servir qu'il en aurait fallu, il dit avec l'accent de la douleur la plus vive : « Oh ! si je « savais que mes malades manquassent de soins, « nous irions tous, mes aumôniers et moi pour les « servir. » Et combien de fois ne l'a-t-il pas fait...? Le jour et la nuit les malades étaient l'objet de sa sollicitude. C'est pour cela que craignant que l'accablement de sommeil assoupît de temps en temps les Sœurs chargées de veiller, il se levait la nuit en hiver comme en été et allait voir si les malades étaient bien soignés. Une personne lui faisait à ce sujet l'observation qu'il s'exposait à prendre le mal de la mort. « Je n'ai rien à craindre, n'ayez point de peur, c'est pour Jésus-Christ que je le fais, il saura bien me garder ; d'ailleurs Il est si bon qu'Il envoie souvent mon bon Ange faire la visite à ma place. Très souvent plusieurs personnes assurent m'avoir vu dans telle, telle salle et je n'ai pas bougé de mon lit. »

« Sa foi, son amour, sa ferveur, son zèle étaient si grands que sa présence seule ranimait les plus froids, les plus tièdes et les plus indifférents. Qu'il était beau, qu'il était édifiant de le voir administrer les mourants ! Dans ces moments tout était admirable en lui : son geste, ses manières, la douceur de sa voix. Les belles choses qu'il disait de la céleste Jérusalem, étaient bien capables de détacher une âme du faux bonheur d'ici-bas et de tout ce qu'elle avait de plus cher au monde.

« Enfin, comme le zèle regarde, après la gloire de Dieu, la sanctification et le salut des âmes pour faire encore connaître la grandeur et l'étendue du zèle de l'abbé Jaricot nous pouvons considérer quelles ont été ses dispositions à l'égard du prochain et combien la charité qu'il avait pour lui a été parfaite.

« L'abbé Jaricot était tellement persuadé du précepte d'aimer le prochain qu'il disait que celui qui n'aime pas son prochain, ne peut pas dire qu'il a un véritable amour pour Dieu, quelques sentiments de ferveur et de zèle qu'il croie avoir pour sa gloire ; il ajoutait qu'il ferait moins de cas d'une personne qui bornerait son amour en Dieu seul, lors même qu'elle serait élevée à un haut degré de contemplation, qui éprouverait une grande douceur à savourer les perfections de Dieu sans se mettre en peine de son prochain, que d'une autre qui, quoique rude, grossière et imparfaite, pour l'amour de Dieu, aimerait beaucoup son prochain et s'emploierait de tout son pouvoir, pour le porter à Dieu, parce que son amour serait moins intéressé, et par conséquent plus conforme au commandement de Dieu qui dit : « Vous aimerez Dieu de tout votre cœur, et le prochain comme vous-même. »

« Il ne recommandait rien tant à ses novices, que cet amour, cette charité, cette union qui est le lien de la perfection : semblable à saint Jean l'Évangéliste, il ne cessait de leur répéter ces paroles : « Mes « enfants, mes chères filles, aimez-vous les unes et « les autres, comme Jésus-Christ vous a aimées ! « n'ayez toutes qu'un cœur et qu'une âme. Re- « tracez au milieu de vous l'étroite union qui ré- « gnait parmi les premiers chrétiens. Aimez-vous « comme de véritables sœurs. N'êtes-vous pas les « enfants du même père...? Réjouissez-vous donc, « avec celles qui sont dans la joie, et partagez les « peines de celles qui sont dans la tristesse. »

« C'est ainsi que ce bon Père encourageait ses filles, à s'acquitter du devoir de la charité, d'abord entre elles, pour l'exercer ensuite avec plus d'ardeur et de zèle envers les pauvres malades.

« Il eut la consolation de voir ses avis goûtés et suivis. Toutes s'aimaient comme de bonnes sœurs douces, prévenantes ; elles savaient se supporter mutuellement, soit dans leurs maladies, soit dans leurs petits défauts. »

CHAPITRE XV

L'épreuve pour tous (1826).

C'est par les plaies de Jésus-Christ
que vous avez été guéris.
Vous étiez comme des brebis éga-
rées, et maintenant vous êtes
retournés à celui qui est le pasteur et l'évêque de vos âmes.
Saint Pierre. Ep. I. c. ii, 25.

On voit par ce mémoire écrit sans aucune pré-
tention à la publicité, qu'on commençait à être
heureux à la *Charité*, et à jouir d'une paix rela-
tive, grâce à la sagesse et à la bonté du nouvel
aumônier, qui savait mettre les âmes et le cœur
à l'unisson, en y faisant naître et grandir l'amour
de Jésus-Christ, lien unique et divin qui rapproche
tant de choses ! La vénération qu'inspirait Philéas était si vive, que, malgré son jeune âge, on le sur-
nommait le *Père*, titre qu'il méritait si justement
par la prudence et la douceur qui dirigeaient ses
actions, et qui étaient celles de Jésus-Christ son
Maître et son Modèle.

Il jeta les yeux sur l'ensemble du mal de son

nouveau poste, et il comprit qu'il n'y ferait aucun bien, si la division continuait d'y régner ; qu'il fallait un Noviciat pour instruire les Frères infirmiers et les Sœurs hospitalières, de leurs devoirs trop oubliés jusque-là. L'opposition ne fut pas trop grande dans le personnel de la maison. On se soumit à une réforme complète, et chacun y trouva le fonds de paix, qui, pour les âmes, est l'huile de leur grand rouage ! On avait beaucoup souffert du pêle-mêle que la Révolution avait semé sur son triste passage. Aussi, remis, chacun à sa place, trouva-t-on bien doux de se rencontrer pour la première fois, dans la famille Religieuse.

On vénérait, on aimait le jeune *Père* de cette *heureuse famille*, et on admirait sa manière de faire du bien partout, au-dedans et en dehors de la Charité, qui n'avait jamais vu une telle foule dans son église où l'on venait se confesser.

Mais l'*épreuve*, cette épine des joies terrestres n'était pas loin... Elle frappa le père et sa chère *famille* tout entière ; car même ceux de ses membres, qui n'avaient pas su profiter de sa présence pour devenir meilleurs, s'attristèrent profondément de son départ.

Quelle ne fut pas la désolation de tous en apprenant que Mgr de Pins venait de nommer Philéas *Maître Spirituel* de l'Hôtel-Dieu...

C'était une marque éclatante de l'estime de son Archevêque, que cette nomination d'un prêtre de vingt-huit ans, à un poste si élevé, et qui demandait la sagesse de l'expérience d'un homme mûr.

Mais ce *Père* en éprouva une douleur si vive, qu'il versa des larmes en se séparant si promptement de ses chers enfants de la *Charité*, qui lui avaient donné tant de consolations.

Il se soumettait à la volonté de son Archevêque, lequel, placé plus haut, devait voir *mieux* et *plus loin* que ses inférieurs, les dangers et les remèdes de la situation présente. Cependant le nouveau *Maître Spirituel* ne connaissait pas encore tout ce qui l'attendait à l'Hôtel-Dieu, où le mal était autrement grand, que celui qu'il avait trouvé à la Charité, en y arrivant l'année précédente. Ce mal débordait de toutes parts, et ce qu'on avait fait jusque-là, pour y remédier, avait, à peu près, complètement échoué. Le public, devinant une partie de la vérité, en était venu à se demander avec effroi, *quelles mains* sauraient enchaîner *là*, ce qui rendait toute réforme impossible, malgré le bon vouloir des administrateurs, tous hommes vertueux et choisis parmi ce que Lyon offrait de plus recommandable.

Mgr de Pins s'était concerté avec eux, pour trouver le *réformateur*, et, d'une commune voix, le nom de l'abbé Philéas avait été prononcé, comme celui du prêtre le plus intelligent, le plus énergique et surtout *le plus généreux*, pour ne pas décliner ce fardeau, qui semblait trop lourd, même aux plus forts ! — Il était bien jeune pour l'accepter vingt-huit ans ! Mais il avait dit à Dieu, dans sa faiblesse : « J'obéis !... Vous, le Tout-Puissant, Vous Vous chargerez du reste ! »

Cependant quand il se vit *seul*, dans sa nouvelle demeure, — le plus beau, le plus vaste palais de la souffrance, — il sentit son âme inondée de tristesse !... Il s'était rendu compte, par lui-même, de sa situation et des devoirs qu'elle lui imposait... Il en fut épouvanté! Que faire en présence d'une *maison* dont les murs craquent de toutes parts?... S'enfuir!... — Oui, mais qui le remplacera?... — Il a été choisi, lui, le pauvre serviteur de Jésus-Christ, pour tenter de relever ces ruines... Il se sent faible, impuissant !... Mais l'obéissance est *là*... elle est le salut des désespérés... Il demeurera au milieu de ces ruines... La puissance du Maître saura les relever : « *Sauveur*, vous pouvez tout et moi rien! »

Et il resta !...

Pour la seconde fois, il échappait ainsi au plus grand péril de l'âme, le découragement. Il venait de franchir le pas *décisif*, qui, d'un lâche, peut faire un martyr !

Il y demeura, en effet, ferme et intrépide, décidé à faire tout son possible, pour opérer le bien, mais, *inflexible* pour ce qui, de près ou de loin, pourrait contribuer à perdre les âmes.

La nomination d'un si jeune prêtre à un *tel* poste, étonna ceux qui ne le connaissaient pas, et le Conseil lui-même lui en fit la remarque :

« Messieurs, répondit-il avec une grande modestie, j'ai l'âge qu'avait Notre-Seigneur Jésus-Christ, quand il commença sa vie publique. Avec son secours je tâcherai de l'imiter. »

Il ne se doutait pas alors de la *perfection* de cette similitude.

Le Conseil était fier d'avoir obtenu un tel aide. Aussi s'empressa-t-il de le lui prouver, en lui faisant une intronisation solennelle. Lui demeurait plongé dans l'humilité et dans les terreurs de son âme.

La cérémonie de son installation se fit d'abord, dans la *grande* salle du Conseil, dont les portes restèrent ouvertes. Il y avait beaucoup d'étrangers.

En voici le procès-verbal :

Aujourd'hui vingt-cinq octobre mil huit cent vingt six, M. Delphin, président et MM. les membres du Conseil étant réunis en Bureau à l'Hôtel-Dieu, à neuf heures et demie du matin.

Monsieur Jaricot, nommé *maître-spirituel* de l'Hôtel Dieu en remplacement de M. Terraillon, par suite de la délibération du 18 courant, a été introduit, accompagné de MM. les aumôniers de la Maison, de M. Gonod, Maître Spirituel de la Charité, et de MM. les ecclésiastiques qu'il avait invités à assister à son installation.

Les portes du bureau sont restées ouvertes. Les Economes des deux hôpitaux, les frères et les sœurs de l'Hôtel-Dieu et les autres employés qui se sont présentés ont été admis dans la salle du Conseil.

Sur l'invitation de M. le Président, le nouveau Maître Spirituel a pris séance à sa droite, à quelque distance du bureau.

Après la prière d'usage, le secrétaire général, placé à la gauche de M. le Président, a donné lecture de la délibération du 18 courant et ce dernier a annoncé le choix fait par Monseigneur de M. Jaricot parmi les candidats présentés.

M. le Président a alors adressé la parole à M. Jaricot en ces termes :

« Monsieurs, vous promettez devant Dieu, de bien
« et fidèlement remplir en bon et pieux ecclésias-
« tique la place de Maître Spirituel de l'Hôtel-Dieu, qui
« vous est confiée. »

Monsieur Jaricot a répondu.

« M. le Président, et Messieurs, je le promets. »

Après avoir reçu cette réponse, M. le Président a dit :

« Au nom du Conseil général, vous êtes reçu et ins-
« tallé dans la place de Maître Spirituel de l'Hôtel-
« Dieu. »

Et a aussitôt prononcé le discours suivant :

« Monsieur le Maître Spirituel,

« Je suis heureux d'être l'interprète des sentiments
« de l'Administration, et de pouvoir vous dire combien
« elle attache de prix à votre nomination.
« Vous arrivez à ce nouveau poste avec le souvenir
« de tout le bien que déjà vous avez fait dans l'un de
« nos hospices.
« Votre zèle et votre charité trouveront ici un ali-
« ment nouveau. Placé au milieu de toutes les dou-
« leurs, constamment environné d'être souffrants, si
« parfois vous avez à vaincre quelques dégoûts, vous
« éprouverez aussi l'ineffable consolation d'adoucir
« les derniers moments de tant d'infortunés, que la

« misère laisse souvent isolés et sans appui à ce der-
« nier jour.

« Vous êtes encore appelé, Monsieur, à diriger
« une nombreuse Communauté. Partout vous trouve-
« rez du zèle et un grand dévouement pour le bien des
« pauvres ; nos bonnes Sœurs recevront par vous
« de nouveaux encouragements ; vos intentions, vos
« sages avis, leur rappelleront qu'elles ne doivent avoir
« qu'un but unique, qu'une seule pensée, celle de
« servir Dieu en soignant les pauvres. Vous leur direz
« souvent que, faisant abnégation d'elles-mêmes, elles
« ne doivent opposer que de la bonté et de la douceur, aux
« mauvais propos et souvent aux mauvais traitements
« des malades ; qu'elles se souviennent que l'homme
« qui souffre n'est pas toujours maître de sa volonté.

« Mais au milieu de tant de travaux, il nous est doux
« de penser que vous serez dignement secondé par les
« ecclésiastiques qui, dans cette maison, ont déjà
« donné tant de preuves de la plus douce piété et du
« zèle le plus éclairé.

« Vous trouverez ici, Monsieur, l'union la plus fran-
« che et un concours de bonne volonté qui rendront
« plus faciles et plus douces, les importantes fonctions
« auxquelles vous êtes appelé.

« Vos rapports avec l'Administration seront fondés
« sur l'estime et la confiance que lui inspire votre
« caractère. En vous déléguant une partie de son auto-
« rité, l'Administration s'abandonne à votre expérience
« et à vos lumières. Tout ce qui tendra à améliorer,
« à donner plus de soulagement aux pauvres, sera ac-
« cueilli avec le plus vif intérêt.

« Étant tous animés de la même pensée, du même
« esprit, prenant pour guide toutes vos actions — la
« religion et la charité — nous devons espérer de rem-
« plir dignement les obligations qui sont imposées à
« chacun de nous. »

M. le Président a ensuite invité M. le Maître Spituel, à se rendre à l'église pour y célébrer le Saint-Sacrifice et y faire son discours.

Le Conseil s'y est rendu immédiatement : et y a occupé sa place accoutumée.

Le nouveau Maître Spirituel, revêtu de la chape et accompagné du clergé est venu au pied de l'autel, entonner le *Veni Creator*, qui a été suivi des Oraisons ordinaires ; ensuite la Grand-Messe a commencé et après l'Evangile il a adressé cette instruction pastorale à la Communauté :

« *Sicut misit me Pater, et ego mitto vos.*

Comme mon Père m'a envoyé, moi aussi je vous envoie (Saint Jean, xx-21).

Telle est, mes frères, l'origine et la mesure de la puissance du ministère sacerdotal sans lequel aucune religion ne peut ni se soutenir ni même exister parmi les hommes. Le prêtre sort du Cœur de Jésus-Christ, comme le Verbe Divin, sort du sein de son Père. Il paraît comme lui au milieu des peuples, chargé de manifester et d'annoncer les perfections divines, ou plutôt Jésus-Christ ce divin Sauveur ayant cessé d'habiter visiblement dans le monde, s'est retiré dans ses Prêtres. Il vit de nouveau en eux et traverse les siècles et les générations, en les comblant de ses bienfaits : *Pertransiit benefaciendo.*

Aussi, mes frères, les premiers héritiers de ce sacerdoce éternel, remplis du sentiment de leur haute dignité, paraissaient avec confiance au milieu des peuples qui ne les connaissaient pas encore. Étonnés de nous voir pour la première fois, ils leur disaient. « Vous vous demandez peut-être la fin qui nous amène et les moyens que nous emploierons pour l'obtenir. Le voici : « *Pro Christo legatione fungimur.* (II. Corinth., V. 20.) Nous sommes les ambassadeurs de Jésus-Christ, et c'est Dieu qui vous parle par notre bouche. » Tel est aussi, mes frères, le titre que je prends en paraissant pour la première fois au milieu de vous : *Je suis l'ambassadeur de Jésus-Christ.* C'est lui qui m'envoie... Mais, ô mon Sauveur, m'envoyez-vous comme vous avez envoyé vos apôtres, pour être la lumière du monde et le sel de la terre? Est-ce dans des desseins de bonté ou dans des desseins de colère? est-ce pour punir ceux auxquels vous m'envoyez, ou pour me punir moi-même? ou plutôt pour les conduire et arriver avec eux aux éternelles récompenses? En un mot, dois-je craindre ou dois-je espérer? Il est vrai, mes frères, et je ne vous le cacherai pas, que si je lève les yeux et que je considère dans son ensemble ou dans ses détails le ministère immense auquel Dieu m'appelle, l'importance de ses résultats et les suites irréparables des fautes qu'on y peut commettre, et qu'ensuite je les abaisse sur moi, pour mesurer mes forces, avec le pesant fardeau qui m'est offert je me sens accablé!... La moitié, ou au moins le tiers de la population de cette immense ville, vient mourir dans cet hospice, et c'est leur âme que Jésus-Christ me confie. Une seule lui a coûté tout son sang, et il me les confie, dans cet instant décisif qui doit fixer leur sort pour l'éternité, qui décide pour eux, du Ciel ou de l'Enfer. Et il exige, sinon que mes efforts et mes sacrifices se mesurent sur l'étendue du malheur qui les menace ou du bonheur qui leur est promis, ce qui est impossible, puisqu'il faudrait qu'ils fussent infinis, du moins, il exige que chacun de nous fasse autant qu'il faut, tellement, qu'il compte pour rien son repos, sa santé, sa vie même : *Bonus Pastor animam suam dat pro ovibus suis.* (Jean x, 11.)

La moindre négligence, le moindre retard peut leur enlever l'instant de la miséricorde et les jeter sous l'empire inexorable de la Justice, et alors, *sanguinem autem ejus de manu tua requiram.* (Ezech., iii, 18). Et j'en rendrai compte...

A chaque heure du jour, une âme part de ce lieu, comparaît au tribunal du souverain juge, et c'est un témoin qui déposera contre moi. Mes frères, voilà ma foi et sans doute aussi la vôtre. Ah! répondez! Ne sentez-vous pas vous-mêmes quelque crainte et quelque compassion pour moi? Dites encore. Croyez-vous que le mondain ou le philosophe, que le seul nom de *Prêtre*, irrite ou fait sourire de mépris, voulût renoncer aux douceurs de la vie et s'ensevelir tout vivant au milieu des morts, n'avoir plus sous ses yeux que le spectacle de la souffrance, n'entendre que les accents plaintifs de la douleur, croyant surtout que, malgré tout son dévouement, il peut encore se damner et rendre inutiles, pour lui, tous les sacrifices, toutes les œuvres qu'il a pu faire, par cela seul qu'il a laissé perdre une âme qu'il aurait pu sauver...

Cependant, le dirai-je, ce n'est pas là le seul sujet de mes craintes, ce n'en est pas même le plus grand. C'est vous, mes chers Frères, c'est vous mes très chères Sœurs, qui êtes l'objet de mes plus vives comme de mes plus tendres sollicitudes. C'est vous dont Dieu m'établit aujourd'hui plus particulièrement le pasteur et le père. De même qu'il a placé dans le cœur des mères, un amour invincible pour l'enfant qu'elles ne connaissent pas même encore, et dont elles ignorent l'avenir. De même, dans l'ordre spirituel, il a mis dans le cœur des Pasteurs et des pères de vos âmes un amour dont ils ne peuvent se défendre. Oui, je le sens, dès ce moment, pour vous cet amour dont l'apôtre saint Paul était animé pour ses chers Corinthiens, lorsqu'il leur disait : « En toutes choses nous souffrons la tribulation, mais nous ne sommes pas accablés. *In omnibus tribulationem patimur, sed non angustiamur.* » Et aux Galates : « Mes petits enfants pour qui je sens de nouveau les douleurs de l'enfantement, jusqu'à ce que le Christ soit formé en vous. *Filioli mei quos iterum parturio, donec formetur Christus in vobis.*

Mes Frères, que mon chagrin serait amer, si j'en voyais parmi vous oublier les sentiers de la vertu et des devoirs où je dois vous conduire, méconnaître les vertus de votre sublime état, ne plus écouter ma voix, me fermer leur cœur et se précipiter en aveugle dans les voies détournées de l'erreur. Placé entre l'amour et le devoir, entre la sévérité et la tendresse, je le sens, le danger serait trop grand, d'un côté il m'en coûterait trop de sévir, et de l'autre, je ne pourrais soutenir ce reproche que le Seigneur adressait dans l'Ecriture, à ce faible grand prêtre qui n'osait se roidir contre les désordres que ses deux fils, commettaient dans le santuaire :

« *Quare calce abjecistis victimam meam... et magis honorasti filios tuos quam me* (I, R. ii, 29). Pourquoi as-tu laissé fouler aux pieds ma victime sainte, et as-tu eu plus de crainte de châtier tes enfants, que de me déshonorer moi-même ? » O mon Dieu, détournez de moi l'un et l'autre malheur ; enlevez de mes yeux ce calice amer, je n'en puis soutenir la vue. Mes très chers Frères, mes très chères Sœurs, n'appesantissez pas mon fardeau ; il deviendrait insupportable ! Mais plutôt dilatez-vos cœurs.

Telles sont mes sollicitudes, mes frères, en paraissant au milieu de vous ; telles sont les craintes que j'éprouve en considérant mon ministère en lui-même. Mais combien mes appréhensions deviennent plus fortes et mieux fondées, si je considère ma faiblesse et mon inexpérience ! J'ai besoin de courage, je me hâte d'oublier ce qui m'afflige et je m'arrête à ce qui est capable de me rassurer. Car si je trouve en moi-même ou dans mon ministère, tant de sujets d'effroi, je trouve en Dieu et dans vous, mes chers frères, bien des motifs d'espérer et de grands sujets de consolation.

Car si je dis avec Jérémie, à la vue du fardeau qu'il m'impose : *Domine, puer ego sum* (Jér. 1,, 6). Ah ! Seigneur, je suis encore trop jeune; il m'a été répondu comme à ce prophète : « *Noli dicere puer ego sum*, ne dis pas : *Je suis trop jeune*, car tu iras accomplir les œuvres auxquelles je t'enverrai, et tu annonceras toutes les paroles que je te mettrai dans la bouche. Ne crains rien, parce que je suis avec toi pour te délivrer, dit le Seigneur. C'est moi qui t'établis sur mon peuple pour arracher et pour détruire; pour bâtir et pour planter. » « Allez, a dit Jésus-Christ à ses apôtres et dans leur personne à tous ses Prêtres, allez, instruisez les nations : Je suis avec vous jusqu'à la consommation des siècles. Celui qui vous reçoit, me reçoit, celui qui vous rejette, me rejette. Que crains-tu, homme de peu de foi... Ayez confiance, c'est moi qui ai vaincu le monde. *Quid timidi estis modicæ fidei... Confidite, ego vici mundum.* »

L'Église m'apprend aussi que ses maîtres ne sont jamais jeunes. Elle veut qu'on les appelle *Prêtres*, c'est-à-dire *anciens*, parce qu'au jour de leur consécration elle leur donne cet esprit de force et de sagesse, et cette place dès ce moment, à l'extrémité de la vie, où le vieillard désabusé de tout, commence seulement à réfléchir et à comprendre par sa propre expérience, que tout passe et se flétrit sous les pas de l'homme que le temps entraine vers son terme; que tout ici-bas n'est que vanité et affliction d'esprit. Oui, le *prêtre* l'a compris dès ce moment de sa consécration, et dès lors il ne s'est occupé, comme celui qui va mourir, que de l'éternité...

Que de bien un saint Vincent de Paul n'avait-il pas fait à mon âge? A vingt-deux ans un saint Charles n'était-il pas déjà la lumière et la colonne de l'Eglise ! Et si je considère ce que font encore, tous les jours, tant de prêtres zélés, oui j'ai lieu de craindre, mais c'est d'avoir encore fait si peu de choses pour Dieu.

J'irai donc, Seigneur. Et mon âge, loin de m'effrayer me rassure au contraire, parce que me donnant plus de défiance de moi-même, il me fait m'appuyer avec plus de sûreté sur vous ; il me console puisqu'il est précisément le même où Vous commençâtes aussi votre ministère public. O bon Pasteur, puissé-je vous ressembler en tout le reste, comme je vous ressemble en ce point. Je prends la croix que vous me présentez, je la presse sur mon cœur, je l'épouse! et armé de cet auguste étendard, qui a soumis l'univers, je marche à la conquête des cœurs que vous m'avez confiés. Oui, mes frères, le nombre des âmes que le Seigneur me confie ne m'effraye plus, et je ne vois plus que la miséricorde de Dieu qui les conduit dans cet asile ; la plupart peut-être trop dociles, à de perfides leçons, ne connurent le nom de ce tendre Père, que pour le maudire, sa religion que pour lui insulter, ses ministres que pour les mépriser. Ces pauvres ont perdu les sublimes espérances de l'éternité, et que leur a-t-on donné à la place pour les consoler! N'importe, la miséricorde les poursuit, et une fois entrés dans cet asile, elle les tient dans ses filets. La Religion commence par les environner de bienfaits avant de leur faire entendre sa voix ; trop spirituelle peut-être pour arriver d'elle-même seule à ces cœurs charnels et dégradés, elle devient visible et paraît vivante autour d'eux. Dans votre personne, mes chères Sœurs, elle y paraît avec l'héroïsme touchant de sa charité; c'est elle qui veille avec vous autour de la couche funèbre de ce malheureux : C'est elle qui panse ses plaies par vos mains! c'est elle qui allège ses souffrances, qui adoucit ses chagrins et qui essuie ses larmes! Bientôt celles du repentir couleront, vous avez déjà gagné son cœur.

Paraissez maintenant, ministres de Jésus-Christ.

Venez apporter la miséricorde et la paix à ce pécheur mourant, une famille trop inquiète ne nous écartera pas de sa demeure, le signe du salut ne portera pas la terreur dans son âme, il lui a déjà été présenté mille fois. Il vous tend les bras comme à son libérateur ! accourez, ouvrez le ciel au repentir. N'est-ce pas, prêtres zélés, qui déjà depuis plusieurs années exercez le ministère glorieux, ce que vos yeux voient chaque jour? Oh ! qu'il est consolant pour moi de me reposer avec confiance sur votre expérience et sur vos lumières, et de voler avec vous à cette abondante moisson. Quant à vous, mes chers Frères, et vous mes très chères Sœurs, vous faites aussi mon espérance. Placé à votre tête, comme votre pasteur et votre guide, pour vous conduire, comme un père, pour vous conseiller, j'espère trouver en vous des brebis fidèles et des enfants dociles. Sans doute vous regretterez encore longtemps le pasteur zélé que vous venez de perdre, et que ses supérieurs viennent d'appeler à de plus hautes fonctions; mais, si je n'ai ni sa science ni toutes ses vertus, je vous promets du moins de vous aimer et de veiller sans relâche à votre sanctification. Oui, mes chères Sœurs et mes très chers Frères, qui avez vieilli dans cette sainte Maison, et que je vois courbés, bien plus encore sous le poids des bonnes œuvres, que sous celui des années, je vous aiderai à achever saintement la course; je relèverai sans cesse votre courage, par la vue de la récompense; je vous montrerai la Patrie qui vous attend. Je vous soutiendrai dans le dernier combat, je recevrai votre dernier soupir, je vous ouvrirai les portes de l'éternité. Et vous, qui entrez seulement dans la carrière pleins de zèle et d'ardeur, vous tous m'édifierez sans cesse par l'exemple de ces vertus touchantes, dont je vous traçais tout à l'heure le tableau.

Messieurs, après la grâce de Dieu, votre autorité est le plus ferme appui du bien, immense que peut produire mon ministère dans cet Hospice. La piété, la charité, le dévouement au bien et tout ce qui vous honore personnellement qui sont, dans vos familles, comme un héritage précieux que vous enrichissez chaque jour, m'engagent à me livrer à la plus douce confiance. Oui, Messieurs, la Religion, les vertus sublimes dont ces asiles doivent être comme le sanctuaire et le foyer prendront sous vos auspices un nouvel éclat, le pauvre recevra les consolations et les bienfaits de cette Religion sainte, avec plus d'abondance, et ses actions de grâces s'élèveront avec vos noms vers le ciel et en feront descendra sur vous des torrents de bénédictions.

Tels sont les motifs de mon espérance. C'en est donc fait. Mon Dieu me voilà enseveli avec vos pauvres, et devenu comme l'un d'eux. J'accepte avec reconnaissance cette portion précieuse de votre héritage; ils sont mes enfants, je les adopte pour les miens. J'ouvre mon cœur à leurs douleurs et à leurs plaintes, et je ne vous demande point d'autre bonheur que de les y sentir tous les instants de ma vie. Chaque agonie se répète au fond de mon cœur; et je les suivrai encore, par la pensée au delà de la vie, pour implorer pour eux votre miséricorde.

Au pied de votre autel et prêt à vous offrir le Saint Sacrifice. Je me mets à côté de la Victime sainte pour être immolé tout entier, en un même holocauste.]

Tout à vous, Seigneur! disposez de tout pour votre gloire.

Amen ! »

Le Saint Sacrifice étant achevé, le Maître Spirituel a été conduit au réfectoire par MM. Fournel, Administrateur de l'intérieur de l'Hôtel-Dieu, Terret son adjoint, et Berger et de Loras, chargés de la surveillance des sacristies. Monsieur Jaricot a été présenté par eux et reconnu en sa nouvelle qualité, par les agents et serviteurs de la maison. Il est aussitôt entré en fonctions.

Nous ne parlons pas des regrets que son départ avait causés à la Charité, où l'on avait compris la richesse de son âme sacerdotale. Il n'y passa rapidement qu'à la façon de l'ange de Siloé, en guérissant toutes les blessures ! Quel vide son absence, sans espoir de retour y laissa ! On peut s'en faire une idée, en lisant les trois lettres suivantes, écrites par de vénérables Sœurs, faisant partie du troupeau délaissé et qui avaient suivi de très près son saint et laborieux travail durant les quelques mois qu'il y vécut, et qui laissèrent un souvenir si élevé et si durable.

Gloire soit au Père au Fils et au Saint-Esprit.

NOTRE TRÈS CHER PÈRE,

Nos cœurs ont été sensiblement touchés, lorsqu'on nous a appris que vous alliez nous quitter. Qui peut mieux que nous sentir la peine de cette triste séparation, nous qui avons reçu tant de bienfaits de vos mains charitables, nous que vous avez pour ainsi dire placées dans le Cœur de Jésus. C'est de ce Cœur adorable que sont sortis tous les saints avis que vous nous avez donnés et ce pain de la divine parole, que vous rompiez si abondamment. Faut-il croire que nous avons tout perdu en vous perdant, que nous ne vous verrons plus, que nous ne vous entendrons plus? Ah ! s'il en était ainsi, nous le disons sincèrement, nos cœurs ne résisteraient pas à la douleur qui les consume ; mais non, nous espérons que vous voudrez bien encore penser à nous, surtout au saint sacrifice de la Messe ; vous voudrez bien aussi venir qulquefois nous rendre votre chère et utile visite, nous donner quelques avis afin de nous aider à marcher dans le chemin de la vertu. Nous n'avons presque que vous, pour nous faire marcher avec courage dans le chemin du salut, et nous rendre la vertu douce et aimable. Que ferons-nous donc si vous ne venez plus affermir nos cœurs et les relever lorsqu'ils feront des chutes? O bon Père! nous voulons toujours être vos enfants, vous qu'à si bon droit, nous donnons le nom de *bon Père*, puisque vous nous avez engendrés à Jésus-Christ. Non, nous n'oublierons jamais tout ce que vous avez fait pour nous, surtout les saintes instructions que vous nous avez données, gage le plus précieux que vous ayez pu nous laisser pour nous faire ressouvenir de vous, sur toutes choses la pratique exacte de notre règlement, laquelle vous n'avez rien négligé pour nous la graver profondément dans nos cœurs. C'est là, la promesse que vous font tous vos *enfants*, en vous marquant leur reconnaissance, et le regret qu'elles ont d'avoir perdu en vous un si bon *Père*.

En finissant, nous vous demandons votre sainte bénédiction. Nous serons toujours avec le plus profond respect vos toutes dévouées filles en Jésus-Christ, et en particulier, celle qui a l'honneur d'être.

Mon très Cher Père,

Votre très humble et très soumise fille en J.- C.

Charlotte-Joséphine Miet.

Lyon, le 24 octobre de l'année 1826.

La Charité.

Loué soit Jésus-Christ.

Notre très cher Père,

Permettez qu'au renouvellement de l'année, nous vous présentions un faible tribut de notre amour et de notre reconnaissance, pour tous les bienfaits dont vous n'avez cessé de nous favoriser. Eh ! de qui avez-vous plus droit d'en attendre ? N'est-ce pas nous plus que personne, qui avons eu plus de part à vos bontés et sur qui vous avez daigné fixer une attention toute particulière ? Combien de fois n'avons-nous pas éprouvé votre tendresse et votre zèle pour le salut de nos âmes, soit dans les conseils, les avis, les exhortations et les instructions que vous nous avez faits, soit en général, soit en particulier. Nous pouvons dire avec vérité, que Dieu, en vous séparant de nous, a sensiblement affligé nos cœurs ; Il a voulu que nous lui offrions ce que nous avions de plus cher. Pouvions-nous le lui refuser, lui qui est si généreux à notre égard ? D'ailleurs, notre très cher Père, douteriez-vous de nos sentiments ? C'est vous-même qui les avez formés et en nous parlant si admirablement de la vertu et de ses avantages, n'auriez-vous travaillé qu'à former des cœurs ingrats ! Notre très cher Père, le souvenir de vos bontés est toujours présent à notre esprit, il ne s'effacera jamais de notre mémoire. Nous vous le prouverons en menant une vie conforme à vos désirs et à tout ce que vous nous avez enseigné. Et ces jeunes plantes cultivées, de si bonne heure, avec tant de soin paternel, porteront sûrement de bons fruits dans leur temps, parce que nous sommes toutes dans la sincère disposition d'avancer de plus en plus dans la vertu.

Puisse donc le ciel récompenser des bienfaits dont

nous ne pouvons assez nous reconnaître, qu'en priant le Seigneur de vous les rendre au centuple.

Ce sont les vœux que forment pour vous, toutes les filles de l'Ecole, et en particulier celle qui a l'honneur d'être, avec le plus profond respect,

> Votre très humble et très soumise fille en Jésus-Christ.

> Joséphine GROSBURDET.

Lyon, le 31 décembre 1826.
La Charité.

Loué soit Jésus-Christ.

Notre très Cher Père,

Nous ne pouvons vous exprimer la joie que nos cœurs ressentent en ce jour solennel consacré à honorer votre saint Patron, et qui est en même temps votre fête ; (1) mais cependant cette joie n'est pas parfaite, parce que nous nous voyons séparées de vous. De même que la fête d'un bon Père n'est jamais célébrée avec autant de joie lorsqu'il est éloigné de ses enfants que lorsqu'il en est près. Nous aurions bien du plaisir à vous offrir des fleurs ; mais nous sommes bien persuadées que ce ne sont pas celles que votre cœur désire et attend de nous, mais bien des fleurs spirituelles. Nous espérons, notre très cher Père, que le jardin que vous avez cultivé avec tant de soin et dans lequel vous avez mis le germe de toutes les vertus produira, dans leur temps,

---

(1) S. Philéas, 4 février, et anniversaire de baptême de l'abbé Jaricot.

les fleurs que vous avez droit d'en attendre, les seules qui puissent vous faire plaisir et vous dédommager des peines que vous avez prises pour nous...

Notre très cher Père, c'est en ce jour mémorable que nous allons prier le Seigneur pour vous avec une ferveur toute nouvelle, et nous lui demanderons par l'intercession de votre saint Patron, de couronner toutes vos entreprises d'un heureux succès parce qu'elles sont toutes pour la plus grande gloire de Dieu et le bien spirituel et temporel des malheureux.

C'est là, très cher Père, ce qu'espèrent obtenir du Ciel pour vous toutes vos filles en Jésus-Christ, et en particulier celle qui a l'honneur d'être, avec le plus profond respect,

> Votre très humble et très soumise fille en Jésus-Christ.
>
> Joséphine GROSBURDET.

Lyon, le 3 février 1827.

La Charité.

CHAPITRE XVI

Que faire? (1827).

« Moi, ton Dieu, je te prends par la
main et te dis : Ne crains pas !
c'est moi-même qui viens à ton
aide. »

Les premiers jours de son isolement moral à
l'Hôtel-Dieu, furent très pénibles au nouveau Maître Spirituel, qui ne se contentait pas de se replier
sur lui-même, et dont l'âme et le cœur avaient
besoin de s'épancher dans le sein d'un ami. Son
caractère d'enfant avait révélé cette exubérance
de vie, qui demandait *autre chose* que de vivre
pour lui-même, comme la source jaillissante, échap-
pée du rocher soulève d'elle-même les pierres
et le sable qui entravent son cours.

Il y avait alors quatre aumôniers à l'Hôtel-Dieu.
L'un d'eux venant à manquer, Philéas demanda
à Mgr de Pins de vouloir bien le remplacer par

M. l'abbé Ruffin (1) qui faisait alors partie du clergé de Roanne. Mgr de Pins y consentit, et l'ami d'enfance du Maître Spirituel vint à l'Hôtel-Dieu, et rendit à Philéas d'éminents services; d'abord par son dévouement à tout bien, et aussi par son énergie dans les moments difficiles, qui se multipliaient à mesure que les réformes entreprises par l'homme de Dieu se succédaient avec une vigueur inébranlable, contre les efforts, sans cesse renaissants, de l'impiété *veillante et agissante* pour ne pas perdre sa proie.

Après avoir mûrement réfléchi, sur ce qu'il devait faire en premier lieu, pour arriver à une réforme complète de l'Hôpital, il se décida à demander aux membres du Conseil général, l'autorisation de créer, comme il l'avait fait à la *Charité*, un Noviciat dont le besoin était immense. C'était offrir un asile sûr, aux âmes pures et droites qni demandaient à se dévouer, *pour l'amour de Dieu*, à la consolation et au soulagement des malades, sans être exposé, à perdre en peu de temps, le trésor de vertus que leurs familles chré-

(1) L'abbé Ruffin était une âme élevée et un grand cœur : il le prouva plus tard par sa soumission absolue aux désirs de son archevêque dans l'un de ces moments difficiles où la calomnie aiguise ou lance ses flèches.
Pour distraire son ami, dont il comptait toutes les douleurs, il lui rappelait les doux souvenirs de leur enfance, où la vie leur paraissait si facile et si riante! Maintenant il recevait les douloureuses confidences d'une âme d'apôtre... et loin de l'affaiblir par une trop grande compatissance, il lui rappelait que la *force* est l'armure du prêtre, et qu'il la faut garder pour tous les combats...

tiennes leur avait donné pour dot, et que les mauvais exemples anéantissaient. Il fallait séparer le bon grain d'avec le mauvais.

Cette demande était délicate et difficile à faire, à cause des ombres épaisses, ou plutôt des ténèbres, que la **R**évolution de 93 avait jetées sur tout ce qui, de près ou de loin, touchait à la Religion.

Cette demande était difficile, à cause de l'esprit d'impiété qui avait atteint, dans ce lieu, la plus grande partie du personnel de la maison : les Sœurs, les Frères et biens des membres du corps médical, où la franc-maçonnerie avait ses agents *avoués* ou *secrets*.

Philéas pria beaucoup, fit prier sa sœur Pauline-Marie et les personnes vraiment chrétiennes, qui souhaitaient ardemment la réforme de l'Hôtel-Dieu, où de l'aveu général, de si graves abus s'étaient introduits depuis trente ou quarante ans. Ce mélange des Sœurs nouvellement arrivées, avec celles des Sœurs qui n'avaient plus ni foi ni loi, créait un singulier personnel autour des pauvres malades.

Le Père se réfugia aux pieds du Sauveur, et lui assura de nouveau qu'il se soumettait à toutes les conséquences de la démarche qu'il allait faire, prévoyant bien que les haines qu'excitait contre lui son titre de *Maître Spirituel* seraient accrues et envenimées, par celui de *Fondateur du Noviciat*, c'est-à-dire d'une barrière infranchissable entre le vice et la vertu.

Il offrit plusieurs fois le Saint-Sacrifice, afin d'obtenir du Cœur de Jésus-Christ, d'enlever les obstacles qui rendaient sa démarche presque inacceptable. Avant de la faire, il porta lui-même son manuscrit au pied de l'autel, en disant avec la foi profonde qui aplanit les montagnes. « Sauveur, mon espérance est en vous seul. Laissez-moi agir avec Vous, avec la douce liberté d'un enfant, pour le plus tendre des Pères. »

Après cela, il envoya son mémoire au Président du Conseil, par une personne sûre et dévouée. Il n'y avait dans ces pages, écrites aux flambeaux de la foi, aucune des ressources de la philosophie humaine ; point de ces phrases redondantes, qui font plus de bruit que d'impression ; point de ces mises en scène, qui sont un secours pour ceux qui traitent des riens d'ici-bas : la vérité, la raison et la vertu avaient inspiré la plume qui les avait écrites et qui ne demandait aucun des succès du monde savant. Elles avaient été tracées avec le respect dû à ceux qui devaient trancher la question de vie ou de mort spirituelle pour les âmes.

Le Président le lut d'abord seul, et avec le doute que la requête adressée, serait trouvée impossible à réaliser, à cause des opinions divergentes de ceux qui composaient le personnel de la Maison, et, dont l'esprit était bien différent de celui que le Père avait trouvé à la Charité. Mais, à mesure qu'il avançait dans sa lecture, avec un surcroît d'attention, il se sentait gagné, peu à peu, par la pensée de l'homme de Dieu, que tout le bien de l'avenir dépendait pour l'Hôtel-Dieu, de l'entourage à donner aux jeunes Sœurs, qui, semblables à de nouveaux plants d'oliviers, devaient abriter sous leur ombre, les membres délaissés et souffrants de la grande famille humaine.

Le manuscrit fut lu en plein Conseil, à la stupéfaction de tous : on s'étonna de n'avoir pas compris plus tôt une vérité qui frappait tout le monde. On voulut lire, chacun en particulier, ce manuscrit, pour bien en comprendre le sens, et le temps fut donné pour cette lecture.

Pendant qu'elle se fera, que le lecteur veuille bien la faire à son tour, et il verra que Dieu avait répondu à la foi de son serviteur, en lui mettant dans l'esprit, malgré son extrême jeunesse, la maturité et l'expérience, fruits tardifs et souvent amers d'une longue vie.

CHAPITRE XVII

Exposé de la vérité sur les troubles de l'Hôtel-Dieu à Lyon.

(Rapport de l'abbé Philéas Jaricot) (1827).

> « Si le Seigneur ne bâtit pas la maison, en vain travaillent ceux qui l'élèvent. » *Psaume 126.*

Messieurs les Administrateurs de l'Hôpital Général de Lyon.

Messieurs,

Lorsque je fus appelé aux fonctions de Maître Spirituel dans votre Hospice, la vue d'une Communauté aussi nombreuse que celle qui le dessert, son esprit, ses scandales, malheureusement trop connus, tout m'effraya, et j'aurais refusé un si pesant fardeau si le mal qui existe, rapproché du bien immense à faire, ne m'eût fait sentir pour ces Maisons la nécessité d'un renouvellement, dont peut-être Dieu m'appelait à être l'instrument. Les tentatives faites dans l'Hospice d'où je sortais, et dont l'état était presque aussi désespéré, les résultats évidents déjà obtenus, me persuadèrent que ce changement n'était pas impossible, surtout sous une Administration aussi religieuse, et de l'assurance que je reçus de la bouche de plusieurs de ses membres, et qui sans doute était le vœu de tous, que les moyens me seraient donnés pour opérer le bien, triomphèrent de mes répugnances.

C'est encore plein de cette confiance, et appuyé sur cette promesse, que je viens vous demander, Messieurs, non seulement le moyen plus puissant mais même le seul moyen que je connaisse d'opérer le bien dans votre Hospice, et sans lequel toutes mes espérances s'évanouiront en vains désirs, et ma présence sera d'une influence nulle sur cette Maison.

Ce moyen, c'est la réception et la distribution des frères et des sœurs dans leurs différents emplois, la nomination des veilleuses, la proposition des changements, et le soin de les annoncer aux sujets. J'hésiterais, Messieurs, à vous proposer ce changement, si j'avais à parler à des hommes moins pourvus que vous de zèle et de lumières. Je sais d'ailleurs combien les changements, même les plus nécessaires et les moins difficiles, rencontrent d'opposition dans la plupart des esprits ; mais je sais aussi que c'est aux hommes les plus recommandables de notre cité que je m'adresse, et que tout ce qui peut servir les grands intérêts qui leur sont si justement confiés, est accueilli par eux avec empressement.

D'ailleurs, Messieurs, ma demande est moins une dérogation aux règlements actuels de la Maison, que la conséquence essentielle des changements que la Révolution a opérés dans les règlements anciens. Avant la Révolution, l'Econome était toujours un ecclésiastique, car dans les Statuts et règlements imprimés en 1757, il est dit, au Chap. XVIII *Des fonctions des Prêtres :* l'économe est aidé dans la direction du spirituel de l'hôpital, par sept autres prêtres choisis par le Bureau... Depuis la Révolution, cet ordre a changé et l'Econome est laïque. Or, il est évident que ce changement a dû en apporter dans le règlement. L'Econome étant ecclésiastique pouvait avoir une autorité et des fonctions inhérentes à son caractère, qui n'ont pu être transmises à un successeur laïque. En effet,' les règlements de M. Prin chargent l'Econome de donner la permission de communier, c'est auprès de lui que doivent s'excuser ceux qui manquent aux prières et aux offices ; or, tout cela évidemment ne convient qu'à un ecclésiastique.

Ces points étaient trop clairs pour qu'on pût élever des discussions à leur sujet. Cependant par rapport à plusieurs autres articles, qui appartenaient aussi essentiellement à l'ecclésiastique chargé du moral de la Maison, mais où la nuance était moins tranchante, l'Econome a pu rester en possession. La réception des sujets était du nombre de ses articles, on sentit que l'ecclésiastique pouvait être seul juge des vocations et on lui accorda les réceptions, il y a quelque temps. Cette demi-mesure ne rendit au Maître Spirituel que la moitié de l'autorité nécessaire pour faire le bien. Et la Communauté resta dans un état très imparfait.

La religion et la justice, le bien de la Communauté, le bien de la paix, et enfin l'expérience, exigent que les placements soient encore mis entre les mains du Maître Spirituel. Pour le démontrer, il ne suffit pas de prouver que la Communauté ne peut être considérée que comme Communauté *religieuse*, et qu'une Communauté Religieuse ne peut être conduite que par un Prêtre.

Que la Communauté doive être considérée comme Communauté Religieuse, c'est un fait dont tout le monde demeure d'accord. Les malades ne peuvent être bien servis que par des Religieuses.

Un philosophe dont le témoignage ne saurait être suspect, Voltaire, en fait l'aveu dans son *Essai sur l'histoire générale*, tome IV, chap. cxxxv —, et il ajoute ces paroles remarquables : « *Les peuples séparés de la*

Communion Romaine, n'ont imité qu'imparfaitement une charité si généreuse. » Pourquoi?... Parce que, malgré tous leurs efforts, ils n'ont pu trouver des Religieuses parmi eux. Ils ont beau parler d'humanité et de philanthropie, ils ne trouveront jamais que des domestiques.

Peu de temps avant la Révolution, un savant de l'Académie des sciences fut envoyé par le gouvernement, pour examiner les hôpitaux d'Angleterre dont on vantait l'administration. A son retour il fit cette réponse : — « Il règne une police très exacte dans ces établissements mais il y manque deux choses : nos Curés et nos Religieuses hospitalières. » (1)

Comme on ne sent jamais mieux le prix de la lumière, que quand on en éprouve la privation, on ne sentit jamais mieux le prix et la nécessité des communautés religieuses pour desservir les hospices, que lorsque la Révolution les eût dispersées. Aussi la République elle-même, après les avoir si cruellement persécutées, les rappela, sous le Consulat. Elle voulut, il est vrai d'abord exiger d'elles, des changements analogues à l'esprit du temps, et dès lors, contraires à l'esprit de leur état, ainsi qu'aux règles de leur Institut. Mais sur leur refus, la République, toute République qu'elle était,

---

(1) Au mois d'août 1849, le roi de Prusse Frédéric-Guillaume, connaissant particulièrement M. de Magallon, chargé d'accompagner l'amie de Pauline-Marie chez la duchesse d'Angoulême, lui dit : « Je profite de votre passage à Berlin pour vous prier d'aller en visiter le grand hôpital. J'ai donné beaucoup d'argent pour l'établir, on y a mis tout ce qui peut soulager les malades et je ne reçois que des plaintes ; on s'y trouve fort mal. Voyez donc tout par vous-même et vous me direz ce qui manque. »

M. de Magallon visita l'hôpital et interrogea les malades. Tous se plaignaient, comme s'ils eussent été dans la détresse tandis que tout y abondait... Chacun s'y trouvait malheureux... Le visiteur raconta sa visite au roi, et celui-ci répondit : « Je comprends bien ce qui manque dans cette demeure : il y a des murs, des lits, des remèdes, mais on n'y trouve pas *vos Sœurs de charité, ces anges terrestres qui savent consoler.* »

Et c'était la *vraie* cause des plaintes entendues.

leur rendit leur première Institution, en avouant, dans les motifs qu'elle allègua, (voici ses propres paroles) :

« Que les secours nécessaires aux malades ne pou-
« vaient être administrés que par des personnes vouées
« par état au service des hospices, et dirigées par l'en-
« thousiasme de la charité : et que parmi tous les hos-
« pices de la République, ceux-là seuls sont administrés
« avec plus de soin, d'intelligence et d'économie, qui
« ont rappelé dans leur sein, les anciennes Élèves de
« cette *sublime institution :* les filles de la Charité,
« dont le seul but est, de former à la pratique d'une
« charité sans bornes. »

En 1808, il fut question de donner aux sœurs de Saint-Vincent-de-Paul, l'existence légale. Le gouvernement d'alors si ombrageux, mit d'abord en question si on ne changerait pas quelque chose à leur institution.

« Où trouverait-on, répondit Monsieur de Boulogne,
« que dans une *institution religieuse,* ces soins
« et ces vertus si nécessaires au service des pauvres !
« Comment donc se soutiendraient-elles, sans autre
« règle que cette police admirable, qui, si longtemps
« a fait toute leur gloire ? Comment auraient-elles
« la même vertu, si elles n'avaient pas le même esprit ?
« Et comment auraient-elles le même esprit, si elles
« n'avaient pas le même Institut et la même discipline ?
« Ne serait-ce pas vouloir l'effet sans vouloir la cause ?
« Ne serait-ce pas se contredire grossièrement, en
« croyant qu'on pourrait élever l'édifice de la charité
« sur les fondements ruineux d'une bienfaisance mon-
« daine, qui n'est pas plus la charité que la vaine philo-
« sophie n'est la sagesse ? »

Aussi, d'après M. de Boulogne, on ne peut trouver que dans une institution religieuse, ces soins et ces vertus nécessaires au service des pauvres et c'est se contredire grossièrement et vouloir l'effet sans vouloir la cause, que de les chercher ailleurs..... Le gouvernement d'alors, le sentit, car il laissa aux sœurs de Saint-Vincent-de-Paul leur institution et il les autorisa.Il est vrai que cette organisation a laissé quelque chose encore à désirer, parce que ces Communautés trop peu nombreuses, ont été obligées d'appeler à leur secours, *des servantes.* Mais ce qu'il y reste d'imparfait, prouve précisément ce que j'avance, qui est : que les malades ne peuvent être bien servis que par des Religieuses, car tout le vice de la chose consiste précisément de ce que tout n'est pas *Commaunauté Religieuse.* Je le demande à tous ceux qui connaissent les hôpitaux desservis par les sœurs de la charité : laisseraient-ils quelque chose à désirer, sous le rapport du personnel, s'il n'y avait *que* la Communauté?... Et c'est précisément ce que je demande pour nos hospices.

Or, messieurs, quand les incrédules, la République et l'usurpation, ont été forcés d'avouer cette vérité de fait : *la nécessité des Communautés Religieuses dans les hospices,* ce n'est pas vous, Messieurs, que la piété distingue entre tous nos concitoyens, et qui vous dévouez avec autant de zèle et de générosité à tout ce qui est bien, ce n'est pas vous, dis-je, qui voudriez vous opposer à l'un des plus grands bienfaits de l'Eglise catholique, qui a été de confier toujours ses plus riches trésors, « les *malades et les pauvres* » à ce qu'il y a de plus pur et de plus parfait dans son sein : *aux Communautés Religieuses.*

Jamais certainement, vous n'avez voulu considérer les personnes, qui se consacrent au service des malheureux, dans ces hospices, comme des *domestiques...* Vous n'avez pas non plus prétendu, prendre un milieu, et, vouloir qu'elles fussent ou religieuses ou *domestiques,* puisque ce moyen eût été le plus mauvais de tous, et n'aurait pu amener dans votre Communauté que des personnes nulles, qui ne pouvaient être ni de bonnes domestiques, ni de bonnes religieuses ; les bons domestiques cherchent de bons gages, et vous les payez moins que partout ailleurs ; elles ne pourraient être de bonnes Religieuses parce que les *bonnes Religieuses* cherchent de *bonnes institutions*, une *bonne règle*, qui mette leur salut à l'abri, et qu'elles ne veulent pas être Religieuses à demi ; car il n'y a pas d'être plus dégradé qu'une Religieuse qui n'a pas l'esprit de son état — si ce n'est un mauvais prêtre.

Vous considérez la Communauté, comme Communauté religieuse : la nature des œuvres auxquelles elle s'applique et qui sont toutes des œuvres de Religion, l'intention des personnes qui se consacrent à ces œuvres, l'habit qu'elles portent, la pompe des cérémonies qui accompagnent leur consécration, tout démontre qu'elles doivent être considérées comme une Communauté Religieuse et ne peut être conduite que par un *prêtre*, comme un régiment ne peut être conduit que par un colonel. En effet, un *prêtre* seul peut en être le supérieur délégué, et par conséquent, distribue tous les emplois. Pour faire une Communauté Religieuse, il ne suffit pas de rassembler un certain nombre d'hommes ou de femmes, de leur donner un costume, puis de mettre un *contremaître* à leur tête et de dire : *Voilà une Communauté Religieuse...* « Supprimons un instant, dit un auteur judicieux, le règlement des filles de saint Vincent de Paul, elles ne seront bientôt plus ce qu'elles sont... c'est-à-dire qu'elles cesseront d'être Religieuses.

On y verrait encore, il est vrai, se présenter des personnes d'une classe inférieure, mais qui n'étant point animées de l'esprit de pauvreté et d'abnégation, n'y seraient conduites que par des motifs d'intérêt, et alors, elles seraient dans ces maisons, ce que sont des domestiques chez leurs maîtres.

On put bien donner dans cette erreur et se contredire aussi grossièrement, ainsi que le dit M. de Boulogne, aux approches de la Révolution, ou lorsque à peine

remis de ses violentes secousses, on chercha à réorgani-
ser ce qu'elle avait dispersé. On put même trouver
alors très parfaite, cette *imitation imparfaite*, de ce qui
se fait dans l'Eglise catholique ; ainsi que le dit Voltaire,
en comparant cette imitation, avec ce qui venaït d'exister... Mais nous sommes revenus à des temps meilleurs ;
depuis longtemps les Communautés anciennes ont
rassemblé leurs débris et brillent d'un plus bel éclat
que jamais. Mille institutions de tous genres, s'élèvent
sous nos yeux, et il est digne, Messieurs, de votre piété
et de votre sagesse, de faire ce que le malheur des
temps a empêché à vos prédécesseurs d'exécuter.
C'est certainement là, le plus beau monument que vous
puissiez laisser des sentiments qui vous distinguent ; le
plus grand bienfait, le secours le plus puissant, le plus
agissant et le plus durable, que vous puissiez procurer
aux malheureux, et le moyen de graver plus profondément votre nom dans les cœurs de tous les gens de bien.

Non, Messieurs, une réunion de personnes, quel que
soit son costume, conduite et distribuée dans les emplois, par un Econome laïque, tout pieux même, que vous
le supposiez, ne sera ni ne pourra être censée Communauté Religieuse, jamais même elle ne pourra marcher.

Messieurs, quelque science que l'on suppose à un
magistrat, quelles que soient les études qu'il ait faites,
l'expérience qu'il ait acquise, la réputation qu'il ait
méritée, jamais il ne sera propre à conduire un régiment. Pourquoi ? Parce qu'il n'est pas du même état,
que sa science n'est pas du même genre, qu'il n'a pas
le secret du métier, la vocation, un je ne sais quoi qui
le mette en rapport intime avec le soldat.

Mais n'y a-t-il pas encore plus de disproportion entre
un Econome laïque, qui ordinairement est un homme
marié, et qui par son état et les occupations de toute
sa vie, est tout à fait étranger à l'esprit d'une Commu-

nauté? n'y a-t-il pas, dis-je, plus de disproportion entre lui et des Religieuses, qu'entre un magistrat et des soldats? Un prêtre même, qui commanderait un régiment offrirait-il un spectacle plus ridicule?

Messieurs, je le répète, la Communauté ne sera jamais dans un état naturel, jamais elle ne marchera, tant qu'elle sera ainsi gouvernée : Votre Maître Spirituel ne sera dans la Communauté que pour y être témoin inutile de tous les désordres ; le passé garantit l'avenir, et, je le démontrerai par des raisonnements que je veux appuyer sur une expérience de trente ans et sur des faits incontestables.

Mais supposons même, — ce qui ne sera pas, — qu'on voulût considérer votre Communauté comme des domestiques à gages, ou même ce qui est absurde, ce qui n'a point de nom, comme n'étant ni communauté religieuse, ni domestiques ; de quelque manière enfin qu'on la considère, si on n'y veut pas le désordre, il est nécessaire de confier les placements au Maître Spirituel, parce que tout le moral de la Maison dépend des placements, et pour qu'ils soient bien faits, il faut considérer bien plus les qualités spirituelles des sujets, que leur forces physiques. Il est des caractères tellement opposés, que les réunir, c'est changer les emplois en lieux de dissension et de dispute, en un champ de bataille. Il est d'autres caractères, au contraire, sensibles et tendres, qui courent les plus grands dangers à se trouver ensemble, parce qu'ils se lient, dès qu'ils se rencontrent, et que ces liaisons produisent toujours les coteries, et souvent des désordres bien autrement graves dans les mœurs. Il faut donc connaître d'abord les caractères, les sympathies, les antipathies qui existent dans les communautés. Outre le degré de vertu, l'instruction et la capacité de chaque individu, pour ne pas l'exposer à des dangers au-dessus de ses forces. Il est des services à rendre aux malades, qui demandent une vertu longtemps éprouvée, un âge mûr, une grande connaissance de la Religion ; si les sujets qu'on y place manquent de ces qualités, leurs forces sont au-dessous des dangers, et par conséquent, ils sont dans un péril prochain de succomber, de perdre les mœurs ou la foi, et ordinairement l'un et l'autre. Il est même des tempéraments que leur constitution rend incapables d'emplois semblables, et qui peuvent être des sujets précieux partout ailleurs.

Ces principes sont-ils vrais ?

Eh bien, maintenant, quel est celui dans la Maison, qui doit et même qui seul peut juger toutes ces choses ?

Les forces physiques, tout le monde peut les connaître ; mais qui doit juger les dispositions spirituelles ? C'est aux *prêtres* seuls que Dieu a confié le dépôt des consciences ; ce sont les *prêtres* seuls qu'il a chargés de la conduite et du salut des âmes ; et jamais les personnes de la Maison oseront-elles faire l'aveu de leurs faiblesses, de leurs tentations, des dangers qu'elles courent à un autre qu'à un *prêtre*?... Eh Messieurs, dans quels malheurs la violation de principes aussi évidents, n'a-t-elle pas entraîné la Communauté ?...

Les placements entre les mains d'un homme que son état et sa vocation rendaient essentiellement étranger à tous ces détails, ont dû devenir nécessairement, et n'ont plus été en effet, qu'une opération mécanique ; des bras à mettre là où il y avait des vides à remplir. En voilà tout le secret. Dès lors il n'y a plus de choix à faire, il n'y a plus eu de raison pour mettre à la tête des emplois, une personne plutôt qu'une autre ; et comme cependant il fallait se déterminer, on n'a plus compté que le nombre des années ; usage contraire au règlement qui dit, que si l'âge doit être considéré et mis dans la balance et l'emporter à *mérite égal*, il doit céder au mérite supérieur. Usage contraire au bon sens le plus commun ; car y a-t-il une société, un corps, un état, où l'âge seul conduise aux emplois, au gouvernement? Que serait une armée si on ne parvenait aux grades que par rang d'ancienneté?... La magistrature, si on n'arrivait que par ce moyen à ses différents emplois? Que doit donc être une Communauté, où depuis trente ans, on a ordinairement suivi cet usage?

Voulez-vous savoir ce qu'elle doit être? Le voici :

Les sujets élevés pendant la Révolution, sans principes religieux et peut-être sans mœurs (1) sont arrivés nécessairement à être les plus anciens, et alors ont dû être placés à la tête des emplois... Et ainsi, d'après ce principe désastreux, la Communauté a été livrée à ce qu'elle avait de plus ignorant et de plus mauvais dans son sein Qu'est-il arrivé? C'est qu'on a vu placer chefs ou cheftaines dans une Communauté religieuse des personnes dont certainement aucun honnête homme ne voudrait pour domestiques dans sa maison. Qui garderait chez lui, par exemple, une domestique qui s'enivrerait?... qui donnerait sa confiance à une servante qui jouerait à la loterie? qui recevrait pour femme de chambre une fille dont les mœurs seraient plus que suspectes et qui n'aurait aucun sentiment religieux? qui voudrait d'un valet joueur, buveur, et qui se serait scandaleusement enrichi à son service? Or, voilà, en grande partie les chefs et les cheftaines (Et j'en donnerai la preuve quand on voudra) à qui on confie à l'Hôpital des emplois où il y a six, huit, dix jeunes religieuses à conduire... Voilà celles qui servent des centaines de malades,... voilà celles qui sont établies dépositaires de la confiance et de la charité publiques (2) !!!

---

(1) Voyez l'exposé des faits. — (Exposé omis ici.)

(2) Qu'on voie l'exposé des faits, et on sera convaincu que je n'exagère rien. Je dois ajouter à ce que je dis que plusieurs des cheftaines actuelles sont entrées dans la Maison pendant la Terreur, et y ont été introduites par le Comité révolutionnaire; elles avaient toutes les opinions de ce temps-là. L'expérience a prouvé qu'il était rare que l'on en revînt.

Messieurs, ce n'est pas par votre autorité, que tout cela s'est fait ; votre confiance a été trompée ; vous avez toujours voulu le bien et vous le voudrez toujours. Vous avez ordonné de le faire, vous avez cru le faire ; mais ce bien ne s'est pas fait, parce qu'on n'a pas pris l'instrument naturel, le seul, que Dieu a choisi pour conduire une Communauté Religieuse et faire les placements.

Mais, que d'autres maux ont découlé de ce manque d'attention, ou plutôt de ce défaut de connaissance des dispositions intérieures, et de l'instruction des membres de la Communauté, dans celui qui est chargé des placements...

N'est-ce pas pour avoir été exposés à des dangers au-dessus de leurs forces que beaucoup de sujets se sont perdus dans vos Maisons ? Et qu'un certain nombre (comme j'en donnerai le détail à la fin de ce rapport) (1) s'est retiré après avoir déshonoré la Communauté et a été porter la douleur et l'infamie dans des familles honnêtes.

N'est-ce pas pour la même raison, que l'on a vu dans la Communauté et qu'il y reste encore tant de sujets sans piété, sans aucun fonds de religion, et qui donnent grandement à soupçonner qu'ils ont perdu la foi ?

*
* *

La Révolution, je le sais, a tout renversé ; mais les autres Communautés, aussi bien que celles-ci, sont tombées ; cependant toutes se sont relevées, il y a long-temps, et la vôtre est encore par terre. Non, ce n'est pas la Révolution qui a perdu les personnes dont je vous parle ; maintenant, elles sont trop jeunes pour l'avoir connue. Elles étaient entrées avec de bonnes

----

(1) Voir l'exposé des faits.

dispositions, dans vos Hospices ; elles croyaient fuir le monde et ses dangers, et mettre à l'abri leur innocence. Le salut, le salut seul pouvait les déterminer à renoncer, jeunes encore, à toutes les amorces des plaisirs, pour mener une vie laborieuse et sacrifiée, au milieu des morts et des mourants, sans aucun salaire, sans aucune consolation temporelle. Voilà ce qui les appela dans vos Hospices.

Quoi de plus facile que de faire fructifier un fonds si riche !... cultiver en elles leurs heureuses dispositions, les confier à des personnes capables de les instruire plus parfaitement encore de leurs devoirs ; les surveiller, les placer suivent leur âge, leur caractère, leurs inclinations et leurs forces.

Si on eût fait tout cela, celles dont je parle se seraient-elles perdues ? Aurait-on la douleur d'entendre tous les jours les personnes les plus zélées, regretter l'état d'innocence et de ferveur où elles étaient dans le monde ? Aurait-on la douleur de voir, en effet, que la plupart ne valent pas au bout de quelques temps, ce qu'elles valaient en entrant dans la Maison ? que plus elles vont, plus elles déclinent, que la sensibilité s'émousse par l'habitude ; que la pudeur disparait au milieu des dangers ; que la piété s'affaiblit par l'exemple ?... qu'elles deviennent grossières, dures, impatientes ?... Et enfin, s'il ne leur arrive rien de pis, qu'elles finissent ordinairement par s'abrutir à un tel point, qu'elles ne sont plus que des machines incapables de sentir la position d'un malade et de lui adresser la moindre parole de consolation ?... Voilà ce que devient une Communauté Religieuse entre les mains d'un Econome laïque... Car, je n'entends adresser ici aucune personnalité, je n'accuse personne en particulier, c'est le principe qui pèche ; c'est lui seul qui a son effet. Les auteurs que j'ai déjà cités, l'ont remarqué, et il est bien peu de personnes qui ne conviendront avec eux qu'il n'y a pas en France une Communauté, quelque fervente qu'on la suppose, (par ex., les Filles de saint Vincent de Paul ou les Dames du Sacré-Cœur, ou de Saint-Michel, etc.), qui même à présent que nous jouissons de la tranquillité publique, ne devînt ce qu'est la Communauté qui dessert vos Hospices, si on lui ôtait ses constitutions, pour la conduire de la même manière.

Messieurs, les jeunes personnes qui se consacrent au service de vos Hospices, en quittant leurs parents, ne veulent ni ne doivent pas consentir à devenir orphelines ; ce n'est pas à l'âge où elles y entrent qu'elles peuvent encore se passer des soins d'un père ou d'une mère ; tous les législateurs humains l'ont senti, et tous ils ont suppléé à la nature et au défaut de parents qu'elle avait donnés, ils en ont nommé pour les remplacer. Et cependant je vois ici de jeunes personnes de 17 à 18 ans, livrées à elles-mêmes, sans appui et souvent sans surveillance, je les vois, si elles ont besoin de conseils ou si elles éprouvent quelque chagrin, obligées de supporter seules, et de dévorer leurs larmes en secret, ou bien de chercher au hasard quelque confidente parmi leurs compagnes.

Messieurs, c'est à vous à leur servir de père; vous le devez, et elles le méritent: leur jeunesse, leur santé, des cœurs pleins de bonne volonté, leur vie même, voilà la dot qu'elles apportent à vos Hospices, et elles confient à votre sauvegarde leur innocence et leur salut...

A qui confierez vous vous-mêmes ce dépôt sacré?... A qui est-ce que Dieu a confié le salut des âmes? Je vous demande en son nom, je vous demande au nom de ces enfants, au nom de leurs parents, le moyen de mettre à l'abri leur innocence, que je vois à chaque instant exposée à faire naufrage, et qui souvent a péri.

DEUXIÈME PARTIE

---

*Réponses aux systèmes et ainsi qu'aux autres
difficultés qu'on pourrait apporter.*

Je vais prouver maintenant qu'il n'est point d'autre moyen à prendre, que celui que je propose et qu'on ne peut faire contre, aucune difficulté solide.

Les moyens que l'on pourrait prendre seraient, ou d'exiger que M. le Maître Spirituel s'entendit avec M. l'Econome, ou d'exiger qu'il fît des rapports à M. l'Administrateur de l'intérieur, qui les transmettrait lui-même à M. l'Econome. Or je démontrerai que ces deux moyens sont plus qu'insuffisants.

On peut objecter qu'il est possible que, quelquefois le Maître Spirituel ne soit pas propre au gouvernement de la Communauté ; qu'il est à craindre que si un ecclésiastique conduit la Communauté, il ne lui fasse perdre trop de temps en exercices de piété, et que le spirituel nuise au temporel ; on peut craindre l'envahissement de l'autorité spirituelle et la diminution de l'autorité de l'administration. Or, je répondrai à toutes ces difficultés, et je démontrerai qu'il n'en est pas une qui mérite votre attention.

C'est en vain que l'on chercherait à un si grand mal, un autre remède que celui que je propose. Au moral, comme au physique, pour détruire une maladie, il faut en détruire la cause. Or, j'ai démontré que le principe et la cause de tous les désordres qui avaient existé, et qui existent encore dans la Communauté venaient de ce que les placements ne sont pas entre les mains de celui qui peut connaître et diriger le moral de la maison.

1° Voudra-t-on que le Maître Spirituel s'entende avec l'Econome, et s'adresse à lui pour obtenir les changements qu'il désire? Mais, ainsi que je l'ai dit, c'est au Prêtre seul que Dieu a confié le soin des Communautés religieuses. Et pourquoi lui ôter ce que Dieu lui a donné?... Peut-il renoncer à une autorité essentiellement attachée à son caractère?... D'ailleurs, sur quoi s'entendra-t-il avec l'Econome? Celui-ci sentira-t-il mieux ce qu'on lui dira, que ce qu'il voit depuis trente ans, sans le comprendre? Non, ils ne peuvent pas voir les choses de la même manière et y mettre la même importance ; sur quoi pourront-ils encore une fois s'entendre? Sur les peines à infliger? — C'est donc au Prêtre à dénoncer. Sur quoi encore? Sur des fautes que le Prêtre doit cacher, et qui, autant que possible, ne doivent être connues que de lui et du coupable? Sur les changements nécessités par les dangers que pourraient courir certains sujets? Et il ne connaît ces dangers qui viennent de leur faiblesse, que par leurs propres aveux et sous le sceau du secret. Et vous le forceriez à trahir ce secret?

Non, Messieurs, votre Maître Spirituel ne peut être placé dans une position aussi fausse, aussi humiliante pour son caractère sacré... A quoi se réduit alors son autorité dans la Communauté? A un vil espionnage et voilà tout, il n'est plus que l'agent de police de votre Econome...

2° Mais on dira peut-être, que le Maître Spirituel fasse ses rapports à l'Administrateur de l'intérieur; qu'il les transmette lui-même à l'Econome... Ce moyen est le pire de tous, parce que c'est entretenir une guerre intestine dans la Communauté, c'est placer l'Administrateur de l'intérieur dans la plus difficile de toutes les positions. Comment l'Econome verrait-il de bon œil, que M. l'Administrateur connaîtrait les abus et les fautes, par un autre que par lui, puisque chaque abus découvert accuse son administration, et chaque faute, au moins grave, accuse sa vigilance?... Pour se disculper de n'avoir pas réprimé l'abus, ou découvert lui-même la faute, ne sera-t-il pas plus porté à pallier l'abus, qu'à le réprimer; et à excuser la faute, qu'à la punir? Puisqu'en agissant ainsi, il se disculpe lui-même, et n'est plus coupable dès lors d'avoir laissé subsister, ou d'avoir fait naître un abus grave, et d'avoir ignoré ou laissé impunie une faute grave, qui méritait un châtiment. C'est cette mesure qui a produit entre l'Econome et le Maître Spirituel une guerre intestine qui a scandalisé souvent les gens de bien, et a toujours divisé la Communauté. D'ailleurs, quel parti prendra M. l'Administrateur de l'intérieur, entre le Maître Spirituel qui affirme, et l'Econome qui nie, n'étant que pour un an, ou deux, ou trois au plus dans les Hospices? — Accablé de tant de détails de tous genres, et pour le personnel, et pour le temporel, se devant en premier lieu à sa famille et à ses propres affaires, comment pourra-t-il démêler le vrai du faux, lui qui souvent sera obligé de sortir de fonctions, avant d'avoir pu connaître seulement les noms des membres de la Communauté?

3º Mais ne pourrait-il pas se faire que l'Ecclésiastique placé à la tête de la Communauté ne lui convînt pas, ou ne fût pas propre à la conduire? Et alors, ne serait-il pas bien à propos, que monsieur l'Administrateur de l'intérieur, pût retenir les placements entre ses mains, pour les faire par l'Econome?

Messieurs, les choses humaines ne sont jamais sans

imperfections, et je ne prétends pas que la mesure que je propose soit toujours sans inconvénient. Il s'agit seulement de savoir si, de toutes les mesures à prendre, c'est celle qui en a le moins, et si les choses disposées ainsi, sont à leur place naturelle. Or, c'est ce qui résulte de tout ce que j'ai dit jusqu'ici : une Communauté Religieuse ne peut être conduite que par un *prêtre*. Voilà l'essence des choses que vous ne pouvez détruire — Mais ce prêtre peut ne pas convenir à la Communauté. — Voilà un accident qui ne nuit en aucune manière au principe, et qu'il faut réparer en conservant le principe dans son intégrité. Ainsi ce prêtre peut ne pas convenir à la Communauté, donc il faut en appeler un autre, c'est la seule conséquence qu'on en puisse tirer, comme s'il arrivait qu'un colonel fût inhabile au commandement d'un régiment ; qu'un magistrat ne fût pas propre aux fonctions qu'on lui confie, on le changerait. Mais dans ce cas, le commandement du régiment ou la place qu'occupait le magistrat, ne tomberait pas entre les mains d'un homme d'un autre état. Il peut se faire que l'Ecclésiastique ne convînt pas à la Communauté. Cela peut extraordinairement arriver, ainsi que je l'ai dit. Mais, n'est-il pas bien plus à craindre que M. l'Administrateur de l'intérieur, qui change tous les deux ou trois ans, qui est par son état et par les occupations de toute sa vie, étranger à l'esprit d'une Communauté, qui ne peut lui consacrer tout le temps qu'elle exige, n'est-il pas bien plus à craindre et n'arrive-t-il pas bien plus souvent, qu'il ne puisse pas la conduire ?...

Que serait un état, un commerce dont le chef changerait tous les deux ou trois ans ? Ce changement est à mon avis, une des principales causes qui ont toujours tenu vos Maisons dans un état incertain et dans l'enfance de la réforme.

Messieurs, si vous adoptiez la mesure contre laquelle

je viens de m'élever, vous livreriez la Communauté à l'arbitraire et ce sont les principes qu'il faut consacrer, parce que ce sont les principes qui fixent les choses. L'arbitraire, au contraire les expose à des changements continuels, parce qu'il les livre à la volonté des hommes, toujours incertaine. D'ailleurs, en attachant la distribution dans les emplois, à la place que le Maître Spirituel occupe, (ce qui est essentiel au caractère dont il est revêtu, et non pas à sa personne), vous rendrez le poste plus important, et il est certain que plus le poste aura d'importance, moins vous serez exposés à avoir des sujets incapables de le remplir ; parce que l'Administration ecclésiastique qui a à sa disposition un si grand nombre de sujets, proportionnera toujours son choix. à l'importance de l'emploi auquel elle appelle. L'autorité du Maître Spirituel n'étant plus pour l'Administration, une autorité qui fasse ombrage et dont on se défie, mais une autorité que l'on protège, sur laquelle on s'appuie, dont on se sert pour être l'instrument du bien, le Maître Spirituel devient le nœud de l'union la plus étroite entre les deux Administrations, et établit entre elles, les rapports les plus intimes, les plus avantageux au bien commun. J'en appelle à l'expérience : L'Administration de l'Antiquaille, composée en grande partie d'administrateurs des hôpitaux, a donné sa confiance au Maître Spirituel, elle l'a appuyé de toute son autorité dans le bien que son caractère l'appelait à opérer. Et dès lors, il n'y a plus eu choc entre les deux Administrations, on s'est entendu, et on s'entendra toujours. Pourquoi ? Parce que les deux Administrations ne veulent que le bien, et qu'on est d'accord dès qu'il s'opère ; tandis que quand il ne se fait pas, il est impossible de s'entendre.

La place de Maître Spirituel ne sera plus considérée comme une place pleine de désagréments et vouée aux amertumes de tous les genres (désagréments, amertumes capables d'aigrir le cœur d'un *prêtre*, qui ne devrait plus, il est vrai être un *homme*, mais en qui pourtant, il restera toujours quelque chose d'humain). Mais cette place sera plutôt une place de consolations, parce qu'à côté des sacrifices continuels qui s'y rencontrent, elle présente un bien immense à opérer, et des rapports honorables avec tout ce qu'il y a de plus considéré dans notre ville. Il est donc nécessaire d'attacher à la place de Maître Spirituel, ce que l'essence des choses, ce que l'ordre de Dieu, ce que le bon sens y attachent et ne pas détruire un principe, pour parer à des inconvénients. Toute autre demi-mesure ramènerait tôt ou tard les abus contre lesquels je réclame.

*
* *

4° Mais alors dira-t-on peut-être, il est à craindre que la religion ne fasse perdre trop de temps et que le spirituel ne nuise au temporel.

Supposer que la Religion peut nuire au temporel, ce serait supposer que la Religion peut être opposée à l'accomplissement des devoirs; ce serait par conséquent se contredire grossièrement et affirmer que la Religion peut être opposée à elle-même, puisque la Religion bien entendue, la Religion pratique consiste aux yeux de tous les hommes qui la connaissent, dans l'accomplissement de tous les devoirs.

Que sont ces œuvres, Messieurs? ne sont-elles pas toutes des œuvres de charité, des œuvres inspirées par la Religion? Et on croirait que la Religion qui les inspire n'est pas capable d'en régler l'exercice?

Non, Messieurs, non, il n'y aura jamais trop de Religion dans la Maison, parce qu'il n'y aura jamais trop de charité, et que la Religion et la charité c'est la même chose : *Deus caritas est.*

Plus il y aura de spirituel, plus il y aura d'économie dans la Maison; car plus il y aura de spirituel, plus les membres de la Communauté considéreront Dieu dans leurs emplois; le linge, les remèdes, les comestibles; tout cela deviendra à leurs yeux, non seulement le bien des pauvres, mais le bien de Jésus-Christ même, dont elles sont les dispensatrices et dont elles rendront un compte rigoureux. Plus il y aura de spirituel et mieux les malades s'en trouveront; parce que celles qui les serviront, ne verront plus en eux des malheureux, souvent indignes par leur caractère ou leurs vices, des soins qu'elles leur rendent, mais elles y verront leur Maitre Jésus-Christ même, qui tiendra pour fait à Lui, tout ce qu'elles feront pour eux. Par la même raison, plus le spirituel diminuera moins la religion aura d'influence et moins il y aura d'économie dans l'usage du patrimoine des pauvres, et moins de douceur à les servir.

Mais elles perdront trop de temps en exercices de piété... Non, Messieurs, elles n'ont pas besoin pour faire des œuvres de piété d'aller à l'église; toutes les actions de leur journée sont des œuvres de piété. Elles auront les mêmes exercices et pas d'autres. Seulement elles les rempliront mieux, et la Religion, loin de leur faire perdre leur temps, leur apprendra à se reprocher comme une faute, d'en perdre la moindre partie.

5° Mais peut-être craindrait-on l'envahissement de l'autorité spirituelle, sur la temporelle...

Messieurs, les anciens administrateurs de nos hospices, avaient plus de sujets de craindre cet envahissement que vous : le clergé était alors plus puissant qu'aujourd'hui. Et cependant, ces esprits mûrs et réfléchis, furent tellement pénétrés de la nécessité de la mesure que je propose, tellement remplis de cette pensée que la religion doit être l'âme de cette Maison, qu'ils avaient voulu mettre entre ses mains jusqu'au temporel et, ainsi que je l'ai déjà dit, ils avaient réglé que l'Econome serait ecclésiastique. Manquèrent-ils de discernement et de sagesse, ces esprits droits qui ont créé la gloire de ces Hospices ? Ceux qui ont su faire sortir la magnificence et la grandeur de l'économie et dont on peut se trouver à juste titre, fier encore dans notre siècle de suivre les plans et les vues ? Ils crurent que leur autorité ne devait jamais être opposée, et que le plus grand bien ne saurait non plus nuire à leur autorité, je le demande, manquèrent-ils de sagesse, ou bien connurent-ils vraiment leur force ? Loin de nous donc cette pensée, que l'autorité spirituelle cherche à envahir l'autorité temporelle. Comme vous, Messieurs, l'autorité spirituelle ne veut que le plus grand bien, et le plus grand bien ne peut résulter que du mutuel accord, dont j'ai déjà démontré que la mesure, objet de ce rapport, serait le bien le plus solide.

Ne verra-t-on dans ma démarche que l'ambition d'un *Prêtre* ? — Oui, Messieurs, c'est l'ambition d'un Prêtre ! ! ! — Un Prêtre vit pour le bien, et je me suis enseveli dans un hôpital, parce que là, j'ai vu plus de bien à faire qu'ailleurs. Oui, c'est l'ambition d'un Prêtre !... C'est l'ambition de saint Vincent de Paul qui était prêtre et que je voudrais imiter...

Messieurs, vous l'avez aussi cette noble ambition du bien ; vous êtes animés des mêmes vues que les bons Prêtres, et sans doute, vous ne partagerez pas contre eux l'esprit du siècle, et les préventions des impies... Qu'elles seraient nuisibles dans cette circonstance !...

Je vous prie en outre, Messieurs, de considérer qu'une mesure, si utile dans ses effets, est cependant très peu importante pour nous. En effet, l'Administration ne change rien d'essentiel à ses constitutions, en rendant à l'Ecclésiastique, placé à la tête de la Maison, beaucoup moins que vos prédécesseurs ne lui avait accordé, en ne lui rendant que les fonctions inséparables de son état et de son caracètre, en ne consultant que ce qu'exige rigoureusement le bien général de la Communauté, l'Administration ne fait que changer son **instrument**. Loin de diminuer son autorité, elle l'augmente, elle en acquiert un exercice plus libre et plus naturel, puisqu'ainsi que je l'ai prouvé, elle agira plus efficacement sur la Communauté par le Maître Spirituel que par l'Econome.

C'est par les résultats qu'il faut juger de la force d'une autorité ; plus les résultats qu'elle obtient sont avantageux, plus elle a vraiment de force. Mais si loin d'avoir des effets heureux, elle n'en a aucun, ou ne produit que des effets en sens inverse de ses intentions, cette autorité est au moins nulle. Or la mesure que je propose ne pouvant avoir que d'heureux résultats, ainsi que je l'ai démontré, ce qui a existé n'ayant eu que de fâcheux effets pour le bien particulier et général de la Communauté, il reste donc certain, que votre autorité loin de diminuer en adoptant ma demande, acquerra plus de force réelle et effective.

J'ai dit en commençant que les réceptions accordées au Maître Spirituel n'étaient qu'une demi-mesure ; et c'est ici le lieu de démontrer que, s'il n'a pas les placements, il ne peut pas, en conscience, se charger des réceptions.— Qu'importe en effet de recevoir des sujets innocents et vertueux, si on les voit, dès leur entrée, jetés au hasard et sans aucune précaution, au milieu des dangers!.. J'en appelle à tout homme qui a de la droiture. N'éprouve-t-on pas un sentiment de pitié et de compassion en voyant de pauvres personnes se présenter avec toute la candeur de l'innocence? La conscience ne crie-t-elle pas? Ne fait-elle pas un devoir rigoureux de les détromper; car, n'est-ce pas participer à leur perte, que d'en poser la cause? Messieurs, que feriez-vous à ma place?...

Peut-être pensera-t-on que le noviciat sera un remède suffisant à ce mal... Il est vrai, ces jeunes personnes pourront au noviciat acquérir l'esprit et les vertus de leur état. Mais que l'on considère bien la fragilité de l'homme, *dit un auteur déjà cité*, sa légèreté, son inconstance, et l'on sentira qu'il ne suffit pas de l'enflammer d'un zèle généreux, mais qu'il faut entretenir ce feu sacré, toujours prêt à s'éteindre. L'uniformité d'une vie monotone, des spectacles toujours répugnants, des exercices qui n'ont rien d'attrayant par eux-mêmes, inspirent bientôt le dégoût, et alors, les jeunes hospitalières auront les mêmes périls que celles qui les ont précédées.

Je termine ces réflexions quoique j'aie encore plusieurs considérations puissantes à développer. Mais j'en ai dit assez.

Je crois, Messieurs, vous avoir convaincus, autant que je le suis moi-même, que la Communauté qui dessert ces hospices, ne peut être considérée que comme Communauté Religieuse, et qu'une Communauté Religieuse ne peut être conduite que par un *Prêtre*. J'ai prouvé d'ailleurs que, de quelque manière qu'on voulût considérer la Communauté, pourvu qu'on n'y voulût pas le désordre, il était nécessaire de confier les placements au Maître Spirituel parce que tout le moral ou tout le spirituel de la Maison, ce qui est la même chose, dépendait des placements; et que la connaissance profonde qu'il fallait avoir des esprits et des cœurs, les détails de conscience dans lesquels il fallait entrer, pour les faire avec quelque discernement, n'était ni ne pouvait être du ressort d'aucun autre que d'un *Prêtre*. Je vous ai fait voir les conséquences absurdes où avait nécessairement conduit dans la pratique, le système contraire, et les désordres dans lesquels il avait entraîné la Communauté. Il restait à prouver que tous les moyens autres que celui que je propose seraient incomplets, contraires aux vrais principes et ramèneraient les mêmes abus. C'est ce que je crois avoir fait dans les dernières pages de ce rapport. J'ai enfin écarté victorieusement tous les soupçons d'envahissement ou d'ambition de la part du clergé, soupçons aussi indignes de vous, qu'injustes à l'égard de ceux qui en seraient l'objet. J'ai démontré que votre autorité loin, de diminuer, s'affermirait et s'agrandirait en produisant de plus grands et de plus heureux effets.

Maintenant, Messieurs, c'est à vous de décider.

Vous allez prononcer sur la Communauté. Sera-t-elle une pure réunion de domestiques à gages, ou une Communauté Religieuse?... Car, quel que soit le parti que vous preniez sur ma demande, elle ne peut être que l'un ou l'autre, suivant les mains dans lesquelles vous la placerez. Messieurs, toutes les personnes qui ont été amenées ou qui seraient inspirées de venir dans ces Hospices, par une véritable vocation religieuse, attendent avec anxiété ce que vous prononcerez pour se décider elles-mêmes. Vous allez arrêter si l'avenir ressemblera au passé, si l'innocence et la vertu seront toujours jetées, avec une indifférence aveugle, au milieu des dangers.

Messieurs, le tiers environ de la population de cette immense ville, vient mourir dans cet Hospice, dont Dieu vous a appelés à être les Administrateurs. C'est sur le sort, c'est sur le salut de tant de malheureux que vous allez prononcer. Ils tournent avec inquiétude leurs yeux sur vous; ils attendent à quelles mains vous allez les confier; ils vous demandent si c'est pour toujours, qu'ils ne trouveront dans cette Maison, que la dureté et l'insensibilité, au lieu de la compassion et de la douceur, pour leurs souffrances... l'indifférence, au lieu du zèle pour leurs âmes, et si les malheureux de ces Hospices seront éternellement condamnés à combattre seuls avec la mort... Ou bien si vous leur rendrez ces soins assidus, ces consolations touchantes que la Religion leur avait promis, dans leur affliction et qu'elle prodigue dans tant d'autres asiles de l'indigence. Consolations que cette Religion sainte verserait ici avec tant d'abondance, et par les mains mêmes de ces personnes, dont on se plaint à si juste titre, si on les avait autrement formées et autrement conduites...

Pour moi, Messieurs, j'attends votre décision avec confiance, car pourrais-je craindre après que Voltaire, les protestants, la République, Bonaparte ont avoué et que trente ans d'une expérience trop funeste ont si bien prouvé, que les malades ne pouvaient être bien servis que par une Communauté Religieuse. Pourrais-je craindre que les hommes les plus recommandables, et les plus religieux de notre cité, fissent à la Religion et à l'humanité, l'outrage de déclarer que les pauvres malades du Grand Hôtel-Dieu de Lyon, ne seront point confiés à une Communauté Religieuse, mais ne seront servis que par des domestiques ! Pourrais-je craindre qu'entre deux moyens de conduire la Communauté, on laisse celui qui est évidemment favorable pour suivre celui qui est évidemment nuisible?... Non, Messieurs, je ne le crains pas. Et si je vous ai parlé dans ce rapport, avec tant de franchise, c'est qu'outre que je ne sais pas parler autrement, je connais que vous désirez sincèrement le bien, et que, vous indiquer les moyens de le procurer sûrement : *c'est avoir obtenu d'avance votre suffrage.*

Oui, Messieurs, c'est à vous que Dieu a réservé l'honneur de procurer aux malheureux de ces Hospices, ces soins délicats et ces consolations touchantes, que la Religion seule sait inspirer à ceux qui lui sont consacrés.

Vous êtes ceux que Dieu a appelés à changer ce vain simulacre de Communauté, ouvert à tant de dangers et de scandales, en un asile sacré qui, en peu d'années, rivalisera de zèle et de vertu avec les hospitalières les plus ferventes.

Voici maintenant le tableau analytique des fonctions du Maître Spirituel et de celles de l'Econome telles qu'elles sont fixées par l'arrêté que vous allez prendre.

Fonctions du Maitre spirituel (1).

1° Il est chargé de l'ordre du service de l'église et de la sacristie.

2° De répartir MM. les aumôniers dans leurs fonctions.

3° De prévenir le bureau quand il en manque.

4° D'infliger des peines pour ce qui regarde l'ordre et le service de la communauté (2), sauf à en prévenir le bureau dans les cas graves.

5° Vous avez ajouté la réception des prétendants et prétendantes.

6° Les sorties qui ne sont pas pour le service de la maison.

7° Les placements que vous m'accordez et qui comprennent :

1° La distribution des Frères et des Sœurs dans leurs différents emplois, de concert avec M l'Administrateur de l'intérieur, et le soin de leur annoncer leurs changements.

2° Le soin de nommer les veilleuses dans les petites salles (3).

(1) Voyez la table analytique du règlement page xiv.

(2) Voilà à quoi se bornait l'autorité du Maître Spirituel dans la maison ; à une place de sacristain : car je ne vois pas que le droit de punir dans certains cas pût ajouter quelque chose à ce premier titre, à moins que ce ne soit quelque chose d'odieux

(3) Dans certaines salles de malades, le nombre des Sœurs n'est pas suffisant pour qu'elles puissent y fournir elles-mêmes des veilleuses, et alors, on désigne ces veilleuses parmi les Sœurs qui ne sont point attachées au service des malades. Il n'est pas parlé dans le règlement du choix de ces veilleuses et le peu d'importance qu'on y a mis a souvent conduit à de grands abus. (*Voyez l'exposé des faits.*)

Fonctions de l'Econome (1).

1º L'inspection du service et de la tenue des infirmeries et de tous les autres pour ce qui regarde le temporel.

2º Il a la surveillance générale de tous les ouvriers qui sont dans la maison.

3º Il veille à la conservation et à l'entretien du mobilier.

4º Il exécute les menus achats dont on peut le charger.

5º Il reconnait à leur réception toutes les marchandises et les denrées qui entrent dans la maison, telles que draps, toiles, vins, huile, etc., pour voir si elles sont en quantités et qualités convenues.

6º Il veille sur les consommations et en fait la vérification.

7º Il a le contrôle des menues recettes, ainsi que celui de tous les registres.

8º Il paraphe les registres de la pharmacie.

9º Il reçoit et pèse les viandes.

10º Il prend soin des vins et veille à ce qu'il n'y ait point de dilapidation.

11º Il est chargé de la recette et de la vente des graisses et autres objets de ce genre.

12º Il a les clefs des magasins des comestibles et en tiendra registre.

13º Il veille à la cuisson des viandes.

14º Il veille à la recette et à la consommation des bois et en tiendra registre.

15º Il est chargé de faire exécuter les règlements particuliers de la taillerie sous la direction de trois recteurs.

16º Il permet les sorties pour le service de la maison. — Ces sorties, pour les Sœurs, doivent être visées par le Maître spirituel.

17º Il surveille les chirurgiens et leur permet les sorties sur le billet du chirurgien en chef.

(1) Il est quelques points que je désigne et qui ont été oubliés dans la table analytique mais qui appartiennent évidemment à l'Econome.

18º Il peut (1) faire infliger des punitions pour les négligences dans le service et dans la tenue des salles.

19º Il réprimera les malades et les étrangers qui feront des désordres dans les salles.

20º Il assiste avec les administrateurs à l'ouverture des paquets des morts.

21º Il fait tous les soirs la vérification de la recette de la barrière et en tient registre ; l'argent en sera remis toutes les semaines au recteur de la porte.

On voit par ce tableau qu'en retirant M. le Maître Spirituel de la nullité où les nouveaux règlements l'avait placé à l'égard de la Communauté, on laisse à M. l'Econome d'assez nombreuses et d'assez importantes fonctions, pour l'absorber tout entier et pour qu'il reste persuadé que, dans la mesure que vous prenez vous n'êtes mûs par aucune considération personnelle, vous ne lui ôtez point votre confiance, mais que vous considérez seulement l'intérêt général de la Maison, qui exige, abstraction faite des personnes, que les choses soient ainsi disposées. La police de la chirurgie, la police des malades, la surveillance des ouvriers, la réception et la vérification des marchandises et des denrées, leur entretien, l'économie des consommations, la conservation du mobilier, en un mot, le matériel immense de cette Maison, voilà ce que vous laissez sous sa surveillance et sa responsabilité. Que de connaissances en commerce et en administration, n'exigent pas des détails aussi multipliés... Et si c'est un principe reconnu que dans une maison où l'on veut que l'ordre et l'économie règnent, *l'œil du maître* doit être partout. Quelque activité que l'on suppose à un économe pourra-t-il y suffire ? Et s'il est certain qu'il ne peut y suffire, au

(1) Je mets *peut faire*, parce qu'il ne semble pas convenable qu'il impose lui-même des punitions si la Communauté est considérée comme Communauté religieuse.

moins le bien général demande-t-il que son attention y soit fixée, tout entière, pour prévenir et empêcher autant qu'il le pourra, les fraudes, les dilapidations, les détériorations, qui menacent de tous côtés les grands établissements.

Qu'on y réfléchisse bien. Si l'Econome met dans la réception et dans la reconnaissance des marchandises et des denrées, cette attention dans les achats ou dans les ventes, dont il peut être chargé, cet intérêt que met dans ses affaires un négociant actif, qui travaille pour son propre compte, s'il met dans la surveillance du travail des ouvriers, cette activité qu'y apporte un entrepreneur intelligent, qui sait que l'économie des journées, peut doubler son bénéfice, s'il apporte à la conservation du mobilier ou à la consommation des denrées, cet ordre sévère qu'apporte dans son ménage le chef d'une nombreuse famille, qui veut avec de médiocres ressources, faire face à tous ses besoins : quelle vigilance, quels soins multipliés !...

Mais aussi, que de grandes économies pour la Maison.

CHAPITRE XVIII

Réponse désirée et redoutée (1828).

> « Le Seigneur m'a châtié sévère-
> ment, mais il ne m'a pas livré à la
> mort.
> « Ouvrez-moi les portes du sanc-
> tuaire de la justice, j'y rentrerai
> pour rendre grâces au Seigneur.
> « C'est la porte du Seigneur, les
> âmes y entreront.
> « Je vous rendrai grâces de ce
> que vous êtes devenu mon Sauveur.»
>
> Ps. cxvii.

Les membres du Conseil général firent comme leur chef, ils hésitèrent un instant d'abord, à cause des préjugés impies des *anciens* et des conséquences odieuses qui pourraient résulter de la demande faite par le Maître Spirituel, dont le zèle et le dévouement n'étaient pas compris de ceux que la *maçonne* avait nourris?

Cruelle nourrice !

Mais après avoir médité les pages destinées à les éclaircir et surtout après avoir considéré le courage et la générosité du Chef Spirituel de l'immense famille de l'Hôtel-Dieu, ils lui rendirent l'hommage d'un consentement unanime, à son beau projet et lui donnèrent l'assurance que le concours de *tous* les membres de ce Conseil ne lui ferait jamais défaut, dans tout ce qu'il croirait devoir entreprendre pour le bien et la consolation des malades.

Avec cette assurance, Philéas se sentit fort, car Dieu était avec lui et Il le guiderait dans ses entreprises dont il était la fin suprême.

La nouvelle de la création du *Noviciat*, se répandit avec la rapidité de l'éclair, dans la grande demeure des pauvres. Elle causa une immense joie à ceux que la truelle n'avait pas touchés, et même à ceux qu'elle n'avait fait qu'effleurer. Mais les autres !... Inutile de dépeindre leur rage... Elle ne fit aucun bruit, rien de secret... ne pénètre au dehors... Seulement, l'avenir fit comprendre, hélas ! qu'ils en versèrent des larmes du crocodile qui voit ses victimes lui échapper, en filant dans un courant d'eau pure jusqu'à la haute mer, dont les flots sont trop limpides pour permettre à leurs grosses pattes d'y barboter...

A partir de cette fondation, les haines que les impies avaient conçues pour l'homme de Dieu s'accrurent et se manifestèrent de mille manières diverses, pour le blesser, toujours en secret en toute occasion. Pauline-Marie affirme si loin et si vite, que son frère perdit la force de son tempérament, par suite des violences qu'il se faisait pour dévorer les amertumes ignobles des procédés dont il était

l'objet, pour avoir élevé une barrière infranchissable entre le vice et la vertu.

C'était pourtant la lumière qui brillait pour tous
à l'horizon si ténébreux jusque-là.

Mais le hibou et la colombe n'en voient pas
de la même manière les premiers rayons. A leur
aspect, le hibou abaisse sa paupière nocturne et
s'enfuit dans quelque creux obscur pour achever
d'y dévorer sa proie et attendre de nouvelles ténèbres ; tandis que toute joyeuse, la colombe ouvre
ses jolis yeux, jette sa douce plainte à la brise et
vole de branche en branche, jusqu'à ce qu'elle
ait choisi la place de son nid...

Malgré cette colère de l'enfer, le *Noviciat* était
fondé, et à partir de ce moment, il se forma de
vraies Sœurs hospitalières, c'est-à-dire des *chrétiennes* vouées *pour Dieu seul* à des êtres souffrants
et malheureux, qui réclamaient des secours, pour
leurs pauvres cœurs affligés, brisés quelquefois
et des soins fraternels pour les innombrables souffrances qui les clouaient sur leurs lits de douleurs...

Le père composa, pour sa famille spirituelle, un
règlement très simple, mais dans lequel tout était
prévu et déterminé de manière à satisfaire les consciences les plus délicates, et à guider sûrement
celles qui avaient failli et qui voulaient suivre la
bonne route... Ce règlement paternel était posé sur
deux assises, l'humilité et la parfaite charité, qui
doivent être les vertus capitales des Sœurs hospitalières : « Combattre l'orgueil sous toutes ses

formes et se rappeler, pour cela, toutes *les humiliations* de Jésus-Christ.

Quant à la charité : ne pas oublier que ce Sauveur a souvent pris la forme du pauvre, et que sa vie entière a été celle du plus pauvre des hommes... Donc, ne jamais dire un seul mot de reproche, aux malades sur leur pauvreté et s'il arrivait d'oublier sur ce point le règlement, réparer vite cet oubli, en demandant humblement pardon à qui a été offensé. Et le Père surveillait de près cette charité et il tenait à la maintenir à sa hauteur céleste, dans les âmes des Sœurs, afin qu'elles pussent mériter le beau titre d'anges terrestres, qu'on leur donne généralement.

La transformation s'opérait dans le milieu choisi. On s'en apercevait dans les salles des malades et même au dehors de l'hôpital. Ce changement répandait sur tous les visages, un air de paix inaltérable même sur ceux des Sœurs soignant les plus affligés par la maladie, quelque chose de la divine et tendre pitié que Véronique devait avoir, quand elle essuyait le visage du Sauveur, montant au Calvaire.

Pour raviver chaque jour le courage des Novices le *Père* composa cette prière qui devait être faite chaque matin, avec grande attention et dévotion.

« Jésus-Christ, Sauveur de *tous*, ayez pitié de mon extrême faiblesse !... Que je vous voie et vous trouve en toute chose ; afin qu'aucun sacrifice ne me paraisse trop dur, au souvenir de tous ceux que vous avez faits pour moi, vous qui êtes descendu de la splendeur des cieux dans une pauvre étable, et qui avez enduré tant de mépris sur la terre ! Que je vous voie et vous aime dans les pauvres que je verrai aujourd'hui !... Donnez-moi l'amour de cette pauvreté et je serai plus riche que tous les riches du monde, parce que en mourant, j'emporterai avec moi mon trésor. Amen !

Ce père des âmes n'oublia pas ce qui pouvait adoucir la pénible tâche, ou plutôt le fardeau de chaque jour ; car les occupations des Sœurs en était bien un qui recommençait sans cesse.

Il comprenait que la jeunesse a besoin de distractions ; aussi, dans sa bonté, loua-t-il une toute petite propriété, charmante à cause de ses beaux aspects, et qui était si voisine de l'antique sanctuaire de Marie, qu'on pouvait s'y rendre sans sortir de chez soi. Elle se composait d'une maison, entourée d'un clos qui descendait à l'est du côté de Lyon et d'où l'on voyait des paysages délicieux ! Les Alpes et le Mont Blanc même n'y faisaient pas défaut. Mais tout y était si pauvre que la *marraine* de cette solitude — Pauline-Marie — l'avait surnommée Nazareth (1).

On y venait joyeusement toutes les semaines, après six jours d'un pénible travail auprès des mala-

(1) Elle était sur l'emplacement de la basilique actuelle de Fourvière.

des, et on s'y trouvait *chez soi*, et le *chez soi* est si bon quand il est pur et que la conscience est en paix ! Or, celui du pauvre petit Nazareth n'offrait à l'âme et au cœur que ce qui pouvait les élever et les détendre...

Après la sainte Messe, presque toujours suivie de la bénédiction du Saint Sacrement, dans l'antique chapelle, chaque Sœur arrangeait pour la journée sa petite vie, de manière à la rendre agréable et reposante, libre à chacune d'accepter ou de refuser telle ou telle distraction, les âges, les goûts et la fatigue variant selon les emplois, liberté sur ce point étant entière.

Pauline-Marie avait installé dans la maison et même au dehors des jeux tranquilles pour les plus âgées ou les plus fatiguées. La jeunesse utilisait ses jambes, dans de jolies promenades et la visite aux parents qui dormaient à Loyasse n'était pas oubliée. Tout ceci se faisait sous la direction d'une ou deux Sœurs d'un âge respectable, qui savaient rendre tout attrayant et que le père désignait lui-même.

Philéas avait obtenu l'autorisation d'ériger dans le joli clos le Chemin de la croix. On en suivait les stations tous les jours de congé pour obtenir la conversion des pécheurs et le retour de l'Angleterre à la foi catholique (1).

---

(1) Pauline-Marie partageait l'esprit de son frère, sur le retour prochain des Anglais à la foi de leurs ancêtres, foi ardente, qui aurait fait donner à leur île le nom d'Ile-des-Saints. Elle avait établi à Fourvière et ailleurs, des réunions où l'on priait pour ces nobles égarés, auxquels le pape S. Grégoire-le-Grand avait trouvé des visages d'anges.

Après chaque journée de cet agréable congé, les Sœurs reprenaient joyeusement le chemin de l'Hôpital, en pensant que si, à Nazareth les heures passaient vite, à Lyon, elles étaient plus méritoires puisqu'on y soulageait des infortunés qui attendaient leur retour avec impatience et auxquels elles apportaient quelques jolies fleurs des champs ou quelques fruits de leur petit clos, pour leur prouver qu'on n'avait oublié personne, ils étaient contents...

Ce repos hebdomadaire était pour *toutes les Sœurs du Noviciat*, qui venaient tour à tour à Nazareth, par bandes de quinze à vingt personnes, selon le travail plus ou moins grand des salles de malades.

Quand arrivait l'époque des vacances, — 15 jours accordés chaque année aux Sœurs pour se reposer et pour aller revoir leurs familles, — celles qui n'en avaient plus, allaient à Nazareth, toujours sous la conduite des Sœurs choisies par le *Père* qui surveillait tout ce qui regardait son cher Noviciat, lieu de paix et de dévouement.

Rien de bon pour l'âme et le cœur ne manquait à ce nid de colombes. Philéas jouissait de donner en même temps l'essor aux pensées élevées, et de venir ainsi en aide à ces femmes dévouées, dont la vocation était si sévère et remplie de sacrifices de tout genre.

Dans son ardent désir de lui faire connaître Notre-Seigneur, il profitait de toutes les occasions de l'instruire et de mettre en eux un peu de cet esprit de foi des anciens jours, où le peuple, si malheureux aujourd'hui, parce qu'on lui a ôté la foi, gardait l'espérance d'une merveilleuse vie, après celle de la terre. Il leur répétait souvent cette douce et tendre invitation du Sauveur: « Venez à moi, vous tous qui êtes fatigués et chargés et je vous soulagerai... » Il leur rappelait que dans la Judée, ce bon Maître était suivi d'une foule innombrable qui l'écoutait et qui, charmée par ses paroles, le suivait pendant plusieurs jours, sans se préoccuper de la nourriture et du repos, ravie qu'elle était de le contempler et de l'entendre.

Il parlait avec cette force de conviction qui pénètre l'âme et l'émeut si profondément, que, même l'âme dévoyée, tôt ou tard était heureuse de retrouver son Sauveur !.. Il voulait rendre aux *petits*, que l'impiété avait séparés de l'Eglise, des aspirations autres que celles-ci :

« Nous n'avons pas d'âme. Nous marchons seulement vers la tombe, où tout sera fini. Nous voulons pour la vie l'égalité et la liberté. Mais la liberté sans entraves, pourquoi pas ?... Dieu est un rêve, et la famille est un esclavage !... Jouissons. »

En écoutant ces cris sourds et d'autres plus blasphématoires encore, le frère et la sœur avaient rêvé de les transformer en paroles de vie. Mais la *Pieuvre* l'apprit et la haine les brisa au milieu de leurs saintes espérances.

On s'étonnera peut-être de la similitude des pensées de Philéas et de sa sœur, avec celles de

Joseph de Maistre, sur le rapprochement si désirable des différentes classes de la Société. L'un et l'autre reproduisent souvent cette parole de l'illustre *penseur :*

« Dites à ceux qui déplorent les maux de la
« France de diminuer autant que possible l'orgueil
« de ceux que la fortune ou le rang place en haut :
« ce serait le plus sûr moyen d'arriver à la paix,
« qui conduit une grande nation à ses glorieuses
« destinées (1) ».

(1) Les belles et éblouissantes pensées de Joseph de Maistre, ont pour ainsi dire bercé les deux derniers-nés de la famille d'Antoine Jaricot. Celui-ci vit plusieurs fois M. de Maître, chez leur commun ami, M. l'abbé Besson, le futur évêque de Metz, à qui l'illustre auteur des *Considérations sur la France* avait confié l'impression et les corrections de son ouvrage, écrit à la hâte, presqu'au moment de son départ pour la Russie. Lorsqu'il venait à Lyon, ni Philéas ni Pauline ne le virent, ils étaient trop jeunes pour jouir du charme indicible de sa conversation mais leurs aînés apprécièrent par eux-mêmes cet homme, si bon, si aimable, qu'il était impossible de l'oublier, après l'avoir entendu une seule fois. On parlait de lui dans les réunions du soir chez la famille Jaricot et c'est ainsi que les pensées de l'écrivain-prophète devinrent celles des deux derniers enfants de cette famille *chrétienne.*

Quand il eut quitté ses chères montagnes de la Savoie, pour aller passer près de vingt ans à la cour de Saint-Pétersbourg, comme ministre plénipotentiaire du roi de Sardaigne, il vécut de *pauvreté réelle* et de *splendeur apparente*, car la Révolution avait pris tous les biens de ses parents, et le roi, son maître, devenu pauvre aussi ne pouvait lui donner que sa reconnaissance, au lieu d'honoraires à la hauteur de la haute position dont il l'avait revêtu. Joseph de Maistre ne trouva pas là une raison d'abandonner son *poste d'honneur*, et il *l'occupa bravement* ; chez lui, rideaux d'indienne, domestique d'occasion, repas composé de soupe, portion qu'il partageait avec ce domestique, payé très peu cher. Mais le soir venu, deux laquais, son équipage, son beau costume de cour l'accompagnaient, et il arrivait ainsi en grand seigneur, dans cette cour d'un luxe presque asiatique, et où nul ne se doutait de la réalité, sauf l'empereur Alexandre, qui offrit au noble étranger un poste et

A cela Philéas ajoutait : « Le *remède* à ce mal est facile, puisque le cœur le renferme : l'amour !... » Avec ce doux remède, on vaincrait tout, même la *pieuvre franc-maçonne*, qui replierait ses mille et mille *pattes*, et s'enfuirait avec les fauves, dans les forêts.

Il nous tombe sous la main une petite lettre de M. Delphin, président du Conseil général de l'Administration des hôpitaux civils de Lyon. Cette lettre est un témoignage de plus que nous aimons à reproduire pour attester les bons rapports qui existaient entre les membres du Conseil et le Maître Spirituel et, pour faire comprendre ce que nous avons déjà donné à entendre, que ce corps très digne de respect, demeurait étranger à la haine et aux vengeances excitées contre l'homme de Dieu.

---

des honoraires plus élevés. M. de Maistre refusa, voulant demeurer fidèle à son roi malheureux.

La politique de cet ambassadeur était de dire *toujours la vérité*.

Il avait le don de charmer tout le monde par son esprit fin et des plus attrayants. Quant à son génie, à son savoir et à sa vertu, ils étaient hors ligne. C'est un des plus beaux caractères qu'on aime à rencontrer, mais qu'on ne retrouve plus. Lui aussi, comme Philéas, devait tout à son père, et surtout à sa mère, de laquelle il disait : « C'est un ange auquel Dieu a prêté un corps... ». Il lui garda toujours une affection et une confiance sans borne. Même à un âge où la jeunesse prend l'essor, il continua de consulter sa mère — Mlle Demotz — sur le choix des lectures qu'il voulait faire.

Il y aurait trop de belles choses à dire, de ce chrétien, de ce presque *prophète* de l'avenir de la France, pour ne pas se borner, en parlant de lui. Lire ses ouvrages est le meilleur moyen de le connaître.

> *Monsieur,*
>
> *Monsieur Philéas Jaricot,*
> *Maître spirituel de l'Hôtel-Dieu,*
> *Lyon.*

Le Président
du Conseil général de l'Administration.

Monsieur,

J'ai regretté de ne pas m'être trouvé chez moi lorsque vous avez pris la peine d'y venir. Mais la lettre que vous m'avez adressée, m'a fait connaître le motif de votre visite : M. Perret était déjà parti pour Chaponost. Je lui ai écrit à l'instant même, afin que dès son arrivée (mardi) les ouvriers fussent placés dans le local que vous avez choisi pour l'établissement du Noviciat. Je lui demande d'y faire travailler sans relâche afin que cet appartement soit prêt dans le plus bref délai. L'Administration attend de bons résultats de cette nouvelle disposition, elle compte beaucoup sur la coopération de votre zèle et de votre dévouement.

Veuillez agréer, Monsieur, l'assurance de la considération avec laquelle j'ai l'honneur d'être,

Votre très humble serviteur.

A. Delphin,

Nous sommes en 1828. Deux ou trois ans ont changé bien des choses autour du *Père* Philéas : son visage n'a presque plus l'*air* de famille, cette espèce d'épanouissement paisible d'une vie de calme et de travail, sous un toit protecteur. Certes,

le travail ne lui manque pas... il remplit ses jours
et ses nuits !... Mais la paix !!... Il la trouvé, devant
Dieu, au fond de son âme... Mais les sympathies
ambiantes qui soutiennent et qui soulèvent au-
dessus des traits des passions humaines, elles lui
manquaient presque de toutes parts, dans cet
hôpital bouleversé par la Révolution et par le
travail incessant de l'impiété. Il ne s'en plaignait
pas, mais les lignes de ses traits accusaient, malgré
tout, une continuité d'épreuves intimes, qui, du
jeune homme de 31 ans, faisaient presque un vieillard... On s'apercevait bien que le Père mangeait
très peu à ses repas, quand une scène violente de
quelque nature qu'elle eût été, les avait précédés.
On lui conseillait de se faire remplacer auprès des
mourants, qui ne s'étaient pas rendus à sa parole
et qui se débattaient contre les terreurs de la mort,
et les tourments d'une âme sans foi qui va trouver
son juge... Il voulait aller jusqu'au bout, et il
finissait presque toujours par toucher les désespérés. Il était touchant de l'entendre alors, exalter
la beauté de Jésus-Christ et sa miséricordieuse tendresse pour les coupables!... « Si le sang du Sauveur
n'enveloppait pas le monde par le sacrifice de
l'autel, il y a longtemps que Dieu l'aurait anéanti, »
disait le ministre de sa miséricorde. Aussi, avec
quel respect il montait à l'autel pour offrir la
victime de tous ? On devinait en lui le médiateur des
péchés de son peuple! Il l'aimait tant, lui, ce peuple, souhaitait pour lui tant de bien et de paix !

Il ne cherchait pas les grandes phrases, mais la touchante simplicité de l'Evangile. Ses auditeurs pauvres le comprenaient et étaient touchés de ses paroles ; et même les savants, les lettrés, qui souvent se mêlaient aux pauvres, se sentaient émus d'amour pour le Christ Sauveur et Consolateur. Ce travail d'humble prédication, interrompait souvent ses études les plus sérieuses, et lui prenait ses heures de loisir. On le lui faisait remarquer, mais lui de répondre : « Qu'importe les loisirs? Je me suis donné et abandonné à Jésus-Christ, qui possède toutes les puissances de mon être. Je ne suis plus rien. Lui seul vit en moi ! Il s'incline, par moi, vers les pauvres, les humbles de *son peuple*, pour les soulager et les sauver du péril des pièges tendus sur leur route. Ils écoutent ma voix et ils reviendront tôt ou tard vers Jésus-Christ.

Le temps paraissait bien court au *Père* de cette grande famille souffrante. Il s'oubliait auprès d'elle, jusqu'à passer une partie de ses nuits, auprès des plus irrités pour les amener à se soumettre... Il usait de tous les moyens de les toucher et souvent, il pleurait en leur parlant de la bonté de Dieu, qui n'attend qu'un regard d'amour pour pardonner toute une vie de péchés. Quand tout avait été inutile « on l'entendait parfois murmurer : « Il y a entre la vie et la mort des mystères dont la miséricorde divine peut profiter... »

C'était sa suprême espérance.

Rien n'était quelque chose pour lui, autant que ses pauvres. Son père, son frère et ses sœurs lui demandaient-ils de revenir chez lui de temps en temps sous le toit paternel, il répondait : « Je me suis voué aux membres souffrants de mon Sauveur ; je dois vivre au milieu d'eux et chercher à adoucir leurs maux. Je n'ai plus ni père, ni frère, ni sœurs. — Je ne donne à ma famille naturelle, que mon constant souvenir, devant Dieu et surtout à l'autel où je suis tout puissant. »

Et il demeurait à son poste angélique, pour montrer la route du ciel à ceux qui n'avaient plus d'espoir. Il mettait en Dieu toute sa confiance, bien qu'on lui fît connaître les haines que sa conduite excitait contre lui. Plus il empêchait le mal, plus il était coupable aux yeux de ceux qui le faisaient par besoin. On lui parla de vengeances probables. Il ne voulait pas y croire ni supposer qu'on pût répondre par tant de haine au bien qu'il brûlait de faire.

Parlant de ce temps, Pauline-Marie dit : « Mon frère eut tant à souffrir à l'Hôtel-Dieu qu'il s'y consumait à vue d'œil. Après quelques mois, il était devenu méconnaissable. » Il s'abandonnait à son Sauveur, qu'il avait tant redouté, au moment de son ordination de ne pas *l'aimer assez véritablement.* »

Cette *sœur* dévoué aux œuvres de son frère ne parle pas de son constant dévouement et de celui de Mme Perrin à le seconder de leur bourse et de leurs conseils. Ils n'avaient qu'une même pensée : celle de faire sauver les âmes, après avoir franchi tous les degrés qui séparent la bonté humaine de la miséricorde divine, c'est pourquoi ils avaient soif du retour de la France à son Dieu, et ils travaillaient à en hâter l'heure, car dès ce temps, on cherchait à déchristianiser cette France, notre chère patrie !

Vers ce temps-là — 1828 — Philéas écrivait à son ami de cœur, M. Victor Girodon, une petite lettre, où malgré ses tristesses intimes, on retrouve encore quelque chose de son aimable malice d'autrefois.

A M. Victor Girodon, à Satilieu (Ardèche).

Lyon, 26 mai 1828.

Cher Confrère et Ami,

Comment vous trouvez-vous de votre noviciat dans le sacerdoce ? Oh ! profitez-en bien ! Ce sont les beaux jours de la vie ! C'est alors que l'on peut comprendre le *quam dilecta tabernacula !* C'est alors que l'on sent le *concupiscit et deficit !* et que l'on s'écrie souvent : *Quam bonus Israël Deus !* Ce temps, si nous savions bien le ménager, durerait toujours. Mais, hélas ! les embarras du siècle, le tumulte de la vie, etc. Priez le bon Dieu pour moi pendant que vous êtes encore cénobite.

Mais ce n'est pas là le but principal de mon épistole : vous êtes vivement demandé pour la Charité. Vos surieurs ont répondu de vous sonder, pour savoir si vous n'éprouveriez point de répugnance, ou même si vous préféreriez ce poste. Veuillez donc me répondre sans retard ; de pauvres orphelins à catéchiser, des vieillards à exhorter à bien mourir, quelques personnes pieuses à conduire : voilà la besogne courante. Vous ne serez pas surchargé. C'est même le poste le plus doux, après l'aumônerie des Visitandines. Du reste une vie réglée, une heure fixe pour le lever et le coucher, après huit heures de sommeil, une nourriture saine et tout ce qu'il faut pour vous remettre. Messieurs les vicaires qui sont nommés à ce poste, trouvent que c'est là une vie de chanoine. Vous me direz que je n'y engraissais pas? C'est que je travaillais plus au dehors qu'au dedans. Dieu m'avait donné de la santé et je sentois qu'il fallait l'employer. Ainsi vous pourriez là en prendre suivant vos forces, à mesure qu'elles croîtront. Si vous avez besoin d'étudier vous trouverez assez de temps, etc. Enfin, c'est le poste le plus favorable pour ne pas se noyer tout à coup dans les embarras d'un ministère difficile et étendu, et comme on dit pour cuire son pain pour l'avenir.

Veuillez croire à mes sentiments d'affection, avec lesquels je suis,

Votre ami tout dévoué en Jésus-Christ.

Philéas JARICOT.

M. l'abbé Girodon refusa, sans doute à cause de sa faible santé, et aussi à cause des innombrables tribulations dans les quelles il le voyait plongé. Ces mêmes tribulations ne l'attendaient-elles pas lui-même? Il ne se sentait pas la force de les supporter. Il voyait bien que « le corps de fer » de

son ami ne tarderait pas à se briser, tant « de
mains s'acharnaient à y arriver (1).

(1) Cependant cet ami, ce frère était loin d'avoir le caractère
faible, avec sa santé débile. Une de ses parentes nous a fait
connaître ce petit détail qui prouve en lui une grande énergie.
Nous ne savons pas à quelle époque eut lieu le fait raconté.

M. Victor Girodon avait toujours souhaité de voir Pie IX et
de visiter Rome ; mais son mal même s'opposait aux fatigues
d'un pèlerinage et sa bourse n'était pas assez grosse pour qu'il
se passât le plaisir de partir en voiture de poste. Il cherchait
donc quelque moyen mixte de faire le voyage. Cependant il
avait beau chercher, il ne trouvait rien.

Un beau matin, — nous ne savons en quelle année — le
voilà presque sûr de sa chère affaire : passant sur l'une des
places de Lyon, il s'arrête et regarde attentivement un fiacre à
deux chevaux et un homme qu'il connaissait un peu et qui
était habillé en cocher ; il lui dit bravement : « Monsieur le
cocher, je pense que vous, votre voiture et vos bêtes, vous
pourriez m'emmener à Rome, avec un peu de patience, car je
suis malade et j'ai besoin de me reposer bien souvent, cela
vous ira-t-il ? Je vous paierai tous les jours, tant la journée.
Nous séjournerons à Rome et nous en reviendrons avec la bénédiction de Pie IX. On marchera tant qu'on pourra, le temps
ne nous manque pas pour nous reposer quand nous en aurons
besoin... »

' L'homme accepta joyeusement ce moyen *unique* de voir le
grand Pape et la Ville Sainte. Et l'on partit, en toute confiance, sans se préoccuper des *si* et des *mais*, que les possesseurs d'*autos* auraient dit de nos jours, avant de monter dans
leurs lourds véhicules.

Le voyage en fiacre eut lieu. Nous n'en racontons pas les
aventures, toutes joyeuses. On vit Pie IX, qui rit de bon cœur
de ce moyen d'arriver jusqu'à lui. On visita Rome et l'on
revint lentement à Lyon, l'âme calme et heureuse d'avoir joui
des souvenirs sacrés ensevelis dans les catacombes ou d'autres
lieux.

M. Victor et son conducteur se quittèrent, après des *semaines*
de contemplations qui avaient ravi leurs âmes. Le cocher ajouta
à son salut d'adieu :

« Monsieur, vous penserez à moi, à ma voiture et à mes
deux bonnes bêtes, si jamais il vous revenait le désir de retourner à Rome. *L'un et les autres, seraient contents de vous
y remener.* »

« Je vous le promets, répondit le voyageur. Je leur garde le
meilleur souvenir. »

CHAPITRE XIX

Philéas avoue lui-même les effets de son zèle

> « Ce n'est point pour vous donner
> de la confusion que j'écris ceci ;
> mais ce sont des avis que je vous
> donne, comme à mes frères très
> aimés. »
> (Ep de S. Paul aux Corinth., III, 14).

Parmi les pages tracées par Philéas, il en est quelques-unes où sa plume vaillante se reconnaît sans peine, et retrace, après 78 ans du silence de la tombe, une partie des efforts de sa charité en faveur de sa famille spirituelle de l'Hôtel-Dieu.

Cette *voix d'outre-tombe*, est venue, contre toute prévision, éclairer l'abrégé bien défectueux du peu de jours que Dieu lui avait donné de passer sur la terre.

Après l'avoir vu fonder son Noviciat, nous allons apprendre de lui-même comment il le conduisait et ce qu'il en espérait.

Monsieur le Président du Conseil général
des Hospices de Lyon.

« Je suis trop rassuré sur les dispositions bienveillantes de l'Administration et sur les vôtres en

particulier pour croire que les sourdes intrigues
de quelques esprits mécontents puissent en rien
diminuer une confiance sur laquelle repose tout
le bien que peut opérer mon Ministère. L'Administration sait assez qu'il est impossible de vouloir
et de maintenir avec fermeté le bien sans rencontrer des obstacles, sans irriter les murmures et
soulever les appréhensions de ceux que ce bien contrarie. Ainsi, loin de me plaindre, j'avoue avec reconnaissance que si je suis parvenu à amener
quelques résultats heureux, après Dieu, c'est à
l'appui constant dont vous avez secondé nos efforts
à la sagesse avec laquelle vous avez su mépriser
tout ce qui pouvait ruiner ou affaiblir une harmonie sans laquelle il n'y a plus d'ordre possible,
que j'en suis redevable ; vous en avez le premier
mérite et vous en partagerez la récompense. J'ai
désiré souvent m'entendre plus fréquemment avec
vous pour vous faire connaitre tout ce qui me
semble vicieux dans la Maison et vous communiquer toutes mes vues et prendre de vous les conseils
que la longue expérience que vous avez de la
conduite des hospices, jointe à vos lumières, rendent si précieux ; mais la multitude de vos occupations y a toujours mis obstacle, et c'est pour
cela que je prends la liberté de vous écrire, pour
vous manifester à cœur ouvert ma pensée tout
entière, espérant que vous voudrez bien me répondre avec la bonté et la franchise qui vous sont
propres. Voici donc, Monsieur le Président, mon

opinion sur la situation actuelle de la Maison et la connaissance qu'une surveillance active et journalière de tous les individus et de tous les emplois m'en a procurée.

En général, je crois que les deux Communautés marchent mieux. Il y a plus de religion et de piété, plus de respect pour les règlements, plus de douceur et de charité, et les désordres contraires aux mœurs sont devenus de plus en plus rares, même depuis un certain temps, je n'ai eu aucune plainte à faire sur cet article.

Je viens à chaque classe en particulier.

1º Le Noviciat.

Cet établissement a parfaitement répondu aux espérances qu'on en avait conçues ; on commence à en recueillir les fruits précieux et il en promet de plus abondants encore. Son influence se fait sentir dans la Communauté et même au dehors. Dans la Maison, la piété, la modestie, la douceur et les bonnes manières des jeunes Novices ont adouci jusqu'à un certain point les mœurs âpres et dures de quelques personnes de la Maison. Au dehors, l'établissement du Noviciat a produit une sensation plus vive encore et a réconcilié en grande partie l'opinion générale avec la Communauté dont la réputation était restée frappée des coups funestes que la Révolution et ses suites avaient portés. Jusqu'ici, Messieurs les Curés trouvaient plus conformes à leur ministère et aux intérêts des âmes qui leur étaient confiées d'éloigner les sujets d'une vocation où se rencontraient beaucoup de périls, peu de bons exemples et des moyens de salut rares. Les parents jaloux de l'honneur de leurs enfants et de celui de leur famille étaient effrayés par des événements fâcheux que la malignité avait rendus assez publics et employaient tout l'ascendant de leur autorité pour s'opposer à des désirs qui, quelque purs qu'ils fussent, pouvaient avoir une issue si funeste. Mais dès que l'établissement du Noviciat et le pied religieux sur lequel on commençait à marcher ont pu être connus, ces obstacles ont considérablement diminué ; chaque jour, Messieurs les Curés m'écrivent pour me proposer des sujets dont ils connaissent d'autant mieux la vertu et la vocation que pour la plupart ils les ont eus sous leurs yeux depuis la plus tendre enfance ; les parents accordent aussi plus volontiers leur consentement. Pour démontrer cette amélioration, il suffit d'exposer sous vos yeux la différence énorme qui existe sur le registre d'inscription des Postulantes entre l'année 1826 et l'année de l'établissement du Noviciat. Dans la première, il ne s'est présenté que 30 sujets environ, dans la suivante, déduction faite des sujets nombreux qu'une santé débile ou un âge trop avancé mettait hors de rang, il y en a eu au moins 120 d'inscrits. Plusieurs jeunes personnes de bonnes familles et dont l'éducation a été soignée, désirent avec ardeur se consacrer au service des malades et font depuis plusieurs mois les plus grands efforts pour vaincre les obstacles qu'elles trouvent dans le sein de leurs familles.

On a reçu, depuis mon entrée dans la Maison, pour remplacer les vides qui se sont faits, environ quarante personnes dont dix ont été rendues à leurs parents pour défaut de santé, seize ont fini leur noviciat et sont maintenant placées dans les différents emplois où elles justifient le choix que l'on en a fait et les soins qu'on leur a donnés ; quatorze sont encore au Noviciat et ne donnent pas de moindres espérances. Il serait difficile de faire ici le tableau de tout ce que ces enfants offrent de consolant. Une piété franche, un désintéressement sans bornes à tout ce qu'il y a de plus pénible et de plus dégoûtant, une obéissance prompte et joyeuse forment l'ensemble du Noviciat. Des vertus si difficiles ne sont pas l'effet d'efforts pénibles et d'une surveillance sévère, mais tout se fait naturellement et par amour pour Dieu, la charité la plus tendre adoucit tous les sacrifices et change la peine en plaisir ; il n'est presque besoin ni de réprimande, ni de punition ; elles s'avertissent elles-mêmes de leurs moindres défauts, se reprennent les unes les autres de leurs petits manquements à la règle, se consolent et s'encouragent dans leurs peines et, j'ose le dire, il n'est pas de famille qui offre un spectacle de paix et d'union aussi parfait que celui que donnent ces enfants que la Providence a rassemblés de différents pays, de différentes conditions et sans s'être jamais connus auparavant. On ne pouvait confier la conduite de cet emploi, le plus important de tous à mes yeux, à des mains plus expérimentées qu'à celles de Sœur Coindre. Je ne la connaissais pas lorsqu'on lui confia cet emploi ; mais depuis longtemps elle jouissait de la confiance de l'Administration et de celle de ses supérieures ainsi que de l'estime de toutes ses compagnes. Elle avait été mise à la tête d'un emploi bien longtemps avant son tour par M. Jacquier et s'était toujours distinguée par une grande piété, mais surtout par un jugement sain, beaucoup de tact et de délicatesse et un caractère d'une douceur et d'une égalité à toute épreuve. C'est par ces précieuses qualités qu'elle a suppléé à l'expérience qu'elle ne pouvait avoir et a beaucoup contribué à établir dans cet emploi l'ordre admirable qui y règne. Elle aime tous ses enfants avec une véritable tendresse, il était juste qu'elle fût payée de retour ; aussi l'ont-elles dépouillée de son titre de maîtresse pour la nommer leur Mère, ce nom si doux ne leur a point été imposé ; il est venu de leur cœur où elle a su elle-même le graver (1).

Voici les principaux usages du Noviciat.

Chaque Postulante subit, à son entrée dans la

(1) Ce pieux abbé Jaricot frappé de la ferveur de Sœur Emilie Chavent, la chargea en second du soin des Novices. Ce fut pour ce motif que M. l'abbé Gabriel, fondateur des Sœurs de Bon-Secours, lui confia plus tard ses desseins, et la mit à la tête de cette nouvelle Société.

(P, Jobert. *Hist. des Sœurs de Bon-Secours*).

Maison, trois mois d'épreuve avant de recevoir le costume des novices. Ces trois mois se passent environ moitié au Noviciat et moitié dans les rangs des malades. Le temps qu'elle reste au Noviciat est destiné à étudier son caractère, sa piété et ses autres qualités morales. Celui qu'elle emploie au service des malades est destiné surtout à éprouver sa santé et ses autres qualités physiques. Le temps d'épreuve expiré, les Postulantes admises reçoivent l'habit de novices et font à cette époque trois jours de retraite à la fin de laquelle on les conduit à la chapelle de la Sainte-Vierge où la Messe est célébrée à leur intention. Pendant la Messe, on leur fait une instruction sur la sainteté de leur vocation et les obligations qu'elle leur impose comme novices. — Le temps du Noviciat varie suivant les besoins des emplois ou ceux de chaque novice en particulier. L'expérience démontre que le temps le plus court doit être d'un an ; mais pour quelques sujets, il doit être prolongé jusqu'à deux. A la fin de leur noviciat, elles ont encore trois jours de retraite avant de recevoir l'habit de la Communauté après laquelle elles se rendent de nouveau à la chapelle de la Sainte-Vierge, assistent à la Sainte Messe qui se dit pour elles, entendent une instruction et prononcent une consécration à la Sainte Vierge au moment de la communion (1). Leurs occupations sont ainsi distribuées pendant leur séjour

---

(1) Voir cette consécration aux pièces justificatives.

au Noviciat. Chaque jour, un détachement de postulantes et de novices enliassent jusqu'à huit heures du matin les pattes et les linges sales qui ont servi au pansement des plaies pour se familiariser par là avec la mauvaise odeur et vaincre leur délicatesse en commençant par ce qu'il y a de plus dégoûtant. Les autres se rendent dans les petits emplois de femmes malades que l'on nomme les coins pour aider à faire les lits, elles y restent jusqu'à dix heures. Ces deux exercices leur servent de récréation et elles n'en ont point d'autre dans la journée que de parler quelques instants pendant le travail. Le reste de la journée est divisé en trois parties à peu près égales, pour la religion, l'instruction et le travail des mains. Elles veillent chacune dans les salles des malades environ tous les quatre ou cinq jours. Toutes les semaines, lorsque le temps le permet, elles vont accompagnées de leurs Maîtresse dans une petite campagne attenante à l'église de Fourvière, car il est nécessaire à leur santé de changer d'air de temps en temps. Les exercices de piété sont les mêmes que ceux de la Communauté; on s'applique seulement à ce qu'elles en profitent bien.

Depuis longtemps l'usage avait consacré que les Postulantes donneraient outre un trousseau complet, la somme de deux cents francs pour se fournir le costume de la Maison. Cet argent et celui que la Maison leur donne est mis en commun entre les mains de leur Mère. Elle prend ensuite sur la masse pour leur fournir également à toutes ce qui leur est nécessaire ; de cette manière, toutes sont également bien, et aucune n'a rien à envier à l'autre. Dès qu'il leur manque quelque chose, ou même si elles avaient quelque petite dépense particulière à faire, elles le disent à leur Mère qui leur donne ce dont elles ont besoin. Elles sont débarrassées de tout souci pour elles-mêmes et de la crainte de manquer de rien et par conséquent de tout désir d'acquérir et d'amasser pour pourvoir à l'avenir, ou bien du danger de dissiper inutilement leurs petites économies et de se trouver au dépourvu dans le besoin. Elles n'ont, il est vrai, que le nécessaire, mais elle sont assurées de l'avoir toujours. Ce moyen indispensable employé dans toutes les communautés, outre l'avantage d'établir l'ordre et l'uniformité parmi les jeunes personnes, a encore celui d'entretenir entre elles l'union et la charité, il leur semble qu'elles sont plus véritablement sœurs, et qu'il est plus facile de n'avoir qu'un cœur et qu'une âme quand elles n'ont qu'une même bourse. Aussi, quelle différence avec ce qui existait avant l'établissement du Noviciat ! Une jeune personne entrait, la voilà le même jour en costume, jetée dans le premier emploi venu, cherchant au hasard, à peu près comme aurait fait un enfant abandonné, un appui, une mère, dans la première personne qui se rencontrait et qui voulait bien accepter cette charge Autant de filles, autant de Mères différentes ; autant de Mères autant d'esprit, de manières de voir et de faire, de coteries et de petites sociétés particulières, sans compter celles qui par amour de l'indépendance aimaient mieux marcher seules et se conduire elles-mêmes ; et on appelait cela une Communauté?... Encore un autre avantage dans cet ordre de chose en général. — J'avais été frappé, même avant mon entrée dans la Maison, des inconvénients nombreux qui se trouvaient dans les communications entre le Maitre Spirituel et un si grand nombre de jeunes personnes. Ces communications étaient nécessaires ; la santé, le travail, la conscience et mille autres détails les rendaient indispensables, et cependant que d'inconvénients ne présentaient-elles pas dans leur multiplicité et leur nature même... Cet inconvénient cesse en plaçant les choses dans l'état où elles doivent naturellement être : je laisse à la maitresse du Noviciat le soin de tous ces détails, relativement à celles qui ont passé sous sa main, et elle me consulte toutes les fois qu'il y a quelque chose qui le mérite.

Un changement aussi considérable dans la direction des jeunes personnes ne pouvait manquer de faire parler en diverses manières La partie la plus saine et la plus nombreuse de la Communauté regrettait depuis longtemps que la Maison fût à cet égard à une si grande distance de toutes les autres Commuanutés existantes et la vit par conséquent s'opérer avec plaisir. Mais les mécontents, quelque médiocre que soit leur nombre, font toujours plus de bruit que ceux qui veulent l'ordre ; aussi, les personnes connues pour avoir été de tout temps opposées au bien, celles qui ont fait leur noviciat dans un temps de licence et de désordre ; de plus, quelques esprits faibles et étroits que toute espèce de changement contrarie parce qu'elles ne connaissent que leurs habitudes et n'en veulent pas sortir, n'ont pas été lentes à faire éclater leurs plaintes et leurs mécontentements. Mais loin de chanceler, c'est au milieu de leurs contradictions que l'établissement s'est affermi : on n'a voulu voir pendant quelque temps qu'oisiveté dans les occupations du Noviciat ; il n'était besoin ni de tant d'éducation, ni de tant d'instruction pour avoir soin de pauvres malades ; on l'a dit hautement ; on a donné à l'établissement et aux jeunes personnes des surnoms que l'on regardait comme injurieux ; on les a plaintes même en leur présence avec affectation et hypocrisie du prétendu esclavage où on les tenait. Les moindres manquements dans les choses inconnues pour elles, ont été relevés et grossis avec malignité. On les a quelquefois rebutées, grondées ; parce qu'au milieu de ces contradictions ces enfants se formaient à l'esprit de douceur et d'humilité : tant de regards jaloux fixés sur elles les obligeaient à s'observer avec la plus sévère exactitude dans leurs moindres démarches. Je me gardais bien de les défendre parce qu'il était infiniment plus avantageux pour elles qu'elles n'eussent d'autre soutien et d'autres justifications que la patience et leur vertu. Aussi, s'il est vrai que la jalousie ne soit pas tout à fait éteinte, il est vrai pareillement qu'on leur rend en général justice maintenant sous le rapport de l'obéissance, de la douceur et des bonnes manières. Les plaintes qui se font encore entendre retombent plutôt sur moi que sur elles ; parce que ces plaintes proviennent de ce que d'après la règle invariable que je me suis faite de ne placer jamais ces enfants dans des emplois dangereux avant de les bien connaître ; ceux dans lesquels je puis les placer sont assez circonscrits d'où il résulte quelquefois que je suis obligé de placer deux ou trois novices en même temps dans une même salle. Il faut les former au travail et au soin des malades ; de là, surcroît d'embarras pour les plus anciennes ; mais cet inconvénient, quelque grand qu'il soit, est bien inférieur au bien qu'il produit. D'ailleurs, c'est une difficulté momentanée puisqu'avec le temps elles se forment et apprennent à travailler ; et ainsi dans peu, l'inconvénient aura cessé et le bien restera.

Des Prétendantes.

Le corps des prétendantes s'est amélioré par l'éloignement de quelques sujets mauvais ou nuls qui ont été renvoyés ou qui se sont retirés d'eux-mêmes ; car une remarque digne d'attention, c'est que sur onze prétendantes sorties depuis mon entrée, la Maison n'a pas fait une seule perte. Que l'on compare ceci avec ce qui arrivait avant le nouvel ordre de choses, et on sentira combien il est vrai que tous les bons sujets l'approuvent. Il y a cependant entre un grand nombre de prétendantes et celles qui ont passé au Noviciat une nuance tranchante dans le ton, les manières ainsi que dans la piété Les défauts de la première édu-. cation n'ont point été corrigés ; ce sont elles, ainsi que je l'ai dit plus haut, qui se sont trouvées, dès leur entrée dans la Maison, dans un état d'isolement et d'abandon qui les a forcées de s'attacher souvent sans discernement aux personnes qui ont bien voulu prendre soin d'elles ; et voilà ce qui a produit et ce qui entretient encore l'esprit de coterie à la place de l'union générale qui fait la perfection et le bonheur des Communautés.

Un autre mal, plus profond que tous ceux dont j'ai parlé ; la plupart des prétendantes n'ont point fait d'autre étude de la Religion que celle que font les enfants des basses classes de la société avant la première communion. Etude superficielle qui consiste souvent plus dans le souvenir mécanique des mots que dans l'intelligence du sens qu'ils renferment et de la liaison qui unit les différentes parties entre elles ; souvenir qui s'efface par conséquent bien vite de la mémoire et ne laisse absolument rien dans l'esprit que des idées vagues et confuses souvent mêlées de beaucoup d'erreurs. Ainsi, elles restent exposées sans défense aux propos impies que l'on entend aujourd'hui partout, dans le danger prochain d'affaiblir ou de perdre

la foi et toujours incapables d'adresser aux malades
des paroles de consolation qu'une Religion solide
et éclairée seule inspire. Les instructions et les
sermons donnés dans les chaires chrétiennes
supposent toujours dans les auditeurs les premières notions du christianisme et par conséquent, ne sont pas propres à les leur apprendre.
Pour remédier à des inconvénients si graves pour
elles-mêmes, pour les malades et pour la Communauté, pour amener l'uniformité dans l'esprit et
dans les manières, j'ai cru nécessaire de rappeler
successivement au Noviciat les prétendantes qui
paraissaient encore susceptibles de quelque éducation : l'épreuve a réussi ; et il n'en est pas une
seule de celles qui ont été ainsi ramenées au Noviciat sur laquelle il n'ait opéré des changements no-
tables. J'ai cru que cette mesure était aussi indispensable envers les doyennes des prétendantes
qu'à l'égard des plus jeunes et je les ai placées au
Noviciat trois mois avant leur prise d'habit.

Voici les raisons qui m'ont déterminé à le faire :
1º Parce que tout ce que j'ai dit plus haut des
prétendantes en général s'applique par proportion
à elles comme à leurs compagnes ; 2º parce que
toute leur vie l'époque de la prise d'habit est celle
où elles sont disposées à faire plus d'efforts et de
sacrifices et que cette occasion manquée, il n'y a
plus d'espoir de la retrouver jamais, et qu'il est
probable qu'elles resteront toute leur vie ce qu'elles
ont été jusqu'à ce moment ; j'ai considéré, en outre,

que les vertus naissantes des novices seraient exposées en outre à bien des dangers si elles se trouvaient isolées et pour ainsi dire seules contre
toutes dans les salles. Je les ai donc considérées
comme de jeunes arbustes et en les transplantant en
pleine terre, je leur ai préparé un tuteur et un appui
dans les jeunes Sœurs qui, formées par les mêmes
épreuves, pourront néanmoins sans avoir aucune
autorité particulière exercer à leur égard une surveillance immédiate et les soutenir par leurs exemples et leurs conseils. Voici quelques-uns des principaux motifs qui m'ont fait naître la pensée d'appeler à participer à l'inestimable bienfait du Noviciat non seulement les postulantes, mais la classe
des prétendantes. Je n'ai point mis une semblable
mesure à exécution de moi-même et de mon autorité privée, mais j'en ai conféré avec vous, ainsi
qu'avec M. l'Administrateur de l'intérieur ; et
quoiqu'elle ait pu rencontrer des difficultés dans
les préventions de quelques personnes de la Communauté, je la regarde comme la conséquence
nécessaire et indispensable de l'établissement du
Noviciat. En effet, par le Noviciat, vous changez
l'esprit et les manières des personnes que vous recevez maintenant ; vous les jetez pour ainsi dire
dans un monde neuf. Par là, vous vous mettez aussi
dans la nécessité d'améliorer aussi la Communauté
existante afin de fondre son esprit et ses manières
et de les mettre en harmonie avec le nouveau modèle sur lequel vous vous proposez de former la

Communauté à venir. Autrement, où serait l'utilité du Noviciat? Les Novices sorties de leur retraite, ou persévèreraient, et alors, il y aurait contraste entre elles et le reste de la Communauté; ou elles ne persévèreraient pas, et alors on aurait fait des frais en pure perte. Ce serait donc n'embrasser que la moitié de l'œuvre et se mettre en contradiction avec soi-même que d'en agir autrement.

Ici, vient naturellement une difficulté qui a suscité des réclamations et sur laquelle je vais m'expliquer avec toute la franchise possible; je veux parler de la pauvreté religieuse. J'ai expliqué plus haut, comment les jeunes novices sans renoncer à leur patrimoine, sans faire ni vœu ni promesse, mettaient entre les mains de leur Mère le peu qu'elles pouvaient avoir à leur disposition afin qu'il fût employé pour le plus grand bien de tous. On ne contraint en aucune manière les prétendantes qui passent au Noviciat de se placer sous le même régime; mais on ne s'oppose pas à ce qu'elles s'y mettent elles-mêmes si telle est leur volonté; car on ne saurait sans injustice leur refuser les moyens de perfection qu'elles trouveraient dans toute autre communauté, qu'elles auraient pu même librement pratiquer dans le monde si tel avait été leur bon plaisir. Ce serait aussi comprendre bien mal les intérêts de la Maison que de craindre l'esprit de désintéressement et de la pauvreté. Otez, en effet, cet esprit; que devient la Communauté? Un rassemblement d'individus que ne réunit aucun

intérêt commun ; mais que travaille incessamment
la cupidité, et qui mettent leur ambition particulière à la place du grand intérêt des malheureux
et de la prospérité de la Maison. Que ces œuvres
cessent un instant d'être gratuites dans l'intention
de celles qui les font, et elles cessent en même
temps d'être des œuvres de charité ; du sublime
de la religion et de l'humanité, elles tombent flé-
tries dans la classe des derniers métiers et ne sont
plus que de misérables gagne-pain. Il n'y a pas de
milieu pour elles, telle est leur nature qu'elles ne
peuvent appartenir qu'aux âmes élevées et vraiment héroïques, ou bien si on les détourne, elles
tombent en partage aux âmes les plus basses.
C'est donc avec raison que les meilleurs sujets, que
tous ceux qui ont des sentiments élevés, éprouvent
une certaine peine à recevoir un gage ou traite-
ment pécuniaire individuel, et trouvent leur délicatesse soulagée en laissant à d'autres le soin de
le recevoir et d'en disposer pour le plus grand bien
de tous. La pratique contraire, érigée en règle
serait un obstacle invincible pour les sujets de
bonne famille et qui auraient reçu une éducation
soignée. Encore quelques remarques dignes d'attention : le désir d'amasser suit toujours l'esprit
d'intérêt ; de là, la manie de plusieurs de se faire
des amas de linge, de hardes, de meubles, pour
chacune autant qu'il en faudrait pour quatre ou
même davantage dans toute autre Communauté.
De là encore, l'inégalité des conditions, la distinc-

tion de riche et de pauvre, les petites aisances, quelquefois le luxe, à côté du strict nécessaire qui, dans cette position paraît être pauvreté. Il n'en faut pas tant pour empêcher l'union, exciter des jalousies et tourner les esprits vers le désir des richesses, qui conduit très vite, pour peu que la conscience s'éteigne, à la pensée de se les procurer par des voies injustes. J'aime à croire que personne n'en est venu à ce point; cependant, en faisant la part la plus large à la charité chrétienne, il est -permis d'examiner ce qui est possible. Je demande donc, serait-il bien difficile à nos Sœurs de grossir leur petit avoir, aux dépens des biens de la Maison, et de la dépouille des morts? Ou bien, sans en venir à ce point, ne pourraient-elles pas s'attirer de petits cadeaux de certains malades ou de ceux qui les visitent? Encore une fois, je ne veux pas porter ici aucun jugement défavorable ; mais si la chose arrivait, pourriez-vous jamais le découvrir? n'a-t-on même jamais eu aucun soupçon à cet égard? Est-on bien sûr que *toutes*, aient toujours été bien fidèles? L'esprit de propriété, l'intérêt, l'amour de l'argent, la manie d'entasser des effets, sont-ce là des garanties? Pour moi, il me semble que je serais mille fois plus sûr et que je confierais avec bien moins de crainte, les emplois les plus délicats et le dépôt de tous les biens de la Maison, à celles qui s'affectionnent à la pauvreté, qui cherchent, au lieu d'amasser, à se dépouiller de la jouissance de ce qu'elles ont, pour ne s'oc-

cuper en aucune manière de leurs intérêts particuliers, mais uniquement de ceux de la plus
grande gloire et du soulagement des membres de
Jésus-Christ souffrants : et non seulement pour
les sujets, je serais, en assurance sous le rapport de
la fidélité, mais encore sous celui de l'obéissance à
tous les ordres de l'Administration, et de ses délé-
gués et du soin consciencieux des malades.

Les murmures de personnes prévenues ont bien
plus servi à me convaincre que cet esprit de propriété et d'intérêt, que je croyais remarquer dans
certains sujets, n'était pas une chimère, qu'à me
donner des défiances d'une mesure que je voyais
si forte en raison. Le bruit qu'a causé l'établissement du Noviciat est déjà passé et la petite ru-
meur d'inquiétude produite par les moyens que
les plus ferventes emploient pour pratiquer l'esprit de pauvreté, passera bien plus facilement encore, surtout lorsque les faits auront bien prouvé
qu'on ne prétend point imposer des conditions nouvelles, mais seulement être juste envers toutes, et
que si d'un côté, on ne veut obliger personne à des
sacrifices dont on a pas parlé, au moment de la
réception dans la Maison, et qui malgré leur utilité,
ne sont cependant pas rigoureusement de précepte,
on ne veut pas non plus être injuste à l'égard de
celles qui désirent faire mieux. Et dans quel lieu
du monde ces conseils de l'Evangile : *Quittez tout
et suivez-moi. Celui qui quittera son père, sa mère
ses biens, à cause de moi, aura le centuple en ce monde*

et possèdera la vie éternelle... etc., trouveront-ils donc leur application, s'ils ne la peuvent trouver dans cette Maison?... Pour ne pas déplaire à quelques personnes, faut-il pour cela persécuter le bien ou l'étouffer? Ce serait là le moyen le plus infaillible de mécontenter les meilleurs sujets, de les dégoûter de leur vocation. C'est au contraire en favorisant avec prudence et modération les bons mouvements des cœurs généreux, que je vois la joie renaître, la paix se rétablir et que déjà le gros de la Communauté semble subir l'impression des bons exemples et de la ferveur.

Un jour viendra, et ce jour n'est pas éloigné, que l'Administration pourra, si elle le juge convenable, réaliser les vœux que tant d'hommes vertueux et éclairés, forment depuis longtemps et que vous m'avez manifestés plusieurs fois vous-même, en donnant une Mère Générale à la Communauté ou aux Prétendantes seulement ; l'Administration le pourra, et jusqu'ici elle ne l'aurait pas pu. Il lui aurait été facile d'en prendre l'arrêté ; mais l'arrêté serait resté sans exécution. Il faut que les choses soient dans l'esprit et les mœurs d'une Société quelconque, avant de les ériger en règles ou en lois : une Mère imposée de force serait véritablement cette Mère *postiche* dont on a voulu parler ; elle en aurait le nom, mais nullement les effets. Ce serait une Mère sans confiance, et par conséquent une Mère sans enfants ; car c'est la confiance générale qui fait les Mères et les enfants dans le sens que nous l'entendons ici ; et la confiance ne se commande pas; elle se mérite, d'abord, et puis elle se donne.

Mais supposé dix ans d'existence au mode actuel toutes les prétendantes et un grand nombre de Sœurs, c'est-à-dire celles de cinq prises d'habit auront passé au Noviciat ; toutes auront placé leur confiance dans la même Mère ; les voilà devenues une seule et même famille : alors vous avez mis le bien pour ainsi dire à l'abri. La vie de la Communauté n'est plus seulement dans le Maître Spirituel, et par conséquent hors d'elle, chaque changement ne la soumet plus à une impression nouvelle, souvent différente, quelquefois nulle, mais elle a la vie dans son sein. La Mère appartient à la Communauté, n'a point d'autres intérêts que les siens. Si elle meurt ou s'il plaît de la changer, on trouvera toujours dans la Communauté nombreuse, toute formée par les mêmes épreuves, pliée au même esprit, un sujet capable de conserver ce qu'il connaît et ce qu'on pratique. On peut même préparer d'avance un sujet sur lequel on aurait jeté les yeux, et en l'associant comme aide aux travaux de la Mère, commencer à la mettre à même de gagner cette confiance qui fait toute sa force.

Pour ce qui est des Sœurs croisées, pour ne pas prolonger ce rapport au delà des bornes que je me suis prescrites, je dirai seulement qu'on pourrait les diviser en trois classes : les bonnes, les médiocres et les mauvaises. Les bonnes sont au nombre d'environ quarante, les médiocres au nombre de cinquante et les mauvaises, six ou huit. Parmi les médiocres, il en est un bon nombre qui présentent assez de ressources et dont l'esprit s'améliore peu à peu. La crainte contient extérieurement les mauvaises, elles rongent le frein ; et si elles reprenaient le dessus, elles seraient pires que jamais.

Tels sont les moyens que j'ai pris pour conduire, autant que je l'ai pu, suivant la vocation de chacun, tous ceux que Dieu m'a confiés à la perfection de leur état, c'est-à-dire pour donner à Dieu des cœurs purs, qui l'aiment par dessus tout ; aux pauvres, des Mères qui soient prêtes à leur sacrifier leurs forces et jusqu'à leur vie, d'humbles servantes, qui respectent et qui chérissent Notre-Seigneur Jésus-Christ, même en leurs personnes ; pour donner à tous les emplois de vraies hospitalières, aussi jalouses de faire prospérer l'œuvre de Dieu que désintéressées pour elles-mêmes ; à la Maison, une Communauté toute de charité, chez qui tout soit commun, et qui n'ait véritablement qu'un esprit, qu'un cœur et qu'une âme. Aux supérieurs enfin, des personnes que la conscience domine, qui ne remplissent plus leurs devoirs par d'autre crainte que celle d'un Dieu qui les voit. C'est à vous de voir maintenant si le plan général, que j'ai en vue est sage, si les moyens se coordonnent tous à la fin que je me propose. Je ne suis pas entré dans le détail de tous les moyens que j'ai pris, pour rétablir les mœurs et éloigner les dangers des jeunes personnes, je le ferai de vive voix. Sans doute, je ne crois pas être encore parvenu au but que je me propose ; cet ouvrage est long ; il ne sera jamais sans défaut, parce que l'humanité ne sera jamais sans misère ; mais si je sais que je suis loin de la perfection, il me semble que j'y tends et que je chemine de mon mieux de son côté, à travers quelques obstacles et quelques consolations. Le bien qui commence à paraître, le mal qui diminue, les difficultés qui s'aplanissent et, par dessus tout, la confiance en Dieu, me donnent bon espoir.

Maintenant, l'Administration verrait-elle dans tout cela quelque chose de contraire à son autorité? Cette question se réduit dans mon esprit à celle-ci : ce qui est dans l'intérêt de la gloire de Dieu, des pauvres, de la Communauté, de l'économie et de la prospérité de la Maison peut-il être contraire à l'autorité de l'Administration? Mais l'autorité de l'Administration ne vient-elle pas aussi de Dieu? N'est-elle pas toute pour sa gloire, pour l'intérêt des malheureux, la perfection de la Communauté, l'économie et l'ordre de la Maison entière et par conséquent pour les mêmes intérêts que ceux que j'ai en vue? Loin donc que le bien puisse contrarier son autorité, il ne peut se faire rien de bien, que ce ne soit son autorité qui le fasse et qui le soutienne; et, si l'Administration changeant de principe (ce que Dieu ne permettra jamais, je l'espère) s'opposait au bien, elle tournerait son

autorité contre son autorité même, et la détruirait
de ses propres mains, en opposant ses actes à la
fin pour laquelle elle est établie. Ce n'est donc pas
contre son autorité, ce n'est pas non plus indépen-
damment de son autorité ; mais c'est pour son
autorité, avec son consentement et dans ses intérêts, que j'ai pris ces mesures. L'Administration
n'a pas à craindre en favorisant le bien, de s'alié-
ner ceux qui le désirent ; mais plus elle soutiendra
ce bien, plus elle s'identifiera avec eux, et en
deviendra jamais inséparable. »

L'institution du Noviciat produisait donc d'excellents fruits : on s'y formait à la vie religieuse, indispensable aux Sœurs hospitalières, pour demeurer sans reproches devant Dieu, devant les malades, dont elles devenaient la consolation et l'espoir.

Cette réforme, et bien d'autres, obtenues par
le serviteur de Jésus-Christ ne s'accomplissaient
pas aussi facilement que le récit en est fait ; Dieu
seul a pu compter ce que son réformateur eut à
souffrir de calomnies, d'outrages, de contradictions et de vengeances secrètes, qui durent blesser
son noble et grand cœur de prêtre !... Il dérobait
tout au public ; mais ce public en devinait une partie, sachant la composition du *personnel* qui l'en-
vironnait. Il s'ouvrait parfois à sa sœur Pauline et à
ses amis Ruffin et Girodon ses deux *aides de croix*,
qui soulevaient le plus possible son lourd fardeau !

Il avait souvent tendu la main à ses ennemis les

plus acharnés, mais ils avaient reculé, comme devant un serpent !...

Son œuvre du Noviciat accomplie, il inclina l'oreille de son âme vers des détresses morales auxquelles le monde refuse sa pitié, et que, souvent même, la bonté ordinaire oublie. Nous parlons ici des anciennes Sœurs, qui avaient consacré toute leur vie à soigner les malades, même durant la sanglante épreuve de la Révolution, où tant de larmes et de sang coulèrent ! La démoralisation avait fait des victimes, sans effleurer ces dignes servantes de Dieu, qui demeurèrent intrépides au chevet des mourants, pour leur rappeler une vie meilleure, que celle de la terre que le glaive atteignait !

La vieillesse a peu d'amis. Cependant, d'ordinaire, les cœurs ne vieillissent pas, bien que les années y amoncellent les souvenirs étouffants !... Le Père Philéas eut une immense pitié de ces dignes filles, que les misères de l'âge réduisaient à l'impossibilité de soigner encore les malades. Elles ne pouvaient plus attendre pour elles, que l'oubli et aussi la pitié de leurs compagnes, plus jeunes qu'elles, et qui redoutaient par dessus tout, d'avoir à vivre plus tard, dans leur triste refuge, sorte de tombeau anticipé, nommé le *panier des groles !*

Les administrateurs de l'Hôtel-Dieu les avaient un peu oubliées, au milieu du tracas des réparations générales qui suivirent 93 ! Philéas, le père de tous, ne les oublia pas. Il écrivit au Conseil, un petit mémoire que nous mettons sous les yeux des

lecteurs, pour achever de leur prouver que la bonté
et la justice l'enveloppaient, comme d'un double
vêtements acerdotal, emprunté à son adorable
Modèle, Jésus-Christ, compatissant à toutes les tristesses, et consolant les plus délaissés de ses enfants.

Voici ces pensées au sujet de la vieillesse sanctifiée
d'avance par la foi et le dévouement chrétiens.

Monsieur le Président

Malgré toute la douceur avec laquelle on voudrait
conduire une communauté, on est obligé le plus souvent
d'employer l'autorité dont on est dépositaire, pour guérir des abus, punir des fautes, en un mot, faire des mécontents, tandis qu'on ne voudrait faire que des heureux. Aussi cette contrainte que le devoir impose,
fait que l'on considère comme un dédommagement bien
doux, l'occasion de prendre quelque mesure, qui, en
procurant des améliorations utiles, porte encore avec
soi, l'avantage de manifester les sentiments maternels
dont on est rempli et le désir sincère que l'on éprouve,
de procurer, si on le pouvait, le bonheur de tous. C'est
donc avec la plus vive satisfaction et avec l'assurance
d'être favorablement écouté d'une administration aussi
paternelle que la vôtre, que je vous fais aujourd'hui,
une proposition qui renferme tous ces précieux avantages. Elle regarde les Frères et surtout les Sœurs qui
atteignent leur cinquantième année de Maison, et elle
consiste : 1º à désigner un jour dans l'année où il serait
célébré, le cas échéant, une fête religieuse et domestique
pour les Frères et les Sœurs qui atteignent leur cinquantième année de Maison ; 2º à environner ces Frères et
ces Sœurs de certains honneurs qui fussent une marque de la vénération que l'on a pour leur grand âge

et de la reconnaissance qu'inspirent leurs longs services.

La vieillesse seule, quand elle n'est pas entachée du vice, a porté avec elle, dans les esprits sages de tous les temps une impression de respect, parce que ses rides et ses cheveux blancs sont l'emblème de la sagesse qui est le fruit de l'expérience. Que ne doit-elle donc pas inspirer lorsqu'on la trouve environnée de vertus, et pour ainsi dire courbée sous le poids des bonnes œuvres.

Or, Monsieur, n'est-ce pas là ce que présente la vue de ces bonnes Sœurs, après qu'elles ont passé au moins un demi-siècle de leur vie, à soulager leurs frères souffrants, dans cette Maison, asile de tant de douleurs, et ne méritent-elles pas bien que l'on entoure leur vieillesse de considération et de bienfaits? Déjà, vos prédécesseurs, en créant la classe des *Sœurs reposantes* pour celles que leur âge ou leurs infirmités rendraient incapables du soin des malades ou des autres travaux de la Maison, ont commencé à acquitter une dette de justice..., ils ont satisfait à la stricte nécessité. Mais il est des ouvrages des hommes de ne pas atteindre la perfection tout à coup, les projets les plus sages, ne se jugent que par l'expérience et laissent toujours à l'avenir le soin de les compléter ; aussi dans l'établissement des *Sœurs reposantes*, considère-t-on peut-être un peu trop de matériel de la chose, qui consiste à retirer des emplois les Sœurs devenues incapables de les remplir, et à leur donner un asile pour le reste de leur vie, mais on oublie de donner à ces bienfaits un certain relief qui les eût fait recevoir avec plus de gratitude. Il faut observer que les Sœurs de l'Hôpital habituées dès leur jeune âge à une vie très laborieuse, ont un besoin continuel d'agir, qu'après avoir passé la plus grande partie de leur vie au milieu des malades, ces pauvres malades sont devenus leur famille, et les salles qu'ils habitent leur véritable demeure. De là vient, que par une disposition vraiment admirable de la Providence, elles regardent comme la plus grande des punitions, d'être arrachées à cette vie active et séparées de leurs chères malades. Ce sort est cependant réservé à deux classes de Sœurs bien différentes; à celles que des fautes ou des défauts considérables rendent indignes d'un si beau ministère, et à celles que leur âge ou leurs infirmités en rendent incapables. Les premières sont placées au grenier à linge où le besoin de la paix fait qu'elles jouissent d'une assez grande liberté, et les secondes sont placées dans les chambres voisines que l'on nomme *appartements des Sœurs reposantes*, où elles se livrent aux occupations qui leur conviennent le mieux ; les unes ont encore l'espoir de rentrer en grâce et d'être replacées dans quelque emploi; les autres en sont jugées incapables et par conséquent sont pour toujours en dehors de l'actif de la Communauté. Le nombre des *Sœurs reposantes* est toujours bien petit, parce que le mauvais air, les accidents , les infirmités, fruits du zèle et du courage moisonnent la plus grande partie des Sœurs, avant qu'elles ne soient parvenues à la vieillesse. Mais le dirai-je ! celles qui y arrivent, y arrivent à regret dans l'appréhension qu'elles éprouvent d'être arrachées à leurs salles, vouées à l'inaction, et par là même à l'ennui et aux larmes le reste de leur vie.

Rien ne leur adoucissant le passage du travail au repos, elles ne peuvent regarder pour elles comme une récompense ce qu'elles voient appliqué à d'autres, avec une différence il est vrai, mais qui leur paraît bien petite, comme une punition.

C'est donc en vain, Monsieur, que l'Administration en créant la classe des *Sœurs reposantes* a cru offrir un asile honorable à la vieillesse de nos bonnes Sœurs. Elles n'y ont vu rien autre qu'un réduit obscur où on confinait les membres de la Communauté devenus inutiles, espèce de tombeau où il fallait s'ensevelir d'avance pour y attendre la mort : le mépris s'est attaché à ce bienfait, et dès lors il en a perdu la couleur et le nom. (1)

Quelques légers honneurs, quelques adoucissements que réclame leur grand âge, suffiraient pour leur faire aimer leur condition ou du moins la leur rendre plus supportable.

Monsieur, il est un usage antique et vraiment patriarchal, dans la société, comme dans la Religion, dont la brièveté de la vie rend les exemples malheureusement trop rares. Cet usage consiste à célébrer la cinquantième année de ses engagements soit avec Dieu, soit avec le monde ; les vieux époux viennent alors entourés de leurs enfants s'agenouiller au pied de l'autel ou fut bénie leur union ; s'il reste encore quelque vieil ami qui en fut jadis témoin, on l'invite pour se réjouir ensemble de ce qu'après tant d'années et après tant de séparations que la mort a faites, ils se trouvent encore unis.

Le prêtre vénérable à sa cinquantième année de sacerdoce s'entoure de ses anciens confrères pour aller au temple renouveler ses engagements avec le Seigneur, lui offrir la moisson de ses travaux et dire avec le saint vieillard *nunc dimittis servum tuum*. Ne serait-ce pas aussi un spectacle bien touchant de voir ces bonnes anciennes Sœurs, venir au pied des autels, non plus accompagnées de marraines comme de tutrices de leur jeune âge, mais appuyées sur de jeunes Sœurs comme sur leur bâton de vieillesse ; de les voir, dis-je, venir

---

(1) Pour désigner l'appartement des Sœurs reposantes, on se sert assez souvent, dans la Communauté, de l'expression triviale de *panier des groles*. Quiconque connaît un peu la Maison, a entendu les regrets de la sœur Raynon et vu couler les larmes de la sœur Desgranges, les deux plus anciennes des *reposantes* et en a entendu vingt autres. dire qu'elles priaient Dieu de les retirer de ce monde, avant qu'on ne les retira du travail, pour les placer au *panier des groles*.

en présence de l'Administration, entourées de leur Communauté, renouveler leurs promesses et déposer au pied des autels la gerbe si fertile de leurs bonnes œuvres ? Quelle joie pour elles de se voir pour ainsi dire transportées tout à coup aux plus beaux jours de leur vie! La vieillesse chagrine aime à se figurer qu'on la dédaigne et qu'on l'oublie ; mais là, au contraire, quelle consolation de se voir présentées comme dans un tableau tant d'années passées dans l'exercice de la charité et d'apprendre que rien n'a été oublié, ni de Dieu, ni des hommes. Quel encouragement pour leurs compagnes ; elles pensaient qu'après le beau jour de leur prise d'habit elles n'avaient plus rien à espérer ; qu'une fois passé, il fallait lui dire un éternel adieu et désirer mourir. Mais alors en dépit des infirmités, des maladies et même de la mort, toutes désireront vivre pour voir cette belle fête qui doit faire de nouveau briller pour elles le plus beau jour de leur vie. Quelle belle occasion de parler aux jeunes personnes du respect, de l'obéissance et des égards qu'elles doivent à leurs anciennes Sœurs, enfin, quel bon effet cette fête touchante produira sur le public trop souvent induit en erreur, par les plaintes injustes des mécontents. A cette fête, il faudrait ajouter quelques honneurs et quelques bienfaits plus durables; on assignerait à ces bonnes Sœurs ce jour-là, une place distinguée au réfectoire, et comme le temps a fait ordinairement de grands ravages dans leurs dents et que la salade et le rôti sont bien durs pour des bouches plus que septuagénaires, je demande en outre qu'il leur soit servi à tous les repas des mets de la table de Messieurs les officiers.

J'ai d'autant plus de plaisir à vous faire cette proposition, que les sujets qui se présentent pour en jouir les premières, en sont plus dignes. Nous avons quatre Sœurs qui ont passé leur cinquantième année de Maison, formées à l'esprit de leur état longtemps avant la

Révolution par le vénérable M. Prin; elles ont contribué puissamment par leurs exemples et leurs sages conseils à sauver les bons principes d'une ruine totale, dans les temps orageux ; leur vertu est si généralement connue qu'il est impossible de dire quelle vénération profonde on a pour elles dans toute la Communauté. Combien une bonne Sœur Raynon est chérie, combien on l'a pleurée longtemps aux femmes blessées ; que de souvenirs une Sœur Desgranges a laissés aux paquets et à Montazet. Que d'éloges on entend de la piété et de la douceur de la bonne Sœur Trinquet à la pharmacie du laboratoire, et enfin quelle admiration les beaux traits de charité de la Sœur Pallouis excitent encore.

Tels sont, Monsieur, *les Jeunes candidats* sur lesquels j'appelle aujourd'hui vos faveurs, bien différents de ceux que je vous ai présentés jusqu'à présent qui promettaient plus qu'ils n'avaient pu donner encore; ceux-ci n'ont plus rien à promettre parce qu'ils ont tout donné. Depuis plus d'un demi-siècle que ces bonnes Sœurs se consument au soulagement de leurs frères souffrants, elles ont fait assez de bien, c'est à nous maintenant, avant qu'elles ne s'éteignent, de nous hâter à leur en faire un peu. Que ces dernières marques de votre considération et de la reconnaissance publique, soient un baume salutaire pour leurs infirmités ; qu'elles fassent briller un dernier rayon de joie sur leur derniers jours et que celles qui ont essuyé tant de larmes descendent dans le tombeau pleines de vertus, de bénédictions, de bonheur !...

Comme toujours, quand le Père Spirituel lui demandait quelque chose pour le bien de la Maison, le Conseil s'occupa des Sœurs vénérables, restes d'un passé orageux et plein de périls, non seulement elles eurent de petites cellules contiguës, où elles pouvaient se voir et jouir, dans les heures du silence, des souvenirs du bien qu'elles avaient fait durant tant d'années !

En lisant ce mémoire, on se souvient du caractère aimable et gai de Philéas, et l'on comprend combien sa visite à ces vénérables *reposantes* apportait de joie et de consolation. Il leur disait, pour dissiper les tristesses inhérentes à leur âge : « Allez ! allez, mes filles !... la terre est sans attrait : vous l'avez constaté ; mais la patrie est là-haut, où Dieu vous attend ! Il y aura assez de joies et d'extases pour récompenser nos sacrifices ! Encore un peu de temps, et tout sera dit pour nous sur la terre... Riches ou pauvres, nous aurons réglé nos comptes avec Dieu. Heureux qui lui présentera des âmes avides de Lui, et que la mort n'aura pas surprises. Vous aurez vécu pauvres avec Jésus-Christ pauvre... ses richesses éternelles seront votre partage. Vivez en paix, en attendant ce bonheur, dans les humbles retraites que vous offre l'estime générale ; que toutes, vous vous y reposiez avec joie, vous n'y êtes pas seules : la bénédiction de Dieu y est avec vous... »

CHAPITRE XX

Premier essai de vengeance

« Vous les reconnaîtrez à leurs
fruits. »
    Ev. saint Mathieu, vii, 16.

Après une journée de luttes et de peines, particulièrement pénibles et difficiles, le P. Philéas fut saisi de violentes douleurs d'entrailles, accompagnées de symptômes d'empoisonnement. Paul Jaricot et Mme Perrin prévenus, accoururent avec Pauline-Marie et s'efforcèrent de soulager le malade. N'y réussissant pas, on décida de l'emporter chez leur père, 21, rue Puits-Gaillot, où les plus habiles médecins furent appelés. Les symptômes d'empoisonnement disparurent en partie, mais les vomissements restèrent, avec le froid qui semblait avoir envahi le corps épuisé. On pensa qu'il fallait au malade l'air pur et vif des champs. On le transporta à Collonges, dans la jolie propriété qu'Antoine avait achetée, et qui dominait le pays tout entier. Philéas continua d'y souffrir beaucoup, surtout du froid qui l'enserrait tellement que, placé

en plein midi au pied d'un mur exposé à toute
l'ardeur du soleil, il ne sentait aucune chaleur ranimer ses membres.

Alors, on pensa à l'Italie, à l'air chaud et embaumé de Nice, et l'on partit sans retard, vers
1828 (1). Mme Perrin et sa fille aînée, souffrante
aussi, accompagnèrent le malade qui consentit à
ce départ, dans l'espérance de mieux faire à son
retour. Il devait, d'après l'avis des médecins, passer
quelques mois loin de toute émotion et dans un
repos absolu. Il recommanda à Pauline-Marie, sa
chère *famille* de l'Hôtel-Dieu, et pria son ami,
M. l'abbé Ruffin, de le suppléer auprès des mourants, et de lui écrire tout ce qui se passerait
d'extraordinaire à l'Hôpital.

Les deux amis se séparèrent, mais que d'angoisses différentes dans leurs deux cœurs !...

(1) Dans les notes de Mlle Perrin, on lit :
« Voici le trait providentiel de protection qui signala le
départ de nos voyageurs à Nice.
« C'était le 1er vendredi du mois (de novembre), jour consacré
au Sacré Cœur de Jésus, maman voulut entendre la messe de
6 heures, à Saint-Bonaventure, et recevoir la bénédiction du
T. S. Sacrement. Comme nous sortions, après l'action de grâces, pour aller faire les adieux au grand'père, à une assez
grande distance (rue Puits-Gaillot), et que je portais l'argent
du voyage : « Fais attention, me dit-elle, soutiens-le : les mé-
« chants savent le trouver. » Nous marchions sur la neige, nous
étions suivies sans le savoir, sans le voir ni l'entendre que par
pressentiment. Arrivées à la maison du grand'père, toujours
suivies à notre insu, après avoir monté la 1re et 2e rampes
d'escaliers, nous entrions dans la 3e et, tout près derrière nous,
contre une porte de palier du 1er étage, nous entendons les
plaintes : « hélas! hélas! je me trouve mal!... je me trouve
mal!... hélas! hélas!... et ma mère, très pesante, de monter
plus vite quand je la tirais en arrière, et de me traîner au-dessus le plus possible... je dus céder à son mouvement d'ascen-

Les voyageurs arrivèrent doucement à Nice, où les fleurs sont si belles et les aspects si riants! Tout y parle de vie aux pauvres malades que la mort a déjà touchés !

Mme Perrin y loua une petite maison, au bord de la mer, dont les flots si bleus et si tranquilles reposaient en même temps l'âme et les yeux. Tout y était simple, mais d'un aspect agréable, et le voisinage d'une vieille église, peu fréquentée des malades riches, complétait pour Philéas, les charmes de sa demeure. Il y eut pour chambre une grande pièce, bien ensoleillée et de larges fenêtres donnant sans obstacle sur la mer d'azur, où des barques à voiles blanches, passaient incessamment. Philéas avait donc en ce lieu une partie de ce qu'il aimait : Dieu et la nature, parée de sa toute-puissance. Mais il était triste cependant : ses enfants de l'Hôtel-Dieu lui manquaient.

De sa riante cellule, il écrivit à sa sœur Pauline-Marie, à M. Ruffin, son cher remplaçant à l'Hôpital, à M. Girodon, son second lui-même, et à plusieurs autres personnes qu'il aimait. Mais aucune de ces lettres qui renfermaient ses dernières pen-

sion sans me retourner. Nour arrivâmes à temps au 2e étage. Elle sonne de toutes ses forces, appelle : « Mon père ! Paul ! « mon frère ? Claude ? au secours ! au secours ! » En même temps, prompt comme l'éclair, nous entendons descendre, mais en claquant la savate, l'individu qui n'avait pu nous surprendre et qui se déroba si habilement par l'allée de traverse qu'il fut insaisissable. « Ah ! ma fille, me dit-elle, vois à quel danger « nous venons d'échapper : remercions-en le bon Dieu ! et sou- « viens-toi d'obéir à ta mère !... tu étais perdue, si tu l'eusses écoutée. »

sées, n'est arrivée jusqu'à nous. On sait seulement que pour se faire un peu illusion, il aimait à parler de Notre-Seigneur aux pauvres mendiants qui le suivaient d'ordinaire. Il leur rappelait les passages de l'Evangile où le Sauveur a témoigné le plus de tendresse pour *les petits*. Il leur parlait de la pauvreté de la crèche, de son travail de tous les jours, et enfin de sa Croix son lit de mort... Et il ajoutait de sa voix consolante et réconfortante : « Votre indigence ne va pas jusqu'à cet abandon, mes pauvres amis ? » Ils répondaient : « Non, Père, la charité nous aide. La vôtre surtout... » Et, le cœur plus soumis, ils reprenaient leur vie de supplications incessantes. Le bon Père leur enseignait à se rapprocher du tabernacle, où Jésus-Christ les attendait, et qu'au lieu de rester à la porte de l'église, pour demander aux passants, ils feraient bien d'aller faire une courte prière tout près de l'autel. Ils en étaient venus à cette pratique consolante, même pour les gens du monde, *autres mendiants* du bonheur qui les fuit, alors même quand ils affectent un extérieur joyeux.

Comme ses *amis* de Nice voyaient Philéas bien malade, ils se disaient en italien, croyant que Philéas ne les comprendrait pas — il savait cette langue : — « *Pauvre de lui ! Pauvre de nous ! Nous ne le verrons pas longtemps !* » Et lorsque sa main amaigrie se tendait vers eux, pour les secourir, ils ajoutaient en hochant la tête : « L'homme s'en va ! mais le cœur reste là tout entier ! »

Et ils ne se trompaient pas...

Le vénéré malade sembla bientôt prendre un peu de force. Mais ni la beauté de la nature, ni l'air pur de l'Italie ne lui faisaient oublier qu'à l'Hôtel-Dieu on soupirait après son retour... M. l'abbé Ruffin lui donnait souvent, des nouvelles de ce qui se passait dans cet asile de la souffrance, sans lui rappeler, cependant, les regrets que son départ y faisait éprouver, surtout aux plus malades, ses protégés. Il aurait voulu revenir auprès d'eux, après quelques semaines passées au bord de la mer d'azur, et il fit part de son désir à sa seconde mère, Mme Perrin, qui savait faire valoir son droit d'aînesse et qui déclara formellement, qu'il devait, en conscience, prolonger son séjour à Nice, s'il ne voulait pas au retour, se trouver dans l'impossibilité de reprendre sa tâche.

Il céda et consentit à demeurer encore quelque temps au repos, au milieu des orangers et des fleurs quand Lyon était sous la neige ou dans des brouillards glacés.

Philéas profita de ce temps de repos, pour se plonger tout entier dans le parfait abandon au bon plaisir de son bien-aimé Maître. On peut dire qu'il s'y abîma de telle sorte qu'il oublia son âme, en suivant, de cœur, les âmes qui étaient devenues siennes, tant il les aimait ! Le nom de Jésus-Christ revenait sans cesse sur ses lèvres ou sous sa plume, soit quand il s'entretenait des choses d'en haut, soit quand il écrivait à ceux qu'il voulait donner à cet incomparable Maître !

De son côté, Mme Perrin, femme des premiers siècles de l'Eglise, comme la nommait Mgr Retord, et d'autres apôtres, travaillait à Nice comme elle avait travaillé à Bordeaux, à Paris et ailleurs, à propager la dévotion du Rosaire vivant, si aimé et *si vivant*, que peu après, un million d'associées en formaient la famille, en France. Philéas secondait sa sœur, en parlant souvent de Marie, sa Mère du ciel, qui l'aidait si puissamment, disait-il, à porter ses épreuves. Là, comme à Bordeaux et à Paris, Mme Perrin, cette noble chrétienne, mérita le titre glorieux de *Dame du Rosaire*.

Enfin, enfin! Dès que son infirmière, cette terrible aînée qui savait si bien imposer sa volonté, put constater qu'il y avait du mieux dans l'état de son bien-aimé malade, elle lui parla du retour à Lyon. Il en fut ravi de telle sorte, que sa physionomie en changea subitement d'expression : ce n'était pas la tristesse qui dominait, c'était la joie du père qui s'en va vers sa famille. Cependant, sa sœur ne lui avait pas caché les cruelles appréhensions qu'elle éprouvait... Mais, au lieu de s'arrêter à des craintes qu'il partageait probablement lui-même, il fut à plein cœur à cette joie du retour tant désiré soit par lui-même, soit par tous ceux qui demandaient de le revoir !

Il jeta un dernier regard charmé sur les flots d'azur et sur les fleurs charmantes qui avaient en-

touré sa maison d'exil. Il visita une dernière fois
la vieille église où il était venu si souvent prier,
dans ses heures de désolation. Il revit ses humbles
amis, les mendiants, qui furent étonnés de le trouver rajeuni et qui lui souhaitèrent de revenir au
milieu d'eux l'année suivante. Et l'on partit vers
la fin de février 1829...

Arrivé à Lyon, avec quel bonheur le Père visita
sa chère famille de l'Hôtel-Dieu, témoignant une
tendresse particulière à ceux qui avaient dû souffrir
le plus de son absence ; il leur demandait en quelque sorte pardon de s'être éloigné d'eux ! Hélas !
beaucoup manquaient à son appel ! l'Eternité leur
avait rendu leur véritable père... On n'avait jamais vu Philéas ni si ému, ni si aimable pour tous.
Les vénérables Sœurs reposantes, le reçurent autant que les jeunes Sœurs du Noviciat. Il était à
tout le monde. Mais le monde n'était pas à lui...
On le retrouvait tel que les mendiants de Nice
l'avaient dépeint : « Le corps s'en va, mais le cœur
reste là tout entier. »

Il s'occupa des personnes qu'il dirigeait en dehors de l'Hôpital : des hommes du monde, auxquels il enseignait le moyen de conduire en même
temps les intérêts de l'âme et ceux de la terre ; des
mères, auxquelles il apprenait à être mères, selon
Dieu, en sauvant les âmes de leurs enfants; des
jeunes gens voulant faire partie de l'armée de Jésus-
Christ, et auxquels il tâchait de communiquer son

zèle apostolique; etc., etc. Il se remit à prêcher, malgré l'épuisement de sa poitrine : Saint-Just, Saint-Irénée, et même la modeste chapelle de Saint-Michel, l'écoutèrent avec bonheur, ayant gardé un souvenir précieux de ses instructions d'autrefois. On venait en toute occasion lui demander des conseils pour telle ou telle Œuvre à établir. Lui, les aimait toutes, pourvu que la gloire de Dieu en fût le mobile, et non l'amour-propre qui entache tant d'âmes et qui annule le bien qu'elles pourraient faire. Il s'était chargé de la bibliothèque des bons livres du Rosaire Vivant, dont Mme Perrin et Pauline-Marie couvraient les dépenses. C'était pour permettre aux personnes dont les ressources étaient trop bornées d'acheter les ouvrages publiés avec certains frais (1). Ces livres allaient partout, même dans les casernes, où Agathe Tavet, messagère fidèle et intelligente des charités de Philéas et de Pauline-Marie, allait sans crainte et avec un tact et une délicatesse remarquables. Une fois, pourtant, elle se méprit dans le choix des livres à porter aux soldats. Pressée par l'heure, elle entassa dans son tablier tout ce qui lui tomba sous la main, même le volume des *Règles de saint François de Sales aux Visitandines*. Elle ne s'en aperçut que trop tard. La tournée était faite, et le livre était déjà dans quelque main habituée au fusil. Comme

(1) **On** suppose avec raison que cette bibliothèque devint plus tard celle des *Bons livres.*

elle en était confuse, Philéas lui dit en souriant :
« Quelle vocation en surgira-t'il? » Mais elle demeura
en peine jusqu'au jour de sa visite à la citadelle.

Comme elle y arrivait, elle vit accourir vers elle
un gros caporal, ayant en main le fameux livre, et
qui lui cria joyeusement : « Eh bien, Mamz'el Agathe, quelle bonne idée vous avez eue de nous faire
connaître ce brave homme de François de Sales !
En voilà, un vrai commandant ! Il dit : Va là ! et
on y court. — Viens ici, et l'on y vole ! Va là-bas !
et l'on y galope, comme un bon cheval sous la ca-
resse de deux éperons. Mordienne, ça vous fait
venir l'eau à la bouche! Merci de votre livre. Je l'ai
lu sans en sauter une bribe, et les camarades aussi.
Ça s'appelle ça, un saint, n'est-ce pas ? — Oui,
répondit-elle en respirant à son aise. »

Elle était sauvée ! mais la « vocation » demeura
dans le clair-obscur (1).

Philéas avait quelques œuvres personnelles en
dehors de l'Hôtel-Dieu, mais comme nous n'en
avons aucun détail positif, nous les passons sous
silence. Cependant nous croyons pouvoir dire qu'il
dépensait une partie de son zèle à détruire autour
de lui, autant que possible, l'influence impie des

---

(1) Cette noble fille du *peuple* « *chrétien* » qui a consolé tant
de souffrances et fait tant de bien dans la ville de Lyon, méri-
terait d'être plus connue et de servir de modèle à ses sœurs,
les dignes ouvrières qui, comme elle, gagnent leur vie par le
travail. Elle habitait alors une modeste demeure sur le plateau
de Fourvière, au nord. L'antique chapelle et Nazareth étaient
à deux pas de sa demeure.

francs-maçons, instruit qu'il était, ainsi que sa sœur Pauline, par le saint abbé Wurtz, lequel avait juré une haine implacable à leurs sataniques menées.

Pour faciliter les travaux apostoliques de leur saint frère, Mme Perrin et Pauline avaient mis leur bourse à sa disposition. Nous aimons à reproduire ici, une lettre de la plus jeune, indiquant quelle limite peut atteindre leur charité. Nous n'avons qu'une partie de cette lettre.

La voici :

« Mon *père* et notre cher Philéas, en Jésus-Christ.

« Désormais, Sophie et moi, nous ne vous donnerons plus d'autre titre Il nous dit tout ce que vous êtes pour nous, et tout ce que nous voulons être pour vous, dans le Seigneur. Ce nom, sanctifié en quelque sorte par la mort, ne laissera, dans l'union de nos âmes, rien de naturel, rien qui ne soit pour Jésus-Christ. Il nous dira aussi de marcher ensemble, courageusement comme simplement vers le but, ayant le Cœur du bon Maître, pour notre point de départ et d'union, afin que nous puissions nous voir, sans nous *revoir* ; nous entendre, sans nous parler ; nous entr'aider sans paraître faire la même chose. Ce sera surtout dans la retraite du Tabernacle, que nous nous tiendrons tou_ jours unis, pour la plus grande gloire de notre bien-aimé Seigneur.

« C'en est fait ! vos enfants deviennent *nos* enfants ; vos frères sont *nos* frères, et *votre* œuvre, *notre* œuvre, à moins que Dieu ne rejette nos désirs, nous jugeant indignes de participer à vos travaux. Mais s'il agrée nos vœux, disposez de nos bourses et de tout ce qui pourra être utile à vos chers malades. Pour le moment, nous serons peut-être prises au dépourvu, mais dans un mois, vous voudrez bien regarder nos petites ressources comme vous appartenant, si Jésus vous met au cœur d'y recourir.

« Cependant, mon cher Philéas, il est bon que je vous prévienne d'une chose, c'est que *ma vocation n'est point de me donner tellement à une œuvre, que j'oublie tout le reste pour m'en occuper... Non, je suis aux ordres de tous les serviteurs de Dieu et ne prétends point m'imposer l'obligation de ne plus aller là où est le plus grand besoin...* Si donc il arrivait que notre commun Maître, bénissant vos desseins, vous envoyât dans la suite, par d'autres personnes, les ressources suffisantes, alors sans que l'union de nos âmes en souffrît la moindre altération, *vous trouveriez bon que je portasse mes ressources là où il y aurait une plus grande nécessité, ou une plus grande consolation pour la sainte Église.*

« Tant que vos deux pauvres sœurs vous seront utiles, elles *exigent* que vous usiez *largement et librement de la permission,* jusqu'à ce que Jésus leur montre, qu'elles doivent se retirer. *Dieu seul et sa plus grande gloire*, sera, si vous le voulez, notre devise. Vive sa bonté ! nous sommes à Lui sans réserve, à la vie, à la mort ! »

Philéas fut heureux de trouver ce genre de charité dans Pauline, toujours *apôtre* et fille *dévouée de l'Eglise*. Ce qu'elle affirme de ce dévouement en tout, sera vrai et généreux jusqu'à ce que Dieu l'appelle à son tour, dans un monde meilleur.

CHAPITRE XXI

La fin d'un martyre.
1830.

<blockquote>
« Que ta croix sur mon cœur
soit à ma dernière heure,
Et que, les yeux sur toi, je t'em-
brasse et je meure... »
</blockquote>

Philéas écrivait à sa sœur Pauline-Marie, à l'é-
poque où l'on prévoyait des épreuves nouvelles
dans la maladie de Mme Chartron : « La mort n'a-
t-elle donc pas causé assez de deuils, assez de vide,
dans notre famille? » Hélas, non. Cette impitoyable mort devait y choisir une nouvelle victime dont
le départ éternel briserait bien des cœurs, particulièrement celui de la vierge élue pour la douleur, et
qui n'a plus pour l'appui de son âme, que son frère
bien-aimé...

Cet ange conducteur était près d'aller rendre
compte au Souverain Maître des destinées humaines, de tous les biens dont Il l'avait comblé : richesses intellectuelles, cœur débordant d'amour et

de ce quelque chose inexplicable qui attirait vers lui les âmes en les captivant sans effort sous l'empire de la grâce.

Ceci était pour l'intérieur.

Quant aux dons naturels, ils abondaient aussi : un père et une mère d'une vertu et d'une charité admirables; une famille unie de telle sorte, que chacun contribuait au bonheur de tous ; des richesses bénies du ciel, et qui semblaient se multiplier, à mesure qu'on les partageait avec les malheureux. Des épreuves — il y en a au fond de toutes les destinées — mais elles perdaient une partie de leur amertume, parce que chacun les partageait.

Tous ces biens formaient ce qui composait l'offrande absolue que Philéas avait offerte à Jésus-Christ, le jour à jamais mémorable du 1er juin 1822. Il y a donc à peine de cela sept ans !...

Il avait craint alors, cet apôtre de désir, planant déjà au-dessus des choses de la terre, de s'être réservé quelque partie de cette complète immolation qu'il ambitionnait. « Qui m'assurera, écrivait-il à la vierge sa sœur, qui m'assurera que je ne suis pas de ceux qui offrent une victime boiteuse, tandis qu'elle doit être choisie parmi les plus belles du troupeau? »

Depuis ce jour, a-t-il été parjure, pour son Maître bien-aimé Jésus-Christ?... Non, non, il lui a bien tout donné, tout abandonné, même sa vie, à peine éclose, de jeunesse, et, ce qui est mille fois plus, pour lui, « ses *ambitions* infinies de prêtre, qui dévoraient ses entrailles », écrivait-il peu après **son** ordination.

Et voilà que son Maître souverain, le Roi du Calvaire qui a soif des âmes, l'arrête dans ses élans de zèle, et choisit pour son prêtre, les gouttes les plus amères de son calice de Gethsémani, il les lui donne à boire : « L'amour, payé de haine, l'abandon dans le moment suprême de la mort », qu'il lui envoie, comme il l'avait reçue lui-même, à trente-trois ans !

Un jour de douleurs qui dépassent la pensée, on vint dire à Pauline-Marie : « Hâtez-vous ! Venez à l'Hôtel-Dieu, votre frère se meurt, et il vous demande ! »

Elle attendait cruellement cette annonce, depuis quelques mois surtout. Cependant elle la saisit, et lui fit éprouver le terrible frisson de ce qui, de près ou de loin, touche au dernier adieu.

Elle arrive dans la chambre de son frère. Il était étendu dans un fauteuil, et ses mains crispées, croisées sur sa poitrine cherchaient en vain à comprimer des soulèvements qui n'aboutissaient pas. Son visage n'était plus reconnaissable et faisait comprendre les affreuses douleurs que le mourant éprouvait au dedans. Il pouvait à peine parler et s'arrêtait à chaque mot : « Pauline, je suis de nouveau empoisonné... Mais, cette fois, c'est à trop forte dose, pour que la mort tarde à venir. *Fiat !*

Fiat ! La volonté du Sauveur Jésus soit faite...
C'est notre Maître bien-aimé. Il m'arrête... J'avais
cependant bien des projets à réaliser pour sa gloire.
Fiat ! Fiat ! » répéta-t-il avec effort.

Pauline ne répondit d'abord que par ses larmes,
de ces grosses larmes dont Maria Dubouis parle si
souvent, et qui sortaient des yeux de cette affligée
comme d'une source intarissable.

M. l'abbé Ruffin arrivait, apportant les saintes
huiles, car l'état dans lequel était le saint malade,
ne lui permettait pas de recevoir le Saint Viatique,
à cause des vomissements qui pouvaient survenir :
le mourant s'y résigna avec une foi et un amour
incomparables. Il répétait tout bas : « Vous le voulez, mon Sauveur et moi aussi..., tout est pour vous.
Recevez mon sacrifice. »

Il baisait avec amour son crucifix, répétant tout
bas : « *Fiat ! Fiat !* Suis-je assez soumis? » deman-
da-t-il à Pauline, avec quelque angoisse. Sur la
réponse affirmative, il parut tranquillisé et dicta
lentement ses dernières volontés.

Comme il avait choisi de dire sa première messe
au milieu de ses enfants pauvres du catéchisme de
Saint-Sulpice, il voulut mourir au milieu de ses
bien-aimés pauvres de l'Hôtel-Dieu. C'est pourquoi il refusa d'être transporté chez son père et
il demanda d'être enterré dans le cimetière des
pauvres, à la Madeleine, au lieu d'être porté à
Loyasse, dans la sépulture de sa famille. Il voulait
mourir pauvre, pour honorer la divine pauvreté

de Jésus-Christ. Il pria M. Ruffin de le revêtir de sa plus vieille soutane et de lui donner l'enterrement le plus simple. Quant aux biens de ce monde, il n'en fut pas question, seulement il revint à plusieurs fois mettre ses novices sous la garde de sa sœur, s'il survenait des difficultés pour leur salut... Pauline le lui promit de nouveau, et il la remercia d'un regard attendri !

Il endurait des souffrances intérieures de plus en plus grandes ! C'était navrant. L'abbé Ruffin, son compagnon d'enfance, disait plus tard, en se rappelant la belle nature de Philéas, et ce qu'il avait fait pour prouver sa charité : « Qui donc a osé briser cette vie, qui était si riche et si féconde, et payer par la haine, tant d'amour prodigué? »

Le saint agonisant articula encore : « Jésus-Christ, je vous aime et vous bénis. Soyez toujours aimé et béni de mes enfants de l'Hôtel-Dieu. Que ma famille vous aime et vous serve généreusement. »

Il était épuisé et l'on distinguait à peine ses paroles. Trois ou quatre Sœurs hospitalières étaient là, mais les autres ignoraient ce qui se passait auprès de leur Père mourant.

Après quelques moments d'un calme relatif, ce vrai prêtre du Sauveur souleva légèrement son crucifix, et parut comme ravi en le baisant une dernière fois. Puis il murmura d'un ton presque joyeux « Oui, oui ! je suis *vôtre, ô Jésus-Christ, mon Sauveur. Le Sauveur de tous !* » Et dans un baisement prolongé, il rendit au Sauveur, sans une ombre de souillure, sa belle âme sacerdotale, le 26 février 1830, à l'âge de 33 ans et 20 jours.

Nous ignorons si quelque voix éloquente célébra cette fin précoce d'un martyr si imprévu, si étrange, et dont nous ne savons que les principaux détails. Mais le plus bel éloge que l'on ait pu faire de l'admirable vie qui l'avait précédé, sortit d'une bouche consacrée par l'âge, la paternité et le malheur.

On ne saurait expliquer pourquoi Antoine Jaricot, qu'une extrême faiblesse, causée par son grand âge, rendait étranger à ce qui se passait autour de lui, voulut absolument, le 26 février 1830, être conduit à l'Hôtel-Dieu, auprès de son fils Philéas.

Entré dans la chambre mortuaire, il reste debout, immobile et paraît frappé d'étonnement et d'effroi, à la vue du lugubre spectacle qu'il avait sous les yeux; puis, son regard, allant de Pauline-Marie qui pleure et qui prie, au jeune prêtre qui paraît endormi, semble les interroger tour à tour.

Tout à coup, un éclair d'intelligence brille sur son front, son visage ordinairement pâle, se colore, il se dirige vers le lit funèbre et il contemple son fils durant un long moment. Puis, posant ses deux mains sur la tête de Philéas, comme pour le bénir, ce vénérable père dit en s'adressant à Pauline-Marie, avec un intraduisible accent de douleur, de vénération et de tendresse : « Ma fille, les pauvres de l'hôpital répandront aujourd'hui bien des larmes !... »

Et ce fut tout ! Cette belle âme s'éclipsa de nouveau sous l'épais nuage, que, seul, l'amour paternel avait écarté un instant (1).

Pauline-Marie détache son regard du corps inanimé qui repose sur la couche funèbre du pauvre, comme l'ami de la pauvreté l'avait demandé. Elle dépose un crucifix et un chapelet dans les mains bénies de son frère. Nul autre qu'elle de sa nombreuse famille n'est là, dans ces heures terribles, qui achevèrent de tout briser, entre ceux qui restent sur la terre, et ceux qui sont partis pour l'insondable éternité... Pourquoi *seule* en ce lieu, la plus jeune des enfants d'Antoine? Pourquoi ne voit-on pas, à côté d'elle, sa sœur aînée, M\ :superscript:`me` Perrin, cette femme si vaillante et si dévouée, qui a servi de seconde mère à Philéas? Sa place est mar-

______

(1) Le bien-aimé Benjamin du nouveau Jacob était une des victimes choisies de Dieu !et... de la *Pieuvre franc-maçonne*. Le premier, pour sauver; la seconde, pour perdre la France, en présence de la destinée de cette nation chrétienne : être le geste de Dieu parmi les peuples... C'est aux pères et aux mères surtout, de former dans les enfants, des *cœurs d'apôtre*, quel que soit leur avenir... L'apostolat n'a pas d'âge marqué ; il est de tous les temps et peut s'exercer de mille manières différentes : une parole, un sourire de l'enfant peut aller jusqu'au fond du cœur et y ramener la vraie vie. Cela s'est vu et cela se verra encore, si l'enfant redevient pur et aimant.

Cet apostolat individuel est l'espoir de tous ceux qui ont besoin de la *vie d'en-haut !* Prions, conjurons le Maître de la moisson de nous donner beaucoup de « moissonneurs » comme celui qui vient de s'endormir dans ses bras paternels.

quée auprès de ses saintes dépouilles...? Elle seule en aurait écarté toute profanation...

Comment Paul Jaricot, le second père de Philéas, ne veille-t-il pas, lui aussi, auprès du fils de sa tendresse, repassant en son esprit la pureté admirable et les travaux de cette vie, que la mort vient de briser? Comment peut-il oublier ainsi la tendre affection de ce fils adoptif...? Comment ne voit-on dans la chambre funèbre que la plus jeune de la famille, Pauline-Marie, trop jeune et trop belle encore, pour rester seule avec les déchiqueteurs de chair humaine qui jouent souvent avec les débris des cadavres, que leur scalpel a mis en pièces...?(1).

Comment Antoine Jaricot, ce vieillard brisé par la douleur et par l'âge, est-il accouru seul, dans ce lieu, où les voiles de la mort se sont comme soulevés, pour lui laisser voir un instant les splendeurs de la charité de son fils...?

C'est un mystère que nous avons inutilement cherché à pénétrer, en interrogeant les plus anciens de la famille Jaricot. Mais tous ont répondu : « Voilà plus de soixante-dix-huit ans que ces choses se sont passées, et nous n'avions à cette époque, que sept, huit ou dix ans au plus... Nous n'étions alors que des enfants, et depuis nous avons oublié ce qui nous avait été dit : Vous aviez pour oncle un saint prêtre qui est mort empoisonné. »

____

(1) Pauline-Marie avait demandé le cœur de son frère, et M. Ruffin voulait faire mouler le visage défiguré de son ami.

Sans quelques lignes trouvées dans les papiers qui ont été presque miraculeusement sauvés des flammes, quand Maria Dubouis brûla, sur l'ordre de sa sainte mère, tout ce qui pouvait compromettre quelqu'un ou glorifier celle-ci, nous ne saurions absolument rien sur les derniers jours de Philéas.

Cette note paraît avoir été faite à la hâte, comme une sorte de canevas, pour un récit complet, que Pauline voulait faire sur la mort de son frère. Le temps lui a manqué pour cela, et les afflictions survenues plus tard, l'ont absorbée trop complètement pour qu'elle pût revenir sur ce triste passé (1).

« Projets de mon frère livrés à la haine publique !...
« Haine contre son corps, *même après sa mort !...*
« Il meurt victime de son zèle...
« Abus énormes qu'il avait réprimés..... etc., etc. »

La plume qui a tracé ces mots est mystérieuse et suggestive en même temps. Elle rappelle la plus lâche, la plus ignoble des vengeances, sur un corps sans vie !... Que chacun se les explique comme il pourra; quant à nous, nous restons par la pensée

______

(1) Dans l'immence correspondance du Rosaire-Vivant où la mort du frère de la fondatrice devait être annoncée, silence absolu sur ce fait si inconcevable. On se demande si une entente mutuelle n'avait pas eu lieu entre la famille si chrétienne de Philéas et le Conseil général, pour que jamais *le* ou *les* noms des coupables ne fussent connus .. Loin, bien loin de nous, l'ombre de soupçon sur aucun des membres de ce Conseil, qui avaient soutenu le Maître spirituel en toute chose et qui se promettait de le soutenir toujours, pour le bien général.

Dieu seul a tout vu et tout jugé. Qu'il soit béni dans cette épouvantable épreuve, imposée par Lui à des âmes assez fortes pour la porter.

auprès de ce cadavre, mutilé par la haine, comme devant un autel, où des bêtes féroces ont exercé leurs griffes et leurs dents à déchirer l'innocente victime que le trépas leur livrait.

O *pieuvre maçonne*, tu devais être là, cachée toujours, mais jouissant, une fois de plus, de l'un de tes beaux, de tes glorieux triomphes...

Il est probable que pour *sévir plus librement* contre son *ennemi* juré, elle avait su profiter, de quelque absence prévue de la sœur aînée (Mme Perrin) et de Paul Jaricot, les défenseurs-nés du jeune prêtre « au corps de fer », qui n'avait jamais reculé devant aucun obstacle, pour consoler les cœurs brisés, et sauvér les âmes désolées de ses enfants, *les pauvres de Jésus-Christ !*

Eloignons-nous de cette chambre de deuil, après avoir jeté un dernier regard sur cette enveloppe mortelle qui cachait une âme héroïque ! Cette âme s'est élevée si haut, après avoir brisé ses liens qu'aucun outrage ne peut l'atteindre ! Elle a pris pour jamais le vol de l'aigle, pour dépasser les cimes radieuses de l'éternelle paix ! Jésus-Christ son type et son modèle, lui dévoile la plénitude de sa charité et celle de sa miséricorde... Et cela, dans la pure lumière de la vérité qu'il aimait tant !...

Il est heureux ! et nul ne lui ravira ses joies et ses extases, en présence de ce qu'il admire sans voile...

Mais il laisse seule, dans l'exil, sa sœur, la compagne de son enfance, qui avait actuellement en lui un soutien et un consolateur dans ses tribulations. Tout en elle est blessé de ce mystérieux départ pour l'éternité. Dans sa désolation, elle trace ces lignes pleines de larmes :

« Quand l'ami de mon enfance et de toute ma vie eut été porté à sa dernière demeure, la terre me parut un désert, et l'existence, un fardeau qui dépassait mes forces ; car mon corps était épuisé, mon âme nageait dans la désolation !...

« Alors, le flot amer de la douleur monta, monta tellement, que cette parole s'échappa de mes lèvres : « Pourquoi suis-je *seule*, ô mon Dieu ! seule, « quand soit pour vivre, soit pour mourir, j'ai si « grand besoin d'être soutenue !... »

« Dans le bouleversement de toutes mes pensées j'eus recours à la prière, et me réfugiai auprès du *Consolateur* qui réside dans l'Eucharistie. D'abord les cris de la nature broyée m'empêchèrent d'entendre la douce voix de Jésus. Mais, peu à peu, la tempête se calma, et si je souffris encore bien longtemps de me trouver *seule*, du côté de la terre, je vous aperçus tout près de moi, ô Sauveur, mon céleste et unique soutien !

Après quelques pages adressées à l'Amour infini, elle ajoute :

« Je compris enfin que nulle créature, quelle qu'elle soit, n'est nécessaire à l'accomplissement des desseins de la Providence sur les peuples ou sur les individus, que Dieu est tout..., que *seul*, il peut tout, sans le secours de personne. Pour nous en convaincre, il ordonne à la mort d'enlever prématurément les êtres chéris, sur lesquels nous avions appuyé nos affections et nos espérances. »

Et maintenant, ô Philéas, le *vrai* prêtre de Jésus-Christ, puisque le souvenir nous ramène auprès de tes dépouilles mortelles, sanctifiées par ta vie sans tâche et par ta mort de martyr, odieusement attendue par les ennemis du Christ, permets-nous de mêler nos regrets à ceux des chrétiens qui t'ont vu si vaillant dans le danger, et si plein de charité pour tes ennemis, et de te dire :

« Que Dieu nous fasse la grâce de tomber, comme toi! Nous te trouvons plus pur, que tout ce que nous avons pu rêver. Les mystérieuses dispensations d'abaissement et de souffrances, doublées de calomnies, avant et après la mort, sont bien souvent les nuages de l'aurore éternelle. Elles annoncent, plus qu'elles ne cachent, les splendeurs que l'œil du temps ne voit pas et les récompenses que le cœur de l'homme ne peut pressentir (1)...»

Pour votre chère famille de l'Hôtel-Dieu et pour les âmes dont vous étiez l'ange et le guide, nous ajoutons ici, l'adieu de votre patron, saint Philéas montant sur l'échafaud :

« Mes chers enfants, vous qui cherchez Dieu,

(1) F. Philpin de Rivière, de l'Oratoire de Londres.

veillez sur vos cœurs, car l'ennemi, comme un lion puissant, cherche à vous abattre! Vous commencez maintenant à souffrir, vous commencez à être disciples de Jésus-Christ!

« Mes chers enfants, observez soigneusement ses préceptes! invoquez Celui qui est sans tache, incompréhensible, assis sur les chérubins, créateur de toutes choses, le commencement et la fin. A lui seul, la gloire dans tous les siècles! »

« Amen! »

CHAPITRE XXII

L'Exaltation de la Sainte Croix
14 septembre 1907.

« La mémoire du juste sera éternelle. »   Ps. cxi.

Ce jour-là, un peu avant le lever du soleil, trois personnes frappaient à la porte de l'ancien cimetière de la Madeleine, abandonné depuis trente ou quarante ans. On y mettait les innombrables victimes de la mort, à l'Hôtel-Dieu ; elles étaient déposées en couches régulières, dans d'énormes fosses recouvertes de chaux, qui les réduisait en peu de temps à l'état de squelettes. Tout autour de ce lieu funèbre se trouvaient quelques petites croix de bois marquant la place des Sœurs ou des Bienfaiteurs de l'Etablissement.

Quand les trois visiteurs du 14 septembre y furent introduits (1) ce lieu ne présentait plus aucun

---

(1) Deux de ces visiteurs étaient prêtres ; le troisième n'était qu'un étranger à la *Cité des Martyrs*, mais qui s'était senti comme enchaîné, à cette mémoire du juste, qu'il voulait faire revivre.

21

aspect de *cimetière* ou lieu de *sommeil*. Les murs s'y trouvaient encore, ainsi que la grande croix du milieu, signe suprême de l'espérance chrétienne ; mais les quelques petites croix de bois du tour, avaient presque entièrement disparu sous les ronces et les grandes herbes des trépassés... !

Près du mur, du côté gauche, une croix de pierre et une pierre tombale, avaient marqué jusque-là, la place, où depuis soixante-dix-sept ans, dormait dans la paix du Seigneur, le jeune prêtre Philéas Jaricot, qui avait réclamé pour lui cette *place d'honneur*, au milieu des pauvres qu'il nommait *ses enfants*.

Malgré la pluie de la nuit, le jour s'annonçait beau, et, dans un ciel gris bleu, d'une limpidité remarquable, pas un seul petit nuage n'apparaissait. C'était un charmant lever de soleil d'automne.

Les trois visiteurs venaient demander à ce terrain impitoyable, disait-on, et qui n'avait jamais rien conservé, quelques débris de la masure charnelle qui avait renfermé une si grande âme.

Cependant, on espérait contre toute espérance ; c'est-à-dire contre les affirmations données par les personnes qui avaient étudié et expérimenté la nature de ce sol, que tant de cadavres avaient dû engraisser.

La tombe était soulevée et déposée tout près de la fosse, et la terre, sur laquelle son poids était demeuré si longtemps, cédait avec peine aux coups de pioches des fossoyeurs, accourus là en nombre plus que suffisant pour la besogne à faire... Les coups de pelle succédaient aux coups de pelle, tandis que les trois visiteurs regardaient avec une indicible émotion, si *quelque chose* n'arrivait pas avec la terre, réveillée de son long sommeil...!

Rien...! Rien...! Rien...!

La terre grossissait à chaque pelletée jetée avec indifférence par les travailleurs... Les trois amis, eux, songeaient à tout ce qui s'était passé depuis le jour où cette tombe avait été déposée en ce lieu ! Elle était très simple, mais elle portait gravée, pour les siècles peut-être, — le jugement formé sur le serviteur de Dieu, par ceux qui l'avaient vu à l'œuvre et qui l'avaient compris et admiré...! Les pelletées continuaient de s'entasser, sous la main des fossoyeurs, qui murmuraient tout bas : « C'est trente ou quarante ans plus tôt, qu'il aurait fallu faire cette besogne pour avoir quelque chose... Mais après soixante-dix-sept ans, on n'aura que de la terre... »

Tout à coup, l'un d'eux s'arrêta : « Un os... Mais « qu'ils sont petits...! En voilà d'autres ! ils sont « grands...! Voilà quelque chose de rond... C'est la « tête...! Oui, elle a toutes ses dents. »

Et la tête apparut.

Quatre mains fraternelles et consacrées (1) s'em-

---

(1) Celles de M. l'abbé **Faurax**, curé de Sainte-Blandine, et celles de M. l'abbé **Chaffanjon**, chapelain de Fourvière.

parèrent de ces restes vénérables, les essuyèrent avec soin, pour y enlever l'humidité qui les couvrait et que le voisinage du Rhône rendait habituelle dans ces terres riveraines. Ils les enveloppèrent d'un joli « suaire blanc, tout neuf », et le petit cercueil apporté là tout exprès, reçut les ossements qui furent sans retard transportés à Loyasse dans la sépulture du patriarche Antoine Jaricot, père de Philéas, « dont la mort avait fait verser « tant de larmes aux pauvres de l'Hôtel-Dieu ! »

Pendant que ces choses se passaient sous les yeux de quelques ouvriers, étonnés de ce respect envers *des ossements*, que de sentiments, que de pensées s'élevaient dans le cœur de ceux qui savaient *la vie* de ce jeune prêtre, frappé à mort sous la main criminelle de la haine... !

Cette matinée est inoubliable.

Aussi, d'un bond de l'âme, les trois amis, franchissant les siècles et les espaces, se trouvaient dans la Judée, près du Sauveur, enveloppé de la foule, et disant à ses disciples cette parole étonnante: — « *Qui est-ce qui m'a touché ?* » Ils entendirent cette réponse toute naturelle d'un disciple : « Seigneur, la foule vous presse et vous accable, et vous dites : « Qui est-ce qui m'a touché? »

« Mais *Celui qui entend la pensée*, ajoute, pour mieux faire comprendre la sienne : « *Quelqu'un m'a touché de telle sorte, que j'ai senti une vertu sortir de moi.* »

. . . .

Une foi profonde, l'amour sans mesure, avaient *touché de telle sorte* le Maître, qu'un miracle y avait répondu... !

Qui peut dire, ce que 77 ans d'humiliation, dans cette sépulture du pauvre, et l'acceptation de 'la mort, au milieu 'd'une vie remplie de charité, n'aura pas donné de puissance à la prière de Philéas !... et si une foi, — tant éprouvée, — ne fera pas redire par la Vérité même, en faveur de **SES JEUNES FRÈRES DANS LE SACERDOCE**, et des mères chrétiennes qui prieront sur sa tombe cette parole de Jésus : « **QUELQU'UN M'A TOUCHÉ DE TELLE SORTE**, que j'ai senti de nouveau, qu'une **VERTU SORTAIT DE MOI** et se répandait en rosée divine, sur **CEUX QUI VEULENT MOISSONNER AVEC MOI, LES AMES QUE JE LEUR CONFIE...** »

Loué ! aimé et glorifié soit Jésus-Christ ! dans le temps et dans l'éternité !

PIÈCES JUSTIFICATIVES

On trouve quelques notes écrites de la main de Pauline-Marie sur son frère Philéas, mais simples notes jetées sur une feuille à la façon d'un canevas, comme devant être développées dans un travail fait à tête reposée, les voici :

« Les prêtres changés à l'*Hôpital*...

« Adjudication...

« Les Religieuses anathématisées...

« Les mauvaises sœurs replacées...

« L'esprit de la révolution est dans les mauvaises...

« *Charité* bouleversée... influence de ces deux mai-
« sons sur la population...

« Projets de mon frère livrés à la haine publique...

« Haine contre son corps même après sa mort...

« Il meurt victime de son zèle...

« Abus énormes qu'il avait réprimés...

« L'autorité n'ose rien dire pour les abus qu'on
« veut introduire de nouveau...

« Dilapidation... »

Déclaration de M. l'Abbé Ruffin sur la mort de Philéas.

Je certifie avoir entendu dire par M. Ruffin, alors curé de Fleurie, qu'il avait assisté, étant aumônier à l'Hôtel-Dieu, à l'agonie et à la mort de M. Philéas Jaricot. M. Philéas Jaricot travaillait à détruire de graves abus qui existaient entre certaines, anciennes, sœurs qui dataient de la grande Révolution et un certain nombre du personnel médical. De là la haine vouée à M. Jaricot et l'empoisonnement qui s'en est suivi. Une première fois la dose de poison ne réussit qu'à le faire horriblement souffrir et provoqua des vomissements noirs et douloureux. On porta le malade à Collonges dans sa famille : c'est là que tenant sa poitrine à deux mains, il prononça ces paroles : « Les malheureux ! que vous ai-je fait pour me faire mourir ». Un mieux permit à M. Philéas Jaricot de reprendre son service à l'Hôtel-Dieu où un nouvel empoisonnement, mais à haute dose, réussit à le faire mourir.

La mort de M. Jaricot et la révolution de 1830 renvoyèrent M. Ruffin de l'Hôtel-Dieu.

J'atteste avoir entendu ce récit **sur** la mort de M. Philéas Jaricot.

Joséphine Crôtte.

Fleurie le 18 novembre 1907.

Dans le discours prononcé par M. de Virieu, Président, pour la réception de M. l'abbé Rousselon comme Maître Spirituel de l'Hôtel-Dieu, en remplacement de M. l'abbé Jaricot, on lit ces paroles élogieuses sur le regretté Défunt :

« ..... C'est parce que l'Administration a pensé que
« personne ne pouvait mieux que vous contribuer à
« consolider et à développer l'œuvre de votre prédé-
« cesseur, qu'elle a fixé sur vous ses regards, et qu'elle
« a cherché à compenser ainsi une perte qui a été sen-
« sible à tous ceux qui ont pu en apprécier l'étendue.
« Cette perte en effet, a été grande! Oui, Messieurs, il
« est impossible de rappeler le souvenir de M. Jaricot
« sans payer à sa mémoire le juste tribut de nos
« regrets. Nous devons le dire, sa perte a été un
« malheur véritable pour cet Hôpital, où, chaque jour,
« il montrait davantage son zèle et ses talents; où il
« accomplissait, avec un succès toujours croissant, sa
« mission importante où l'Administration avait, à
« chaque moment, l'occasion de se louer davantage
« des rapports qui existaient entre elle et lui. »

EXTRAITS DE LETTRES DANS LESQUELS IL EST PARLÉ
DE L'ABBÉ PHILÉAS JARICOT

Extrait d'une lettre de M. l'abbé Crétin (1) *de Ferney
(Ain), 21 octobre 1827, à Mademoiselle P. Jaricot.*

... « Philéas est-il encore à Avignon? Je ne reçois
point la réponse pressante que je lui avais demandée
dans une lettre laissée dans sa chambre. Je voudrais
savoir s'il a payé pour moi quelques dettes, comme je
l'en avais prié. Devant en acquitter ou faire acquitter
le montant en rétribution de messes, il est bien important que je reçoive une réponse.
  J'ai su cependant qu'il avait fait remettre 64 fr. au

---

(1) Le 23 novembre 1823, Philéas écrivait de Saint-Sulpice à
V. Girodon : « Ici je viens de perdre l'aimable M. Cretin, que
son évêque vient de rappeler. »

Bureau de la Gazette universelle, pour mon compte. Je le prierais de faire remettre encore pareille somme, au même Bureau, pour l'abonnement de M. *Nachon*, curé de *Divonne*. Et je ferai acquitter pareille nombre de messes, les ecclésiastiques n'en recevant point ici : j'obligerai de deux manières.

Daignez, je vous prie, Mademoiselle, me répondre pour votre frère, si ses grandes occupations ne lui permettent pas de me dire deux mots. Malgré sa négligence, je l'aime toujours, et dites-lui de penser un peu plus à moi dans son memento.

Ne m'oubliez pas de votre côté... »

Signé : J. G. Crétin.

Le 1ᵉʳ août 1829 Mˡˡᵉ Dugout, secrétaire du Rosaire-Vivant de Clermont-Ferrand, répond à Mˡˡᵉ P. Jaricot.

Guérison momentanée de Philéas Jaricot.

« Il est donc remis ce cher Frère, il peut remplir ses saintes fonctions ! Oui, oui, c'est notre tendre et généreuse Mère qui nous l'a guéri, qui voudra bien nous le conserver. Ah ! ma bonne sœur, avec quelle ferveur les associés de la petite ville de Montferrand ont fait la neuvaine pour ce précieux Frère ! Des communions, des chemins de croix ont été faits pour lui. Ici aussi, j'avais réclamé une neuvaine et des communions. J'ai de bonnes âmes à Montferrand : ces pauvres paysannes qui travaillent toute la journée, qui supportent le poids du jour, je leur réclamais leurs soupirs, leurs sueurs, leurs fatigues, toutes leurs élévations de cœur et d'esprit, je les avais priées de dire au bon Dieu, à sa sainte Mère, de nous guérir et conserver ce Frère. Ah ! ma chère Sœur, que j'estime, que j'aime ces villageoises qui ont une pureté, une simplicité d'enfant ! Quelques-unes ont versé des torrents de larmes, quand je leur ai lu votre lettre réclamant la Neuvaine. Elles me répondirent : Oui, nous la ferons.

Je pars demain pour leur communiquer votre seconde lettre, et leur demander de réciter les Litanies à la tendre Mère, pour la remercier... »

Le R. P. Terme (1), *à M*^{lle} *P. Jaricot.*

10 *décembre* 1829.

« J'ai sans doute trop tardé à vous dire combien j'ai dû prendre de part au coup dont le Seigneur vous a frappée... (2)

Veuillez avoir la complaisance de me faire savoir si Monsieur votre frère est de nouveau malade, nous ferons faire ici une neuvaine à saint Régis, par nos Sœurs, pour demander sa guérison, si sa santé doit être utile à la gloire du Seigneur. Que s'il est un second fruit mûr pour le ciel, que de bien n'y fera-t-il pas, puisqu'il en fait tant sur cette misérable terre, où les difficultés se succèdent. »

Extrait d'une lettre de Mme *Rodier* (3), *née d'Alzon, de Montpellier à M*^{me} *Perrin-Jaricot,* 1er *mars* 1830.

« Je veux profiter d'une occasion qui se présente pour vous prier de me donner des nouvelles de votre cher frère. Je ne sais si je me trompe, mais j'ai le plus

---

(1) Le P. Terme était un un vénérable missionnaire du Vivarais, qui fut le fondateur des Dames de la Retraite.

(2) La mort de sa sœur Laurette, Mme Chartron de Saint-Vallier.

(3) Mme Rodier était une secrétaire zélée du Rosaire-Vivant, et tante du T. R. P. d'Alzon, le fondateur des Pères Assomptionistes.

grand espoir que le bon Dieu nous conservera ce cher
père romain (1), dont l'Église de France a un si grand
besoin pour se réédifier... mais d'un autre côté je tremble, car nous sommes si coupables, que nous méritons
bien que les âmes justes soient enlevées... On prie pour
lui avec une grande ferveur au Couvent de la Visitation.

Dites-moi tout de suite où vous en êtes, afin que je
m'unisse à tous vos sentiments quels qu'ils soient, car
mon attachement pour toute votre famille est trop
vrai pour que je ne partage pas, dans le Sacré Cœur de
Jésus tout ce qui vous intéresse. J'éprouve une vive
inquiétude, et mon cœur est bien ému dans l'incerti-
tude ou je suis sur ce digne ministre de Notre-Seigner
Jésus-Christ... »

---

*Dans une lettre au Père Général de la Compagnie de Jésus
Pauline-Marie Jaricot raconte ce trait à la louange
de son frère Philéas et de sa sœur Mme Sophie Perrin.*

« ... S'il faut quelques détails, je vous apprendrais,
« mon T. R. Père qu'à Lyon, à peine osait-on prononcer
« le nom de Jésuite, quand un ancien Père vint,
« comme simple prédicateur, faire une station de
« Carême, à Saint-Nizier, dans la paroisse de ma sœur,
« Madame Perrin. Ce Père fut atteint d'une maladie
« grave dont il mourut (2).
« Mon frère, jeune prêtre, qui avait fait sa première
« éducation au collège des Pères de la Foi (3), à Belley,
« et ma sœur qui comme lui, était animée d'une profon-

---

(1) *romain :* Pour dire qu'il n'est pas *gallican.* Dans d'autres lettres Mme Rodier se plaint des prêtres gallicans du midi.
L'abbé Philéas etait mort déjà quand la lettre susdite fut écrite.
(2) Le 27 mars 1822, lundi de la Passion.
(3) Les Pères de la Foi, suivant la méthode d'enseignement
des Jésuites étaient considéré communément comme des Jésuites reconstitués

« de vénération pour les Jésuites, se persuadèrent, l'un
« et l'autre, que la dépouille de ce Père qui était un
« saint, serait une semence précieuse qui enrichirait
« tôt ou tard la ville de Lyon d'une portion de la
« famille de saint Ignace. Dans cette pensée, mon frère
« et ma sœur firent exhumer le corps du P. Vallet, pour
« le placer dans une fosse à part, qu'ils recouvrirent
« d'une pierre où son nom était gravé. » (1)

---

*Dans une Notice manuscrite sur la Manufacture de
M. Chartron, à Saint-Vallier (Drôme), composée par
l'abbé Bleton, vers 1840, on lit cette édifiante page
sur Philéas Jaricot.*

«..... Monsieur l'abbé Jaricot, mort en odeur de sainteté, père spirituel de Hôtel-Dieu de Lyon, venait de
temps en temps rendre visite à sa sœur (Mme Chartron).
Il trouvait là un aliment à son zèle ; il prenait le plus
grand intérêt à cette maison. Après avoir lu le règlement, il voulut y mettre un article, qu'il signa de sa
main ; il était conçu ainsi : « Si toutefois une ouvrière
« se fait renvoyer à cause de son inconduite, pendant
« huit jours on dira à la prière du soir le *Miserere*
« pour demander sa conversion. » Il leur prêchait avec
beaucoup d'onction, souvent il les faisait pleurer de

---

(1) Il est bon d'ajouter que, par humilité, Pauline-Marie
s'efface complètement dans ce récit, mais nous savons par sa
filleule Pauline Perrin, que Mme Perrin sa mère, et Pauline sa
tante et marraine avaient, de concert, fait le vœu, si Philéas
leur restait, de donner une plus digne sépulture au vénérable
Père Vallet, y faisant mettre une pierre tombale, avec inscription. Et, dit-elle, leur vœu fut exaucé. Aussi un beau matin,
avant jour, des trois quartiers de la ville Philéas, ma mère et
ma tante Pauline se réunirent à Fourvière, pour de là chemi-
ner ensemble à l'accomplissement du vœu fait par les deux
sœurs.

repentir. Une année il leur envoyea, à toutes (1), une superbe gravure très grande pour être placée devant leur métier. Elles firent, en reconnaissance, je ne sais combien de neuvaines pour la réussite de la réforme qu'il se proposait de faire au Grand Hôpital ; les prières ne furent pas perdues : l'ordre se mit parmi les frères et les sœurs de cette vaste maison. Dieu y fut honoré, et les malades mieux servis. Il est au séjour des saints, nous n'en doutons pas. »

Dans une lettre à la Mère Saint-Laurent, ursuline de Chavagnes, Pauline écrit :

« Le frère chéri dont vous avez aimé les lettres, est mort le 26 février 1830, à l'âge de 33 ans accomplis, le 2 du même mois était le jour de sa naissance. Dieu lui a épargné les douleurs de la Révolution opérée dans le mois de juillet même année. Pauvre frère ! il ne se doutait guère que les chagrins de sa sœur partiraient de la petite maison, qu'il avait louée à côté de la chapelle de Notre-Dame de Fourvière, pour servir de lieu de promenade aux Hospitalières les jours qui suivraient leur veillée auprès des malades. Sans doute que, du ciel, il voit les choses autrement que nous, et que ce qui l'aurait affligé, s'il l'avait prévu ici-bas, le réjouit là-haut, où il voit sans nuage les bienfaits de la Croix, et où il comprend tout ce qu'il me disait *des cadeaux du Roi des rois...* »

---

(1) Environ 300. — Les ateliers de MM. Chartron frères, à Saint-Vallier, où se trouvent quelquefois plus de trois cents ouvrières, toutes occupées aux différents travaux qu'exige la soie, filage, moulinage, crêpes, sont si bien réglés et si édifiants, qu'en voyant de quelle manière on y passe la journée, on croirait plutôt être dans une Communauté religieuse ou dans une maison d'éducation, que dans une fabrique.

(Note de l'abbé Bleton, dans la Vie de Marie Lombart.)

Extrait d'une lettre de M. le curé de Thiviers (1) (*Diocèse de Périgueux*) *à Mlle P. Jaricot, 25 avril 1842.*

..... « Permettez-moi de vous demander si vous êtes la sœur du saint abbé Jaricot, que j'ai connu au Séminaire de Saint-Sulpice il y a vingt-ans, et avec qui j'ai passé, à la Charité de Lyon, une journée délicieuse en 1824, je crois... »

Signé : J. OTTALLEREAU.

Curé de Thiviers.

NOTA. — Il paraît évident que Pauline-M. Jaricot et Mme Perrin Jaricot ont reçu beaucoup d'autres lettres parlant de leur frère Philéas. Or, l'on constate que le dossier considérable des lettres du Rosaire-Vivant est bien incomplet en 1830, ce qui nous porte à croire que Pauline-Marie aurait mis à part, pour servir à la biographie de son frère, toutes les lettres faisant mention de Philéas, lesquelles lettres aujourd'hui seraient perdues.

Copie textuelle d'un manuscrit de Pauline-M. Jaricot sur les Sœurs de l'Hôpital de Lyon.

« Les graves abus introduits dans l'Hôpital général de Lyon à l'époque de 1793, ainsi que le vice même de l'organisation de cette Maison, organisation qui mettait les hospitalières sous le gouvernement immédiat des employés laïcs, étaient des sources de désordre qui avaient amené peu à peu un tel état de dépravation, dans ce superbe établissement, que les Supérieurs ecclésiastiques, du consentement même des Administrateurs séculiers, avaient jugé nécessaire d'y

(1) C'était un prêtre irlandais, très zélé.

appeler quelques prêtres, qui voulussent bien se dévouer pour rétablir la réforme dans la Maison.

D'une voix unanime, tous désignèrent mon frère, l'abbé Philéas pour accomplir cette pénible mission. Son premier soin fut d'établir un Noviciat. Avant cette institution, les sujets, prenant l'habit en entrant, étaient aussitôt placés comme sœurs de l'Hôpital dans les emplois que leur force ou leurs talents leur permettaient de remplir, sans nul égard aux dispositions de leur âme, ni aux dangers, que leur âge rendait évidents dans certains postes ; dangers qu'augmentaient souvent les mauvais exemples et les paroles peu mesurées des Sœurs qui, par le seul titre d'*anciennes*, étaient à la tête des emplois, quoiqu'elles en fussent souvent les plus indignes. Sans entrer dans le détail sur les scandales qui en étaient la suite, ces paroles, que mon frère accompagnait de larmes, disent tout :

« Pauvres âmes ! elles veulent se mettre à l'abri des
« dangers du monde en venant servir les malades à
« l'Hôpital, et elles trouvent dans cette Maison des
« écueils qu'elles n'eussent jamais rencontrés chez
« leurs parents. »

En établissant dans le Noviciat une supérieure qui gouvernait toutes les jeunes personnes et à laquelle venaient se soumettre volontairement les anciens sujets qui avaient conservé l'esprit de leur état, il les séparait peu à peu des filles qui, à la faveur des troubles de la République de 1793, avaient été reçues dans l'Hôpital, à la place des bonnes sœurs qui avaient refusé le serment. Cette mesure avait encore l'avantage de soustraire les sujets vertueux à la direction des employés laïcs, ainsi qu'aux inconvénients qui en étaient inséparables, pour les rattacher à l'autorité ecclésiastique et leur assurer les bienfaits spirituels dont l'Eglise seule est dépositaire.

Dieu sait les oppositions que rencontrèrent les diverses réformes, qui furent apportées, ainsi que les peines et les travaux que coûta à mon frère cette entreprise. J'exprimerai tous les efforts qu'il fit, et tous les obstacles qu'il surmonta en disant, qu'entré comme Maître Spirituel de l'Hôpital, âgé seulement de trente ans, et, quoique doué d'un fort tempérament, trois années suffisent pour dévorer son existence.

Sentant sa fin approcher il ne cessa d'exhorter ses filles du Noviciat à demeurer fidèles aux principes de la vie religieuse qu'il leur avait constamment prêchée, et de ne jamais consentir, si toutefois la France était destinée à subir une nouvelle Révolution, à se laisser en enlever les précieux avantages du Noviciat, ajoutant que, dès le moment où l'on voudrait essayer de détruire cette Institution, elles pourraient regarder leur salut comme tellement compromis qu'elles ne devraient pas hésiter de quitter la Maison, plutôt que d'y consentir.

Quelques mois s'étaient écoulés depuis la mort de mon bien-aimé frère lorsque, selon toutes ses prévisions éclata la révolution de juillet 1830, qui amena tous les changements qu'il avait redoutés pour l'Hôpital.

Sur environ 80 sujets, quinze seulement, y compris la Maîtresse du Noviciat, fidèles à leurs promesses, sortirent de l'Hôtel-Dieu dans la disposition de supporter toutes sortes de persécutions, de blâme et de privations plutôt que de rendre inutiles pour leur âme, les derniers avis de celui qu'elles regardaient, avec raison, comme leur Père en Jésus-Christ.

Mais en consentant à devenir mère de cette famille orpheline, il fallut me dévouer avec elles à une nouvelle série de douleurs et de contradictions, non seulement de la part des nouveaux administrateurs séculiers, lesquels étayés de l'autorité civile, placée par les journées de juillet, menaçaient d'employer des voies de rigueur pour contraindre les sœurs fugitives de rentrer à l'Hôpital, mais encore de la part de ceux qui auraient dû les encourager davantage, et qui furent les premiers et les plus zélés à les blâmer et à contrecarrer leur démarche, soit par des considérations humaines, soit en n'appréciant pas le fond des motifs qui les faisaient agir.

Ces persécutions me forcèrent d'envoyer ce petit troupeau, trop timide pour demeurer en présence de ses adversaires, dans le diocèse de Viviers, sous la conduite d'un missionnaire rempli de zèle et d'expérience que son digne Evêque avait nommé Supérieur de plusieurs maisons religieuses. C'est dans l'une de ces maisons, placée près du tombeau de saint Régis (maison dont il était le fondateur) (1) que mes chères filles reçurent l'hospitalité en qualité de pensionnaires. »

CONSÉCRATION A LA SAINTE VIERGE

Composée par Philéas, pour la prise d'habit des Sœurs hospitalières.

O Marie ! notre Reine et notre Mère, voyez nos cœurs humblement prosternés devant le trône de gloire où vous élèvent vos vertus. Nous sommes vos filles chéries, objets de vos plus riches faveurs.

C'est vous qui avez confié nos jeunes ans à des parents chrétiens, qui nous ont inspiré la crainte du Seigneur. C'est vous qui, d'une main puissante, avez éloigné de nous une foule de dangers : que de fois l'ennemi furieux nous aurait dévorées... !

Mais votre amour nous environnant de son impéné-

---

(1) Le R. P. Terme, fondateur des Dames de la Retraite. Il reçut ces quinze hospitalières, dont Pauline-M. Jaricot, payait les pensions. De ces 15, six seulement finalement demeurèrent à la disposition de Mlle Jaricot : ce fut là le noyau de sa petite Société des Filles de Marie; les autres rentrèrent soit à l'Hôpital, soit en d'autres Maisons.

trable bouclier, nous a mises à l'abri comme des petits sous les ailes de leur mère.

C'est par vous, que nous avons été admises au banquet de votre divin Fils : c'est vous enfin qui avez fait entendre à nos cœurs ces paroles de salut : « Quittez la terre qui vous a vu naître, sortez de la maison de votre père, et venez dans l'asile que je vous ai préparé. » Dociles à votre voix, nous voici, ô Marie !

Mais comment reconnaître tant de bienfaits? Dites-nous, dites à vos enfants ce qu'elles peuvent donner en échange... Ah ! si nous pouvions trouver votre divin Fils, et partager les tendres sollicitudes de votre cœur pour lui... ! Si nous pouvions essuyer ses larmes et sa face couverte de sueur, adoucir ses souffrances, consoler son Cœur, le fortifier contre les angoisses de la mort, recevoir son dernier soupir et vous prêter nos mains pour ensevelir son corps !... Alors, notre reconnaissance serait égale à vos bienfaits, et nos cœurs, ce semble, vous seraient agréables... O bonheur inexprimable ! Nous l'avons rencontré, ce Jésus. C'est vous qui nous le présentez ; il vit dans ses membres souffrants, il souffre avec eux et ce qu'on fait au dernier d'entre eux, il nous l'a dit, c'est à lui même qu'on le fait.

Voici donc nos yeux : fermés aux vanités du monde, ils ne seront ouverts que pour contempler Jésus-Christ souffrant dans les pauvres. Voici nos mains : leur unique emploi sera d'étancher la soif de Jésus, d'apaiser sa faim, de panser ses plaies. Voici notre cœur : c'est là que viendront se répéter avec les gémissements des malades toutes les plaintes douloureuses de l'agonie de Jésus. Voici notre bouche : fidèle interprète des sentiments de notre cœur, elle ne s'ouvrira que pour bénir et consoler Jésus. Jésus est donc notre vie, il est notre unique partage ; nous sommes enrôlées sous ses étendards ; l'habit que nous recevons en ce jour est celui des servantes de sa Maison.

O Marie ! c'est sur vous que nous comptons pour remplir jusqu'à la fin cette vocation sublime... ! Daignez diriger toujours nos pas incertains ; pour soutenir nos faibles cœurs dans la pratique des vertus, augmentez en nous l'esprit d'humilité, d'obéissance, de mortification, de pauvreté, de charité, afin qu'en servant avec vous, et comme vous, Jésus-Christ dans ses pauvres, nous méritions de le voir et de l'aimer tous ensemble dans la gloire.

Ainsi soit-il.

TOMBEAU D'ANTOINE JARICOT

Loyasse, allée n° 7, au fond. Lyon.

INSCRIPTIONS SUR LA PIERRE TOMBALE

DE

l'abbé Philéas Jaricot

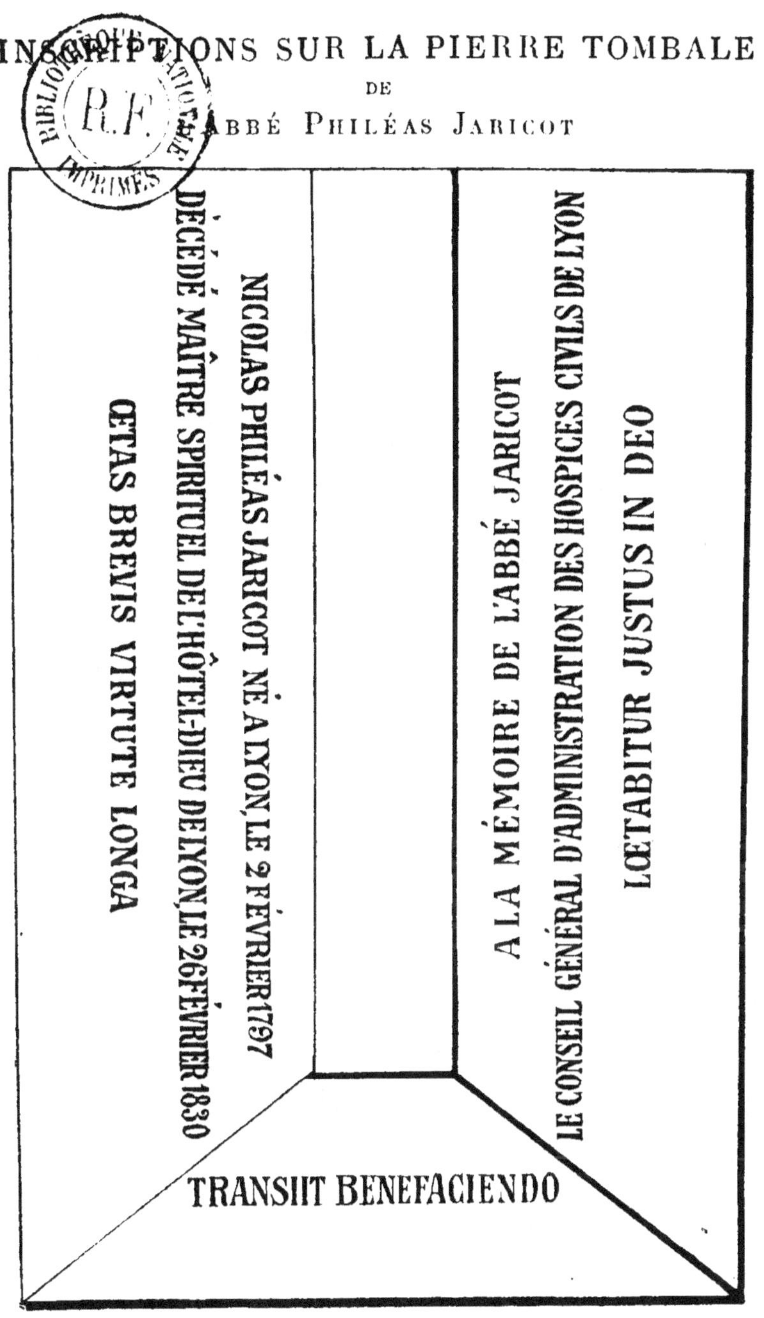

NOMS DES PERSONNES

qui reposent en la sépulture d'Antoine Jaricot, laquelle n'était désignée que par la grande et seule croix ornée de ces mots :

SPES UNICA

Ici repose la famille d'Ant. Jaricot

Antoine Jaricot. 1755†1834.

Jeanne Lattier, femme d'Antoine Jaricot. 1762†1814.

Inscription : Elle s'oubliait elle-même pour ne s'occuper que de Dieu, de sa famille et des pauvres.

Narcisse Jaricot. 1793†1813.

Inscription : Il était bon et droit de cœur, et il avait la crainte de Dieu.

Julie Germain, femme de Paul Jaricot. 1795†1816.

Inscription : C'était un fruit mûr pour le ciel que Dieu s'est hâté de cueillir.

Abbé Wurtz. 1765†1826 (1).

---

(1) L'abbé Jean Wurtz, né à Walsbronn (Lorraine allemande), confesseur de la foi, ayant émigré au commencement de la Révolution, quitta bientôt Rome, par un avertissement surnaturel, pour porter le secours de son ministère aux Français persécutés. Muni d'une lettre d'un grand vicaire de Lyon, comme lui exilé à Rome, fortifié par les encouragements et la bénédiction de Pie VI qui voulut subvenir lui-même aux frais de sa route, l'abbé Wurtz vint à Lyon, ville plus violemment tourmentée.

Il y fut durant la Terreur, le consolateur de bien des condamnés à mort; devint vicaire à Saint-Nizier, y exerça un zèle d'apôtre, s'y montra par la parole et par des écrits, intrépide défenseur de la foi catholique romaine ; y fut un parfait modèle de dévouement à Dieu, et aux âmes qu'il dirigea dans le chemin de la sainteté, notamment Pauline-Marie Jaricot. Ce très saint prêtre, souvent méconnu, après une vie toute de sacrifice, d'abnégation, d'épreuves morales et physiques indicibles, supportées héroïquement et amoureusement pour Dieu, s'endormit de la mort des justes sous le toit hospitalier d'Antoine Jaricot.

Abbé **Philéas Jaricot**. 1797 † 1830.

Inscription : Les ossements de l'abbé Philéas Jaricot ont été transférés ici le 14 septembre 1907, du cimetière de la Madeleine, où par amour pour ses pauvres de l'Hôtel-Dieu il avait voulu être inhumé. Au Conseil des Hospices qui objectait la jeunesse de leur premier aumônier : « J'ai « l'âge, répondit-il, qu'avait Jésus-Christ quand il com- « mença sa vie apostolique. Je m'efforcerai de l'imiter. » Il mourut à trente-trois ans. Son esprit de foi, sa vie surnaturelle, son ardente charité ont laissé des souvenirs impérissables Son désir était de réaliser le type du vrai Prêtre de Jésus-Christ : il y a pleinement réussi. Ses Frères dans le Sacerdoce auront intérêt à connaître sa vie pour la retracer.

Esto fidelis usque ad mortem !

Philéas Perrin. 182.. † 1842.

Abbé **J.-Fr. Bétemps**, chanoine de la Primatiale. 1769 † 1843 (1).

Geneviève-Sophie Jaricot, femme Perrin. 1790 † 1844 (2).

Pauline-Marie Jaricot. 1799 † 1862 (3).

Inscription : Ici repose Pauline-Marie Jaricot, fonda-

(1) Le vénérable chanoine Jean-François Bétemps, natif des Clefs (dioc. d'Annecy), fut un digne confesseur de la foi, qui, après avoir exercé son ministère au milieu de beaucoup de dangers, n'ayant pu se soustraire plus longtemps à la surveillance révolutionnaire, fut saisi et enchaîné, mais, délivré d'une manière plus que providentielle, parvint jusqu'à Lyon. Après l'éducation des enfants Loras, et différents postes dans le ministère, il fut vicaire à Saint-Jean, supérieur du Petit-Séminaire, chanoine de la Primatiale, premier directeur principal du Rosaire-Vivant, un vrai père pour Pauline-M. Jaricot et un aide aussi dévoué qu'intelligent de toutes ses œuvres.

(2) Femme éminente en vertus et en intelligence pratique ; modèle des mères chrétiennes, dont l'auteur de la *Vie du Père Pierre Perrin*, son saint fils, s'exclamait avec vérité : « O « femme admirable ! et en tout point digne sœur de la Fonda- « trice de la Propagation de la Foi ! »

(3) Les autres membres de la famille Jaricot sont enterrés à Vourles et à Saint-Vallier.

trice des œuvres de la Propagation de la Foi et du Rosaire-Vivant, décédée à Lyon le 9 janvier 1862.

J'ai espéré dans le Seigneur, je ne serai pas confondue!

Maria Dubouis. 1817 † 1888.

Inscription : Le même tombeau abrite les dépouilles virginales de Maria Dubouis, l'Ange consolateur du long et cruel martyre que Pauline-Marie Jaricot endura pour s'être dévouée au salut des classes ouvrières.

LYON. — IMPRIMERIE EMMANUEL VITTE